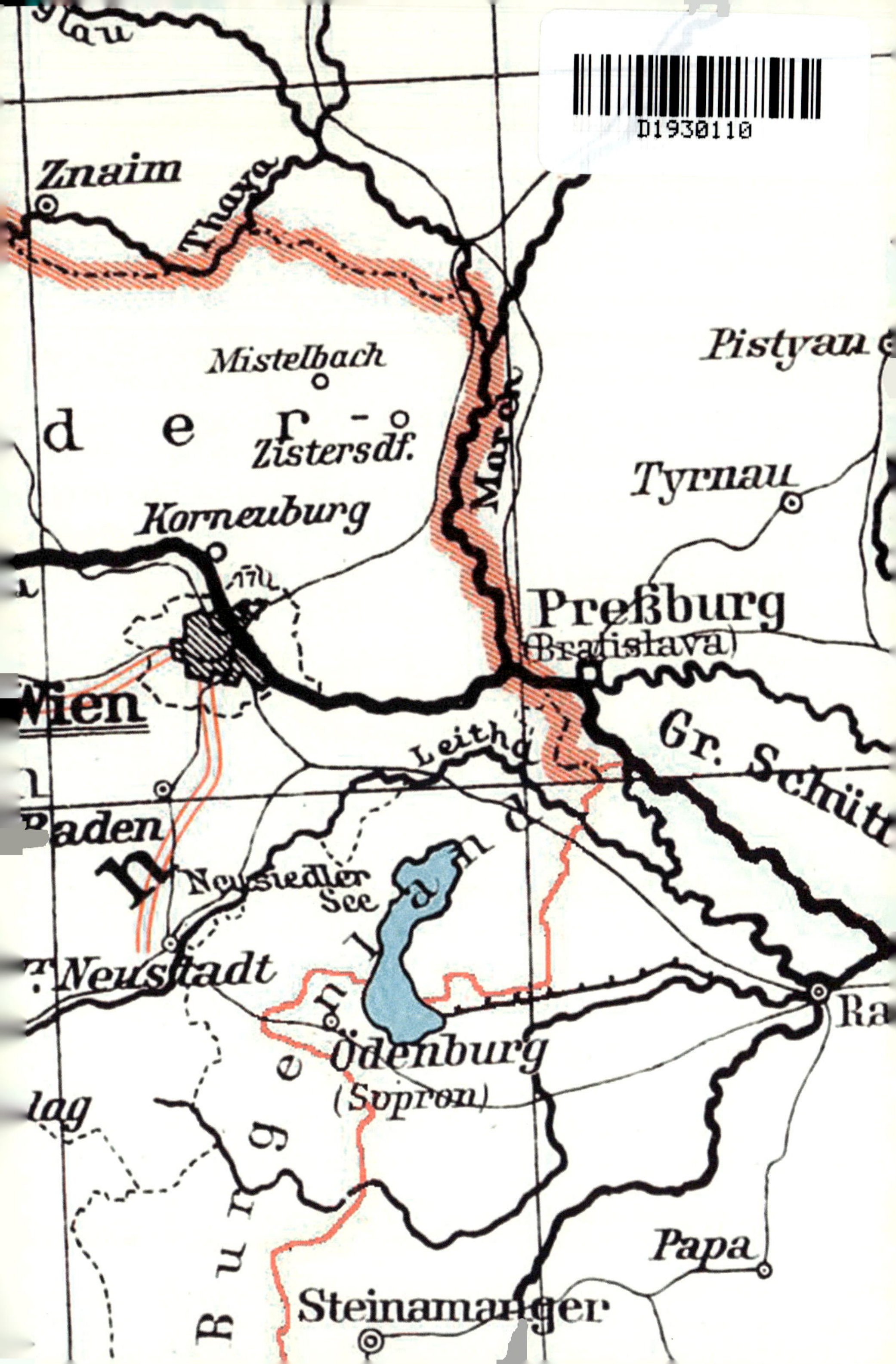
glau
Znaim
Thaya
Mistelbach
d e r -
Zistersdf.
Korneuburg
March
Pistyan
Tyrnau
Preßburg
(Bratislava)
Wien
Gr. Schütt
Leitha
Baden
Neusiedler
See
Neustadt
Ödenburg
(Sopron)
lag
B u r g e n l a n d
Ra
Papa
Steinamanger

STEFAN KARNER

Halt!
Tragödien am Eisernen Vorhang

STEFAN KARNER

Halt!
Tragödien am Eisernen Vorhang
Die Verschlussakten

Unter Mitarbeit von Dieter Bacher, Harald Knoll,
Philipp Lesiak, Kateřina Lozoviuková und Mirjana Söhn

ecoWIN

Vor- und Nachsatz:
Der 453 km lange „Eiserne Vorhang" zwischen Österreich und der Tschechoslowakei war die östlichste Grenze des Westens gegenüber dem „Ostblock". Quelle: SBZ-Handbuch 1965.

Impressum:

1. Auflage

Lektorat: Arnold Klaffenböck
Umschlaggestaltung: Saskia Beck
Layout und Satz: Frank Behrendt, www.peterfeierabend.de
Druck und Bindung: www.theiss.at
Printed in Austria

978-3-7110-0049-1

1 2 3 4 5 6 7 8 / 15 14 13

www.ecowin.at

Förderungen und Hilfestellungen:

Archiv bezpečnostních složek", Brno
Bundesministerium für Inneres, Wien
Ludwig Boltzmann Gesellschaft, Wien
Niederösterreichische Landesregierung, St. Pölten
Österreichische Nationalbank, Wien
Österreichische Botschaften Prag und Bratislava
Ústav pro studium totalitních režimů, Prag
Ustav pamäti národa, Bratislava
Zukunftsfonds der Republik Österreich, Wien

Leserhinweis

Die Publikation ist ein Teilergebnis des umfangreichen wissenschaftlichen Projektes „Die Operationen der tschechoslowakischen Nachrichtendienste in Österreich 1945–1989", das in Kooperation mit dem „Ústav pro studium totalitních režimů" (USTR) in Prag, dem „Archiv bezpečnostních složek" (ABS) in Brünn/Brno und dem „Ustav pamäti národa" (UPN) in Pressburg/Bratislava am Ludwig Boltzmann-Institut für Kriegsfolgen-Forschung, Graz – Wien – Klagenfurt – Raabs, bearbeitet wird. Das Forschungsprojekt wird vom Jubiläumsfonds der Österreichischen Nationalbank gefördert.

Der Text wurde in neuer deutscher Rechtschreibung abgefasst, deutsche Original-Zitate wurden in der alten Rechtschreibung wiedergegeben. Die Umschrift der russischen Begriffe folgt der deutschen Transkription. Die Kurzbezeichnungen von Organisationen werden bei ihrem ersten Vorkommen im Text im vollen Wortlaut wiedergegeben, in der Folge können sie dem Abkürzungsverzeichnis im Anhang des Buches entnommen werden. Die offizielle tschechische Staatsbezeichnung der Tschechoslowakei war bis 1960 „Československá republika" (ČSR), ab 1960 „Československá socialistická republika" (ČSSR). Die kommunistische Partei der Tschechoslowakei („Komunistická strana Československa", KSČ) wird im Buch in der deutschen Übersetzung als „KPČ" abgekürzt.

Inhaltsverzeichnis

Vorbemerkungen

Die teilweise Öffnung der Archive in den Staaten des ehemaligen Ostblocks hat seit den 1990er-Jahren der historischen Forschung neue Möglichkeiten eröffnet – thematisch, institutionell, methodisch. Unter Heranziehung von bis dahin unzugänglichen Materialien aus Archiven und Sammlungen sowie von Informationen aus Gesprächen mit „Zeitzeugen" werden seither belastende Themen der russisch-polnischen Geschichte, wie Katyn, der ukrainisch-russischen Geschichte, wie der Holodomor, der tschechoslowakischen Geschichte, wie die Niederschlagung des „Prager Frühlings" und die Okkupation des Landes durch Truppen des Warschauer Paktes 1968, oder die Frage Berlin im „Kalten Krieg" großteils in bilateralen wissenschaftlichen Kommissionen und Forscher-Netzwerken behandelt.

Selbst Materialien der Geheimdienste werden teilweise der historischen Forschung zugänglich gemacht. Dies gilt in besonderem Maß für die Geheimdienst-Archive der ehemaligen Tschechoslowakei, die heute besonders in Prag, Pressburg/Bratislava und Brünn/Brno aufbewahrt werden und einen bemerkenswerten Zugang zu ihren Beständen ermöglichen. Das Ludwig Boltzmann-Institut für Kriegsfolgen-Forschung in Graz, Wien und Klagenfurt hat seit 20 Jahren diese Möglichkeiten genutzt und in zahlreichen Publikationen wesentliche Themen der Geschichte Osteuropas und Ostmitteleuropas in partnerschaftlichen, teils gemeinsamen Publikationen, großteils in mehreren Sprachen, aufgegriffen.

Auch dieses Buch ist ein Ergebnis dieser Bemühungen. Es ist zudem die erste, freilich noch eher populärwissenschaftliche Publikation der Zusammenarbeit des Instituts mit den erwähnten Geheimdienstarchiven beziehungsweise deren Instituten in Tschechien und der Slowakei.

Das Institut für Kriegsfolgen-Forschung, namentlich seine neue Außenstelle in Raabs, hat es sich zur Aufgabe gemacht, die „Operationen der tschechoslowakischen Nachrichtendienste in Österreich 1945–1989" vor allem auf Basis tschechoslowakischer Dokumente und Akten zu bearbeiten. Dies geschieht seit einem Jahr in Kooperation mit dem „Ústav pro studium totalitních režimů" (USTR) in Prag, dem „Archiv bezpečnostních složek" (ABS) in Brünn/Brno und Kanitz/Kanice sowie dem „Ustav pamäti národa" (UPN) in Pressburg/Bratislava. Ihren Direktoren, vor allem Světlana Ptáčníková vom ABS, dem ehemaligen Direktor des USTR, Daniel Hermann, und

Direktor Ondrej Krajňák vom UPN in Bratislava sowie ihren Mitarbeitern sei daher an dieser Stelle zuerst für die großzügigen Arbeitsmöglichkeiten und die gute Zusammenarbeit gedankt.

Die Niederösterreichische Landesregierung, vor allem Landeshauptmann Erwin Pröll, steht unseren Forschungen seit bald 20 Jahren stets hilfreich zur Seite. Er hat auch die Neuerrichtung der Außenstelle Raabs an der Thaya meines Instituts besonders gefördert, in der gerade die Arbeiten an diesem österreichisch-slowakisch-tschechischen Projekt durchgeführt werden.

Ebenso danke ich dem „Jubiläumsfonds der Österreichischen Nationalbank“ für die Förderung des Projektes und den österreichischen Botschaftern in Prag und Bratislava, Dr. Ferdinand Trauttmansdorff und Dr. Josef Markus Wuketich, für ihr reges Interesse am Projekt und die Zurverfügungstellung der Residenzen beziehungsweise Botschaften für die Vertragsunterzeichnungen und Workshops. Generaldirektor Claus Raidl hat als Erster ein großes Interesse an der Thematik bekundet und die ersten Vorarbeiten unterstützt. Der „Zukunftsfonds der Republik Österreich“ stand auch diesem Projekt hilfreich zur Seite.

Ein besonderer Dank gilt meinen Mitarbeitern am Institut in Graz, den tschechischen und slowakischen Rechercheuren in Prag, Brno und Bratislava, den Mitarbeitern in Wien und Raabs, vor allem Philipp Lesiak, Kateřina Lozoviuková, Mirjana Söhn und in Prag Prokop Tomek, der den Hinweis auf die Geheimdienst-Bestände gab und bei der Materialaufnahme behilflich war, sowie Dieter Bacher und Harald Knoll in Graz. Sie haben eine riesige Fülle an Material zusammengetragen, das nunmehr zur Auswertung ansteht. Das österreichische Innenministerium hat diese Arbeit in besonderer Weise unterstützt. Dafür gebührt seinen Verantwortungsträgern ein besonderer Dank.

Schließlich danke ich dem Ecowin Verlag, namentlich seinem Gründer und Geschäftsführer, Dr. Hannes Steiner, der die Idee zu diesem Buch aufgegriffen und mit seinen Mitarbeitern, vor allem Frau Mag. Christina Kindl, umgesetzt hat. Das wegen der zahlreichen diakritischen Schriftzeichen besonders aufwendige Lektorat und die Korrekturarbeiten besorgten Dr. Arnold Klaffenböck und Mag. Dieter Bacher, die Fotorecherchen Mag. Harald Knoll und Mag. Philipp Lesiak.

Die tschechoslowakischen geheimdienstlichen Aktivitäten in Österreich gehörten sofort nach dem Ende des Zweiten Weltkrieges zu den umfangreichsten aller osteuropäischen Nachrichtendienste, einschließlich jener der Sowjetunion. Die Akronyme SNB, StB und MNB stehen für die breit gefächerten tschechoslowakischen „Organe". Sie zählten zu den schärfsten Konkurrenten der westlichen und österreichischen Nachrichtendienste. Daher ist ihre Aktivität und Rolle für eine Darstellung Österreichs in der Nachkriegszeit und als nachrichtendienstliches Drehkreuz notwendig.

Dieses Buch setzt dazu einen ersten Schritt. Es beleuchtet die Lage am „Eisernen Vorhang" zur Tschechoslowakei zu Ende der 1940er- und zu Anfang der 1950er-Jahre. Erstmals werden auf Basis der bis vor Kurzem unzugänglichen Verschlussakten der Geheimdienste der ehemaligen Tschechoslowakei Tragödien am „Eisernen Vorhang" dargestellt, die sich an Thaya/Dyje und March/Morawa abspielten und die auch für immer im Schatten bleiben sollten. Dass nunmehr Licht in dieses Gemenge aus Dunkel und Schatten kommen konnte, ist wesentlich das Verdienst der wissenschaftlichen Institute und Archive der ehemaligen Geheimdienste und ihrer Direktoren, vor allem aber einer erstaunlich liberalen Archivgesetzgebung in Tschechien und der Slowakei. Sie ermöglicht es auch, dass in weiteren Arbeiten die Operationen der tschechoslowakischen Geheimdienste in Österreich untersucht und dargestellt werden.

Graz, im September 2013 Stefan Karner

Der „Eiserne Vorhang" – Die Teilung Europas

Mittwoch, 16. August 1950: österreichisch-tschechoslowakische Grenze. Ein scharfes tschechisches Kommando „Stoj!" Gleich darauf peitschen 26 Schüsse durch die Nacht, zerreißen die gespenstische Stille. Der Fluchtversuch dreier unbewaffneter junger Tschechen ist grausam zu Ende. Im Kugelhagel tschechoslowakischer Grenzsoldaten werden Ludvík Duroň, 25, und Otakar Králíček, 22, regelrecht durchsiebt und sind auf der Stelle tot; Zdeněk Šťastný, 23, überlebt nur wenige Monate. Ein Geheimdienstmann schilderte das Geschehen später im Zuge der Untersuchung durch die Staatssicherheit mit folgenden Worten:[1]

„Nach dem Ende der Schießerei: kurze Ruhe; dann hörte ich das Gestöhne eines Verletzten. Jemand schrie ihn an, er solle aufstehen und die Hände heben. Der Verletzte wimmerte und stöhnte, dass er nicht mehr aufstehen könne"

Die brutale Erschießung dreier nicht bewaffneter Männer war rechtlich nicht gedeckt und ein schwerer Verstoß selbst gegen die tschechoslowakische Rechtsordnung.[2]

Die drei hatten sich aus politischen Gründen zur Flucht nach Österreich entschlossen. Im stalinistischen KP-Regime hatten sie für sich keine Aufstiegschancen, keine Perspektiven mehr gesehen. Und sie hatten trotz ihrer jungen Jahre die Repression des KP-Regimes bereits zu hart erfahren, um weiter ein Leben in der ČSR führen zu wollen.

So wie ihnen erging es vielen Menschen in der Tschechoslowakei „hinter" dem „Eisernen Vorhang". Dieser teilte Europa 40 Jahre lang. Er bildete eine nahezu unüberwindbare Barriere und Grenze zwischen dem westlichen und dem sowjetischen Block: politisch, militärisch, wirtschaftlich, geistig, gesellschaftlich und mental. In Jahrhunderten zusammengewachsene Gebiete wurden zerschnitten, Familien und Menschen voneinander getrennt. Der „Eiserne Vorhang" war der größte Schlag ins Gesicht von Demokratie und Freiheit, nach der sich Millionen Menschen sehnten und sich in großteils brutal niedergeschlagenen Aufständen und Revolutionen (von der Deutschen Demokratischen Republik und Ungarn über die Tschechoslowakei und Polen bis Russland) von den stalinistischen KP-Regimen befreien oder durch Flucht entziehen wollten.

Die Grenze des „Eisernen Vorhangs“ markiert so abertausende Hilfeschreie nach Freiheit, tausende Versuche ihrer Unterwanderung und partiellen Durchbrechung: für Zeitungen, Fernsehen, Radio, Flugschriften, für wirtschaftliche Organisationen, für Spionage und Geheimdienste. Der „Kalte Krieg“ des Alltags im Äther, im Sport, in der Kunst und Wirtschaft, hier an der Grenze wurde er besonders manifest. Täglich. Hier spionierten Nachrichtendienste aus Ost und West, schlugen Flüchtende Schneisen durch die Befestigungsanlagen, gruben Tunnel unter den Wachtürmen der Grenzsoldaten, eröffneten Nachrichtensender von Geheimdiensten Propagandaoffensiven über die Grenze, störten Ost-Sender westliche Sendungen, schleusten Geheimdienste Aktivisten und Propagandisten über die Grenze in den Westen, hörten Telefonate ab, kidnappten Menschen und ermordeten sie.

Tschechoslowakische Grenzpatrouille an der Grenze zu Österreich. Quelle: USTR.

Stärker als anderswo wurden an der Grenze Ortsbewohner, ja selbst Exekutivorgane angeworben, um einen für sie gefährlichen Menschenraub oder Schmuggel durchzuführen, Menschen gezielt zu beobachten, zu observieren. Hier am „Eisernen Vorhang" tummelten sich Agenten, Spione, Glücksritter, Menschenhändler und Flüchtige. Die eigentlichen Drahtzieher der Agenten und Spione, ihre Schalt- und Kommandozentralen saßen weit hinter der Grenze im sicheren Abstand, in Budapest, Prag, Ost-Berlin, Moskau, in Pullach oder Washington.

In Österreich selbst gab es zahlreiche sogenannte „Residenturen", das heißt Stützpunkte ausländischer Geheimdienste: Amerikanische Dienste hatten Büros unter anderem in Wien, Salzburg, Klagenfurt, Linz, Innsbruck und Zell am See, britische Dienste waren etwa in Wien, Klagenfurt, Graz, Villach, Wolfsberg, Millstatt, Weiz, Leoben, Leibnitz und Bruck an der Mur. Französische Dienste saßen vor allem in Seefeld und Innsbruck und sowjetische Dienste unter anderem in Wien, Baden, Neunkirchen, Weiden/See und St. Pölten. Nicht selten bedienten sich die Geheimdienste, besonders die amerikanischen, ehemaliger ranghoher SS-Leute.[3] Neben den Geheimdiensten der Besatzer tummelten sich, teilweise im Gefolge oder in engster Zusammenarbeit mit diesen, Nachrichtendienste anderer Staaten, vor allem der unmittelbaren Nachbarn: Jugoslawien, Ungarn und natürlich auch der Tschechoslowakei.

Allein die tschechoslowakische Staatssicherheit („Státni bezpečnost", StB) operierte seit 1945 mit zwei Residenturen, in Wien und Salzburg, und Heerscharen von Spionen, Agenten, Zuträgern und Informanten. Helmut Zilk, der spätere Unterrichtsminister und Wiener Bürgermeister, durch Medienberichte in seiner Verbindung zum StB aufgedeckt,[4] war nur einer von ihnen.

Der StB-Nachlass verwahrt Personalakten von über 12.000 Österreicherinnen und Österreichern, die von der tschechoslowakischen Staatssicherheit angelegt wurden, weil sie dem StB aus irgendeinem Grund interessant erschienen, weil sie observiert wurden oder weil sie selbst mit dem StB in irgendeiner Form zusammenarbeiteten oder einfach „abgeschöpft" wurden. Das amerikanische „Office of Strategic Services" (OSS) gab an, dass in Salzburg nach Kriegsende jeder vierte Bewohner mit den amerikanischen Diensten kooperierte.[5] Der Tiroler Landeshauptmann Karl Gruber schätzte die Stärke der diversen französischen Dienste im August 1945 allein für Tirol auf 200 Agenten.[6]

Auf der Tagesordnung geheimdienstlicher Grenz-Operationen des StB standen Menschenschmuggel, Deportationen und kaltblütige Morde an vorgeblichen (Doppel-)Agenten sowie die Überwachung und Verfolgung von Flüchtenden, oft über die Grenze hinweg auf österreichisches Territorium.

Der „Eiserne Vorhang" entlang der 453 Kilometer langen Grenze zwischen Österreich und der Tschechoslowakei war für Tausende aus dem „Ostblock" auch die letzte Barriere zum Westen. Zu viele schafften sie nicht, traten auf Minen, die sie zerfetzten, von Hunden der Grenzwache,

Die Brücke als Barriere: Die Thayabrücke nahe Hardegg in Niederösterreich. Da die Thaya in diesem Bereich Staatsgrenze ist, wurde im „Kalten Krieg" der Boden der Brücke entfernt, um die Überquerung mit Fahrzeugen zu verhindern. Quelle: Stadtarchiv Hardegg.

die man auf sie gehetzt hatte, zerfleischt, meistens jedoch gestellt und verhaftet, noch bevor sie die Todeszone des Grenzstreifens überquert oder die Grenze überhaupt erreicht hatten: vom allzeit und überall gegenwärtigen, unsichtbaren Spitzeldienst des StB. Hohe Kerkerstrafen folgten, ihre Familien kamen in Sippenhaft.

129 flüchtende Menschen starben an der Grenze im Kugelhagel der tschechoslowakischen Grenzer oder wurden von ihren Hunden getötet. Dazu kamen Grenzsoldaten, die am eigenen Stacheldrahtzaun bei Unfällen ihr Leben ließen oder am elektrisch geladenen Zaun Selbstmord begingen, weil sie psychisch den täglichen Schrecken nicht mehr aushielten. Diese schreckliche Bilanz belegt, wie perfide und tödlich die teilweise kilometertief gestaffelten Sicherungsanlagen zur Abwehr des „kapitalistischen Feindes“ in der Tschechoslowakei ausgebaut waren und wie bedrückend die Atmosphäre in den Sperrgebieten, selbst für die Grenzsoldaten, gewesen sein muss.

Die Zäune und Sperranlagen des „Eisernen Vorhangs“ sind heute aus der Landschaft verschwunden, die einstmaligen Sperrzonen als „grünes Band“ nur mehr in Nationalparks nachzuvollziehen. Die ideologische Grenze ist durch die EU-Integration weitgehend überwunden. In Tschechien und in der Slowakei werden die Toten des „Eisernen Vorhangs“ wissenschaftlich und in Film-Dokumentationen thematisiert, in Österreich scheinen die Schrecken des „Eisernen Vorhangs“, die starke Präsenz und Tätigkeit ausländischer Geheimdienste im Land vergessen oder verdrängt zu werden. Nur von Zeit zu Zeit, wenn aktuelle Tätigkeiten von Nachrichtendiensten bekannt werden, wie zuletzt jene der amerikanischen „National Security Agency“ (NSA), kommt auch dieses Thema am Rande in die Medien und in den öffentlichen Diskurs.

Genau in diese Wunde legt das Buch den Finger: Auf Basis tschechoslowakischer und österreichischer Akten wird ein minutiöses Bild gezeichnet, ein Schattenmosaik, das niemals an die Öffentlichkeit kommen sollte, in das mehr Menschen als kleine Steinchen gezwungen wurden und in dem mehr Menschen arbeiteten, als man sich je vorstellen konnte.

Mit den Grenzfällen zwischen 1945 und etwa 1955, den Vorgängen am „Eisernen Vorhang“, werden Schattenzonen der Nachkriegszeit in Österreich und in der Tschechoslowakei offengelegt, die vielfach auch im Zusammenhang mit den Operationen tschechoslowakischer Geheimdienste auf österreichischem Gebiet oder gegen Österreich zu sehen sind.

„... an Iron Curtain has descended across the Continent."

Nach Ende des Zweiten Weltkrieges, der mit geschätzten 52 Millionen Todesopfern, mit dem Holocaust, dem Abwurf zweier Atombomben auf Japan und den Massenvertreibungen von Deutschen aus Ostmitteleuropa 1945/46 der größte Konflikt der Geschichte war, etablierte sich der „Eiserne Vorhang" sehr rasch als Metapher für die Blockbildung in Europa und einer nunmehr in einem „Kalten Krieg" geteilten Welt. Denn der „Eiserne Vorhang" wurde zum ersten sichtbaren Zeichen dieser Blockbildung: Spätestens ab Ende der 1940er-Jahre manifestierte sich die Trennlinie konkret in Form von Absperrungen an den Grenzen zwischen Ost und West. Doch von einem „Eisernen Vorhang" war nicht erst seit dem Bau der Sperranlagen durch die KP-Regime die Rede.

Verwendet zunächst in der Theatersprache, wurde der „Eiserne Vorhang" seit Beginn des 20. Jahrhunderts zunehmend zum Begriff für eine unüberwindbare Grenze. Wassili Rosanow bezog 1918 in einem Buch den Theaterausdruck auf die Auswirkungen der Russischen „Revolution" und brachte damit erstmals den Terminus in Verbindung mit dem Kommunismus. Zwei Jahre später schrieb die englische Adelige Ethel Snowden (!)[7] in ihrem Buch „Through Bolshevik Russia" vom „Eisernen Vorhang", hinter dem das bolschewistische Russland lag.[8] Zahlreiche weitere Belege lassen sich bis 1939 aufzählen. Danach wurde dieser Terminus im Umfeld von NS-Propagandaminister Joseph Goebbels Ende Februar 1945 wieder aufgenommen. In einem Artikel mit dem Titel „Das Jahr 2000" vom 25. Februar 1945 schrieb Goebbels im Propagandaorgan „Das Reich" von einem „Eisernen Vorhang", der nach dem Kriegsende und nach einer militärischen Niederlage des Deutschen Reiches über Europa niedergehen werde.[9]

Am 12. Mai 1945, also unmittelbar nach Ende der Kriegshandlungen in Europa, sprach Winston S. Churchill in einem Telegramm an US-Präsident Harry S. Truman von einem „iron curtain". Ob Churchill die Formulierung von Goebbels kannte, lässt sich nicht nachweisen.[10]

Wesentlich mehr Publizität erlangte Churchill 1946 mit seiner berühmt gewordenen Rede im Westminster College in Fulton, Missouri. Churchill übernahm den Begriff „Eiserner Vorhang" und charakterisierte die Konfliktlinien der damaligen Weltpolitik mit folgenden Worten:

Beginn der Zweiten Tschechoslowakischen Republik: Sitzung der Regierung der Nationalen Front am provisorischen Regierungssitz in Kaschau/Košice am 1. Mai 1945. Quelle: Vojenský ústřední archiv, Prag.

„From Stettin in the Baltic to Trieste in the Adriatic an Iron Curtain has descended across the Continent. Behind that line lie all the capitals of the ancient states of Central and Eastern Europe. Warsaw, Berlin, Prague, Vienna, Budapest, Belgrade, Bucharest and Sofia; all these famous cities and the populations around them lie in what I must call the Soviet sphere, and all are subject, in one form or another, not only to Soviet influence but to a very high and in some cases increasing measure of control from Moscow.“[11]

Sowjetische Truppen standen in Prag und Wien. Während es jedoch dem wiedererrichteten Österreich gelang, sich trotz zehnjähriger sowjetischer Besatzung Ostösterreichs und großer Teile Wiens langsam dem Einfluss Moskaus zu entziehen und 1955 wiederum die volle Souveränität zu erlangen, begann für die Tschechoslowakei 1945 die vorletzte Etappe ihres Weges hinter den „Eisernen Vorhang“. Aus den ersten demokratischen Parlamentswahlen im Mai 1946 gingen, sehr im Unterschied zu Österreich, die Kommunisten als stärkste Kraft hervor.[12]

Edvard Beneš, erster Staatspräsident der Zweiten Tschechoslowakischen Republik.
Quelle: Wikimedia Commons.

Klement Gottwald: KP-Führer und tschechoslowakischer Staatspräsident 1948–1953.
Quelle: USTR.

Unter ihrem Parteichef Klement Gottwald als Ministerpräsident (bis 1948) arbeiteten die Kommunisten sukzessive an der Demontage des nach dem Zweiten Weltkrieg wieder eingeführten demokratischen Systems. Besonders das Innenministerium wurde als Machtbasis für die anvisierte endgültige KP-Machtübernahme gebraucht. Ein „kalter Putsch" im Februar 1948 brachte schließlich die endgültige Umwälzung und war der Startschuss für die Stalinisierung des tschechoslowakischen Staates und der tschechoslowakischen Gesellschaft: für Verstaatlichung, Enteignung, Kollektivierung und Unfreiheit. Das Land und seine Menschen waren für den Westen hinter dem „Eisernen Vorhang" abgetaucht und abgeriegelt, obwohl dieser oft nur wenige hundert Meter entfernt und in Sichtweite war.

In seinem Schutz und mithilfe dieses Schutzwalls konnte die KPČ ihr totalitäres, stalinistisches Regime auf- und ausbauen. Die wenigen Einblicke, die einzelne „Gucklöcher" durch den „Eisernen Vorhang" noch zuließen, zeigten nur Spots des wahren Geschehens oder wurden überhaupt für den Westen manipuliert.

Praktisch jeder tschechoslowakische Staatsbürger war vom Systemwechsel betroffen, meist von den verschiedenen Formen der individuellen und administrativen Repression, der treibenden Kraft hinter dem rapiden

Szenen des Umsturzes im Februar 1948 – kommunistische Massenkundgebung am Prager Wenzelsplatz. Quelle: Vojenský ústřední archiv Prag.

Wandel. Die riesige Zahl von Menschen, die binnen kürzester Zeit von den Säuberungswellen der KPČ erfasst wurden, zeigt, welch gravierenden Einschnitt die Stalinisierung in der Tschechoslowakei bedeutete:[13] 100.000 Funktionäre wurden aus politischen Gremien entlassen, rund 20.000 Funktionäre aus den Gewerkschaften entfernt, 4600 Offiziere mussten bis 1949 ihren Abschied aus der Armee nehmen und etwa 15.000 „Sokol"-Mitglieder[14] wurden aus der national-tschechischen, 1892 gegründeten Turnbewegung ausgeschlossen.

Nach einem letzten Turnerfest („Slet") vom 19. bis 27. Juni 1948 mit 500.000 Teilnehmern, das auch als eine Protestkundgebung gegen das neue KP-Regime und Präsident Klement Gottwald zu verstehen ist, wurde die Turnbewegung „Sokol" gänzlich verboten. Alle politischen Parteien, außer der KPČ, wurden verboten. Das Parteienverbot betraf etwa 120.000 Mitglieder der Volkssozialistischen Partei, 100.000 der Volkspartei und 20.000 Sozialdemokraten. Von den 600 Topmanagern staatlicher Betriebe wurde fast die Hälfte entlassen, ebenso 500 Universitätsprofessoren. Fast jeder fünfte Student wurde von den Universitäten verbannt und vom Studium ausgeschlossen.[15]

Rudolf Slánský bei seiner Aussage im Schauprozess im November 1952. Sehr stark war in diesem Verfahren die antijüdische und antislowakische Rhetorik der Staatsorgane. Quelle: USTR.

Allein im Jahr 1948 wurden 3000 Menschen verhaftet und wegen mutmaßlicher politischer Verbrechen angeklagt. Nicht wenige von ihnen, noch bevor sie über den „Eisernen Vorhang" aus dem Land fliehen konnten. Der nunmehr gänzlich kommunistische Staatssicherheitsdienst führte 3700 Hausdurchsuchungen durch. Bis 1954 wurden in der Tschechoslowakei 241 Menschen aus politischen Gründen hingerichtet, oft nach propagandistisch ausgeschlachteten Schauprozessen gemäß dem sowjetischen Vorbild der Dreißigerjahre, unter ihnen KPČ-Generalsekretär Rudolf Slánský.[16] Zu langjährigen Haftstrafen Verurteilte hatten diese meist in Arbeitslagern zu verbüßen.

Unter ihnen war das Uranbergwerk St. Joachimsthal/Jáchymov im böhmischen Erzgebirge das berüchtigste. Aus der tschechoslowakischen, später deutschen Joachimsthaler Bergwerksgesellschaft zur Gewinnung von Pechblende hervorgegangen, wurde das dazugehörige Lager 1945 vom NKWD übernommen. Das sowjetische „Volkskommissariat für innere Angelegenheiten" („Narodnyj kommissariat wnutrennych del", NKWD) baute das Werk als „tschechoslowakischen GULAG" für den Abbau von Pechblende für die sowjetische Uranbombe aus. Deutsche Kriegsgefangene errichteten dazu riesige Lager, die ab 1948 als Internierungslager für zehntausende politische ČSR-Häftlinge dienten.[17]

Die Joachimsthaler Mine lieferte den Sowjets das Uran für ihre Atombombe. Tausende Häftlinge starben in den Gruben oder an den Folgen der extrem gesundheitsgefährdenden Arbeit. Quelle: ABS.

Doch nicht nur die kommunistischen Säuberungswellen rollten über die tschechoslowakische Gesellschaft, auch der rasche Umbau des Wirtschaftssystems zu einer zentral gelenkten Planwirtschaft, samt umfassender Verstaatlichung der Industrie und Kollektivierung der Landwirtschaft, betraf praktisch jeden Staatsbürger.

In Reaktion auf den drastischen Wandel formierte sich der sogenannte „dritte Widerstand" gegen das kommunistische Regime (nach dem Widerstand gegen die Habsburger und jenem gegen die Nationalsozialisten). Gleichzeitig setzte eine massive Flüchtlingsbewegung in Richtung Westen und Süden ein. Zur Eindämmung der Flüchtlingswelle wurde schlussendlich die zunächst nur politisch-ideologische Grenze zu einer buchstäblichen Menschenfalle, dem „Eisernen Vorhang", ausgebaut. Beide Faktoren – die Bereitschaft von Tschechen und Slowaken, trotz aller Risiken gegen das neue Regime zu arbeiten, und der stete Strom an Flüchtlingen nach Westdeutschland und Österreich – sind von essenzieller Bedeutung für das heute fast vergessene, verbissene Ringen im „Kalten Krieg" an der Nahtstelle zwischen einer totalitären, von Moskau abhängigen Tschechoslowakei und Österreich.

Aus österreichischer Sicht entrückte der Systemwechsel in der Tschechoslowakei den durch Jahrhunderte eng verbundenen Nachbarn zusehends der öffentlichen Wahrnehmung. Prag lag in der Vorstellung vieler Österreicher bald weit im Osten Europas, jedenfalls „östlicher" als Wien. Vor allem in den grenznahen Regionen erschien der „Eiserne Vorhang" als undurchdringliche Barriere, in deren Nähe man sich – oftmals zu Recht[18] – in Gefahr wähnte und hinter der nunmehr ein Land lag, das von einem repressiven, kommunistischen Regime kontrolliert wurde.[19]

Der Beginn von Deportation und Flucht aus der Tschechoslowakei mit Elend und Tod für „Sudetendeutsche" 1945/46. Quelle: Vojenský ústřední archiv, Prag.

Oscar Pollak, Chefredakteur der österreichischen „Arbeiter-Zeitung", kommentierte den Putsch vom Februar 1948 in einem Leitartikel mit folgenden Worten:

„Nun hat auch die Tschechoslowakei aufgehört, eine Demokratie zu sein und ist eine ‚Volksdemokratie' geworden. Sie ist endgültig aus Europa herausgefallen und in den Ostblock eingegangen. Sie hört darum nicht auf, unser Nachbar und, wie wir hoffen, unser Freund zu sein, dessen Schicksal uns nahegeht [...] Die Kommunisten waren nicht mehr stark genug, in der Demokratie zu herrschen: aber ihre Macht, gestützt auf die politische Polizei und die Sowjetunion im Hintergrund, war stark genug, die Demokratie zu beseitigen." [20]

Auch wenn die wiedererstandenen Staaten Österreich und Tschechoslowakei bald nach Kriegsende miteinander in bilaterale Beziehungen traten – geschuldet der persönlichen Initiative des ehemaligen österreichischen Gesandten Ferdinand Marek und anderer, im Mai 1945 in Prag lebender, ehemaliger österreichischer Diplomaten –, so waren diese von Anfang an belastet.[21] Vor allem die „Beneš-Dekrete" und die dadurch ausgelöste Vertreibung und Enteignung der „Sudetendeutschen", die schleppende Verfolgung von NS-Tätern in Österreich und eine teilweise im Alltag anzutreffende, herablassende Behandlung von Tschechen und Slowaken in Österreich, die in der Tschechoslowakei Verbrechen begangen hatten, waren große Diskussions- und Streitthemen.

Nach dem Umsturz 1948 beobachteten und rapportierten die österreichischen Diplomaten vor allem über die einsetzenden Repressionen, die politischen Schauprozesse und den Generalverdacht der KPČ gegen eine titoistische, später zionistische Verschwörung, während umgekehrt alsbald der Verdacht geäußert wurde, dass sich Österreich aktiv am Kampf gegen die tschechoslowakische Volksdemokratie beteilige oder diesen zumindest dulde.[22] So wurde in der „Mláda Fronta", dem offiziellen kommunistischen Parteiorgan der Tschechoslowakei, der Sekretär der „Freien Österreichischen Jugend", der Jugendorganisation der österreichischen Kommunisten, Erwin Flemmer zitiert, der im Rahmen des tschechoslowakischen Jugendkongresses vom 7. bis 11. Juni 1950 in Prag aufgetreten war:

„Wir wissen, dass die Reaktion in Österreich [...] von den amerikanischen Imperialisten dazu ausgesucht wurde, um Zertrümmerungsarbeit unter dem tschechoslowakischen Volk zu leisten und um den Aufbau des Sozialismus in der tschechoslowakischen Republik zu stören. Über die Grenze werden in die Tschechoslowakei geheime Truppen faschistischer Elemente geschickt, die aus ehemals in der Tschechoslowakei ansässigen Reichsdeutschen zusammengesetzt sind. Diese Gruppen haben die Aufgabe, Spionage und Sabotage durchzuführen."[23]

Wenn es auch nicht nachweisbar ist, dass sich Flemmer tatsächlich derart äußerte, so zeigt sich doch deutlich das feindselige Bild, das die tschechoslowakische Propaganda von Österreich zeichnete. Entsprechend sensibel reagierte der österreichische Gesandte Meinrad Falser, als er 1951 unter der österreichischen Diplomatenpost, die aus Prag nach Österreich gesandt werden sollte, einen verdächtigen Brief entdeckte. In diesem waren verschiedenste politische Informationen, vor allem über die Repression der Kirche in der Tschechoslowakei enthalten, die über den vatikanischen Sender und „Radio Free Europe" hätten verbreitet werden sollen. In seinem Bericht an das Außenamt schreibt Falser:

„Bei allem Verständnis für die schwere Bedrängnis, in der sich die römisch-katholische Geistlichkeit in der Tschechoslowakei befindet, kann ich nicht genug auf die Gefahren hinweisen, die sich durch derartige Übermittlungen nicht nur für die beteiligten Personen selbst, sondern auch für die Gesandtschaft ergeben [...] Die Leute dürfen sich dann nicht wundern [...], wenn die Schuldigen schwerste Kerkerstrafen zu gewärtigen haben. Da ich aber keine Lust habe, durch derlei – im übrigen völlig zwecklose – Übermittlungen politischen Propagandamaterials unter Umständen hier in einen Staatsprozess verwickelt zu werden, bitte ich das Bundeskanzleramt, Auswärtige Angelegenheiten [...] in aller Deutlichkeit klarzumachen, daß [...] derlei Aktionen künftig zu unterlassen [sind]."[24]

Insgesamt waren die bilateralen Beziehungen zwischen Österreich und der Tschechoslowakei zwischen 1948 und 1955 sehr gespannt, was sowohl die österreichischen Gesandten am eigenen Leib erfuhren und entsprechend nach Wien rapportierten, als auch die gegenseitige, stets negative Berichterstattung über den Nachbarstaat der jeweiligen gelenkten oder freien Medien widerspiegelte.

Erst ab 1955 trat langsam eine Entspannung ein und 1961 wurden bilaterale Botschaften in Prag und Wien eröffnet. In der Atmosphäre des frühen „Kalten Krieges" fand das prominente Mitglied der tschechischen Minderheit in Wien, der sozialistische Landtagsabgeordnete Josef Jirava, im Wahlkampf 1953 klare Worte:

„Wir wissen, daß die Kommunisten über die Tschechoslowakei nur Elend gebracht haben [...] Wir Tschechen und Slowaken leben in einem Land, in dem man unsere Nationalität respektiert, Österreich ist unsere Wahlheimat und die Geburtsheimat unserer Kinder [...] Es gibt unter der tschechoslowakischen Minderheit in Österreich ein paar kommunistische Lobhudler. Wenn es in der tschechoslowakischen Volksdemokratie so gut ist, wie sie behaupten, warum gehen die dann nicht in das Paradies hinter Stacheldraht, Minenfeldern und Grenzwachtürmen zurück? Warum bleiben sie hier und verlangen nur von anderen, daß sie in die Tschechoslowakei zurückkehren?"[25]

Und tatsächlich waren es vor allem der hier angesprochene „Eiserne Vorhang“ und die zahlreichen Grenzzwischenfälle, welche die bilateralen Beziehungen zwischen Österreich und der Tschechoslowakei besonders belasteten.

Menschenfalle „Eiserner Vorhang“

Der Grund für den Übergang von einem rein ideologischen „Eisernen Vorhang“ hin zu konkreten Sperrmaßnahmen ist in einem Umstand zu suchen, mit dem sich alle kommunistischen Staaten Mittel-Osteuropas schon bald nach der Machtergreifung der kommunistischen Parteien konfrontiert sahen: die bereits angesprochene starke Fluchtbewegung ihrer eigenen Bevölkerung nach dem Westen.[26] Ab den 1950er-Jahren wurde daher sukzessive gegenüber Österreich ein gut bewachtes Sperrsystem hochgezogen. In der kommunistischen Propaganda war der Zweck der Absperrung freilich ein anderer: Sie war gegen den kapitalistischen Westen gerichtet und sollte einerseits Eindringlinge, Spione und Konterrevolutionäre davon abhalten, den Aufbau der neuen kommunistischen Gesellschaftsordnung in den Satellitenstaaten zu stören und andererseits einer in der kommunistischen Propaganda heraufbeschworenen militärischen Expansion der Westalliierten Einhalt gebieten.

Die Absperrung erfüllte ihren vorrangigen Zweck und schloss die Reihen innerhalb der eigenen Bevölkerung dichter. Angesichts der „drohenden“ Gefahr, des Mangels an Informationen aus dem Westen und der Propagandamaschinerie wurde die Absperrung von der propagandistisch stark beeinflussten Bevölkerung auch überwiegend als notwendige Abwehrmaßnahme angesehen. Der „Eiserne Vorhang“, vorgeblich zum Schutz vor dem ideologischen Feind errichtet, wurde so auch zu einem Instrument der inneren Konsolidierung und Unterdrückung.[27]

Der Beginn der Abriegelung der Grenze war von Land zu Land unterschiedlich: Ungarn fing bereits 1948 an, die Grenze systematisch zu sperren,[28] die Tschechoslowakei errichtete ab 1950 Sicherheitsstreifen und an der innerdeutschen Demarkationslinie wurde ab 1952 eine fünf Kilometer breite Sperrzone eingerichtet.[29] Die Chronologie der hermetischen Abriegelung Mittel-Osteuropas durch den „Eisernen Vorhang“ im Detail:

Die Drahtverhaue am „Eisernen Vorhang" 1952. Die Drähte am mittleren Zaun waren elektrisch geladen. Quelle: ABS.

Ungarn ordnete ab Mai 1948 die Verstärkung des Grenzabschnittes Richtung Österreich an, um Schmugglern und Flüchtlingen den Weg abzuschneiden. Dazu wurde die Grenzwache dem Verteidigungsministerium entzogen und 1950 in die Staatssicherheitsbehörde eingegliedert. Der Bau der technischen Anlagen – vorgesehen waren zu Beginn Drahthindernisse und Minenfelder – wurde von der Ungarischen Volksarmee vorgenommen. Dies umfasste auch die Einrichtung einer 15 Kilometer tie-

Wachturm am „Eisernen Vorhang". Quelle: ABS.

fen Grenzzone, aus der „unzuverlässige“ Personen abgesiedelt wurden. Diese Grenzzone hatte einen Grenzstreifen mit einer Breite von zwei Kilometern; ein etwa 50 Meter breiter Streifen unmittelbar an der Grenze durfte nur mehr von der Grenzwache betreten werden. Der erste bauliche Schritt war die Errichtung von Wachtürmen – in erster Linie, um die Flucht der eigenen Soldaten zu verhindern.

Danach errichtete man auf einer Länge von 366 Kilometern entlang der österreichisch-ungarischen Grenze Drahthindernisse, kurze Zeit später verlegte man einen Minengürtel. Aufgrund diverser Probleme mit den Minen sowie der einsetzenden Liberalisierung in Ungarn begann man 1955 wieder mit der Entminung, die mit 20. Oktober 1956 abgeschlossen war.[30] Doch die Entspannung währte nur kurz: Bereits wenige Monate nach der Niederschlagung der ungarischen Revolution durch Sowjettruppen wurden ab März 1957 rund 800.000 neue Minen verlegt, ehe man sie ab Mitte der 1960er-Jahre erneut entfernte, um sowjetischen Signalanlagen Platz zu machen. Diese wurden allmählich immer mehr verfeinert, auch parallel zum Einfallsreichtum der Flüchtlinge.[31]

In der Tschechoslowakei kam es im Laufe der Jahre schrittweise zu Änderungen im Grenzregime, die auch die politische Entwicklung und die Etappen der Machtübernahme durch die Kommunistische Partei widerspiegeln. Nach 1945 schien es zunächst, als würde die Überwachung der Grenze denselben Mustern unterworfen wie in der Zwischenkriegszeit. So wurde schon kurz nach Kriegsende die Finanzwache wiederhergestellt, zu deren Aufgaben in dieser Zeit auch die Überwachung der Grenze gehörte.

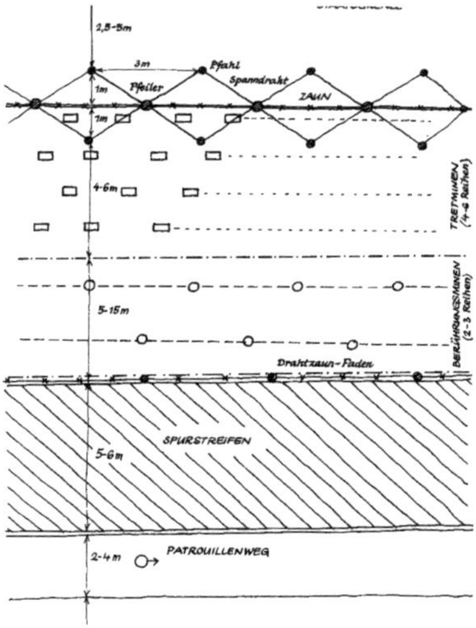

Die tödliche Gefahr: Schematische Darstellung des Minenriegels am „Eisernen Vorhang“ vor 1956. Quelle: HGM.

5000 Mann patrouillierten entlang der Grenze. Grenzzäune, die der späteren Systemgrenze frappierend ähnlich sahen, wurden zwar schon gleich nach dem Krieg stellenweise errichtet, dienten aber allein der nationalstaatlichen Grenzmarkierung und wiesen keinerlei lebensbedrohliche Einrichtungen auf. Gleichzeitig schaffte die Vertreibung und

Rigorose Überwachung der Bahnlinien über die Grenze. Vorbereitete Gleissperren sollten jegliche „illegale" Fahrt über die Grenze verhindern. Quelle: ABS.

Deportation der deutschen Bevölkerung des Landes 1945/46 vor allem in den Grenzregionen Voraussetzungen, die später den systematischen Aufbau von tief gestaffelten Sperranlagen und Sicherheitszonen ohne Rücksicht auf die Bevölkerung erleichterten: Die Dörfer waren weitgehend menschenleer.

Die kommunistische Machtübernahme nach dem Februar 1948 veränderte die Situation allerdings radikal: Der Zugang der Bevölkerung zur Grenze wurde durch Vorschriften beschränkt, die Grenzübergänge mit Sperren ausgestattet. Vom April 1950 an begann man mit der Einrichtung eines zwischen zwei und sechs Kilometer breiten Sicherheitsstreifens zwischen Jáchymov, an der nördlichsten Grenze der ČSR zu Deutschland, und Bratislava. Gerade in den gebirgigen Regionen Westböhmens war die

Grenze aber noch relativ gut passierbar, was von ortskundigen Schleppern auch einträglich genutzt wurde.[32]

Am 28. April 1951 setzte die ČSR den nächsten Schritt: Per Ministerverordnung wurden mit Gültigkeit zum 1. Juni 1951 ein Grenzstreifen und sogenannte Sperrzonen kundgemacht. Die Sperrzone reichte mindestens zwei Kilometer von der Staatsgrenze ins Hinterland. An die Sperrzone schloss der Grenzstreifen an, der weitere fünf Kilometer, in manchen unwegsamen und gebirgigen Regionen bis zu zwölf Kilometer weit ins Landesinnere hineinreichte.

Im Juli 1951 wurde der Grenzschutz als eigene militärische Waffengattung errichtet und rechtlich dem Militär und den Sicherheitsorganen gleichgestellt. Seine Soldaten rekrutierten sich vor allem aus der gegenüber dem KP-Regime loyalen Bevölkerung. Ursprünglich in einer Stärke von 6000 Mann geplant, erhöhte sich der Stand bald auf bis zu 20.000 Soldaten. Die vom Grenzschutz „verteidigten" Sperrzonen durften nicht betreten werden, Dörfer und Häuser wurden abgesiedelt und teilweise geschleift.[33]

Nur der Grenzschutz beziehungsweise Menschen mit speziellen Ausnahmegenehmigungen konnten die Sperrzone betreten. Die im dahinter liegenden Grenzstreifen wohnende Bevölkerung musste über eine spezielle Genehmigung des Ministeriums für Nationale Sicherheit verfügen. In der Regel wurden die Personen genauestens überprüft beziehungsweise eigens regimetreue Bürger, vielfach aus den östlichen Gebieten des Staates, hier angesiedelt. Ein kurzfristiges Betreten des Grenzstreifens war nur für Familienbesuche und Arbeitseinsätze erlaubt und erfolgte zumeist unter militärischer Beobachtung und Bewachung.

Tschechoslowakische Grenzsoldaten auf Patrouille: Jederzeit schussbereit! Quelle: ABS.

Vor allem zwischen 1952 und 1964 stellten die tschechoslowakischen Grenzbefestigungen eine tödliche Falle dar, weil an einem, meist dem mittleren, der mehrfach gestaffelten Grenzzäune eine 3000 bis 6000 Volt starke Stromspannung angelegt sowie Minenfelder verlegt wurden. Bis zur Räumung der Anlagen 1989 starben am tschechoslowakischen „Eisernen Vorhang“ gegenüber Österreich und der BRD (Bayern) insgesamt bis zu 390 Zivilisten (davon 280 Flüchtlinge) sowie 648 Soldaten und Beamte jener Einheiten, die zur Grenzsicherung eingesetzt waren. Von den 648 getöteten Grenzorganen und Geheimdienstleuten kamen allerdings nur 12 bei Auseinandersetzungen mit Grenzverletzern ums Leben, der Rest starb bei Strom- und Minenunfällen, beging Selbstmord oder erschoss sich gegenseitig. Dies waren deutlich mehr Tote als am innerdeutschen „Eisernen Vorhang“, wo 872 gewaltsam ums Leben kamen (von ihnen 822 Flüchtlinge, 27 DDR-Grenzorgane, 6 Sowjetbürger und 17, die durch den Abschuss von Flugzeugen ihr Leben ließen). Im Grenzabschnitt zu Österreich starben zwischen 1948 und 1989 insgesamt 129 Menschen beim Fluchtversuch.[34]

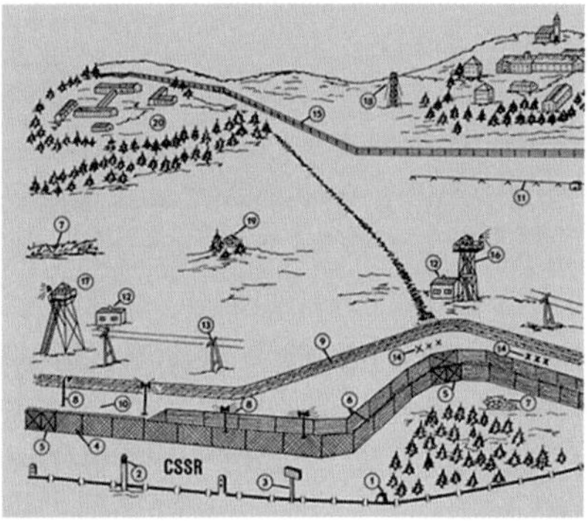

Schematische Darstellung des „Eisernen Vorhangs“ zur Tschechoslowakei. Eine nahezu undurchdringbare Grenzzone.
Quelle: U.S.ArmyCenter for Military History.

1. Grenzverlauf mit Grenzsteinen
2. Weiße Grenzpfosten mit blauen Streifen
3. Grenztafel
4. Einreihiger Stacheldraht- oder Metallgitterzaun
5. Zauntore
6. Zweireihiger Stacheldraht
7. Stolperdrahtfallen mit Signalraketen
8. Ausgeleuchtete Areale
9. Patrouillenstraße
10. Spurstreifen
11. Hundelaufanlagen
12. Wachhütte für Wachturmmannschaft
13. Grenz-Kommunikationsnetz
14. Zusätzliche Hindernisse
15. Signalzaun
16. Aussichtsturm aus Holz
17. Aussichtsturm aus Stahl
18. Aussichtsturm zur Beobachtung des Luftraumes
19. Bunker
20. Kasernen der Grenztruppen

In der Sowjetischen Besatzungszone Deutschlands (SBZ) hatte sich die Lage zwischen den ehemaligen westlichen Alliierten und der Sowjetunion besonders ab 1948 verschärft. Der Konflikt hatte sich um die Währungsreform in den westlichen Besatzungszonen und den Westsektoren der Stadt Berlin entzündet und führte zur Blockade der Stadt durch die Sowjetunion. Bis zum Ende der Blockade versorgten amerikanische und britische Transportflugzeuge, die sogenannten „Rosinenbomber", die Stadt aus der Luft.[35]

1949 wurden nacheinander die Bundesrepublik Deutschland (BRD) und die Deutsche Demokratische Republik (DDR) gegründet. Ein Teil der Bewohner des DDR-Grenzstreifens wurde abgesiedelt, erste Zäune errichtet. Bis zur blutigen Niederschlagung des Volksaufstands vom 17. Juni 1953 flohen bereits mehr als 400.000 Menschen aus der DDR, vor allem nach Westdeutschland.[36] Schließlich kam es 1961 zum Fanal: Die DDR begann nicht nur mit der Verlegung von Personenminen entlang der Grenze, sondern – entgegen der Aussage des SED-Chefs Walter Ulbricht „Niemand hat die Absicht, eine Mauer zu errichten" – auch mit dem Bau der Berliner Mauer.[37] Doch nicht nur die Berliner Mauer,[38] die gesamte innerdeutsche Grenze wurde verstärkt: mit Metallgitterzäunen, Kfz-Sperrgräben, Kontrollstreifen, Signalanlagen, Lichtsperren, Betonbeobachtungstürmen, Hundelaufanlagen, Grenzsperr- und Signalzäunen sowie mit Betonsperrmauern um Ortschaften.[39]

Wurde einer der Signaldrähte berührt, wurden Signalfackeln ausgelöst und verrieten den „Eindringling" bei Tag und bei Nacht. Quelle: ABS.

Zur nächsten Verschärfung kam es ab 1971, als die DDR entlang der innerdeutschen Grenze tödliche Splitterminen des Typs SM-70 zum Einsatz brachte. Diese sogenannten „Selbstschussanlagen“ verschossen bei ihrer Auslösung mit rund 100 Gramm Sprengstoff etwa 80 bis 110 scharfkantige Geschosssplitter. Erst als zwei dieser Selbstschussanlagen im Jahr 1976 vom DDR-Systemkritiker Michael Gartenschläger abgebaut und im Westen der Öffentlichkeit vorgestellt wurden, konnte die DDR-Staatsspitze deren im Westen durchaus vermutete Existenz nicht mehr leugnen. Wenig später wurde Gartenschläger bei dem neuerlichen Versuch zur Demontage von Selbstschussanlagen gezielt von einem DDR-Sonderkommando erschossen.[40]

Fast müßig scheint es, hier zu erwähnen, dass auch die Grenz-Sperranlagen zwischen den „Bruderstaaten“ des Warschauer Paktes ähnlich ausgebaut waren wie der „Eiserne Vorhang“. Dies galt insbesondere für die Grenze zur Sowjetunion, deren größere Übergänge, wie Záhony-Tschop, Iasy oder Brest, erst in den 1970er-Jahren langsam für westliche Individualtouristen passierbar wurden.

Der Grenzübergang nahe Tschop zwischen Ungarn und der Sowjetunion 1974. Auch die Grenze der Sowjetunion zu den „Bruderstaaten“ war zu einem „Eisernen Vorhang“ ausgebaut. Foto: Karner

Eine geteilte Welt – Der „Kalte Krieg"

Den Beginn des „Kalten Krieges" zwischen Ost und West an einem Ereignis festzumachen, ist ausgesprochen schwierig. So wird sein Beginn in der Literatur frühestens mit dem Ausbruch des griechischen Bürgerkriegs im Dezember 1944 angesetzt, spätestens jedoch 1948, dem Jahr des KP-Putsches in Prag und der sowjetischen Blockade von Berlin beziehungsweise der Versorgung der Stadt über eine US-Luftbrücke.[41]

Tatsächlich können eine Reihe von Ereignissen und geostrategischen Überlegungen zwischen dem Frühjahr 1945 und den darauffolgenden Monaten als Umbruchszeit hin zum „Kalten Krieg" definiert werden, dessen Ursprung noch im Zweiten Weltkrieg lag. Denn der Kampf gegen den Nationalsozialismus formierte unter anderem eine Allianz zwischen zwei Staaten, die trotz ideologisch völlig konträrer Gesellschaftsmodelle zusammenarbeiteten: den Vereinigten Staaten von Amerika und der Sowjetunion. Diese Zweckgemeinschaft hielt allerdings nur so lange, wie es das Kriegsgeschehen erforderte. Spätestens bei der Konferenz von Jalta im Februar 1945 zeichnete sich ab, welch unterschiedliche Pläne den Verbündeten für das Nachkriegseuropa vorschwebten.[42] Franklin D. Roosevelt, Winston Churchill und Josef Stalin teilten Europa in Einflusssphären auf. Die vorrückenden Armeen blieben im Wesentlichen an Elbe und Enns stehen. Amerikaner und Sowjets standen sich mitten in Europa gegenüber. Aus den ehemaligen Zweck-Verbündeten waren rasch Gegner geworden.[43]

Roosevelt, der im April 1945 verstarb, hatte Stalin den völligen und raschen US-Abzug aus Europa zugesichert.[44] Unter seinem Nachfolger Harry S. Truman aber verschärften sich die Gegensätze. Die USA begannen wesentlich aggressiver auf die sowjetische Hegemonialpolitik zu reagieren.[45] Schließlich gingen in einigen ehemals vom Zweiten Weltkrieg betroffenen Regionen die im Krieg geführten Kämpfe gegen die deutsche beziehungsweise japanische Besatzungsmacht in ei-

Die Aufteilung Europas: Winston Churchill, Franklin Delano Roosevelt und Josef Stalin bei der Konferenz von Jalta im Februar 1945. Quelle: Wikimedia Commons.

nen Bürgerkrieg über. Dort standen entweder kommunistische Partisanen pro-westlichen Regierungen gegenüber, wie etwa in Griechenland beziehungsweise in China, oder nationalistische Guerillas der Kolonialmacht, wie in Indonesien. Unterstützt wurden die Konfliktparteien von den USA oder von der Sowjetunion – ein Muster, das die vielen Stellvertreterkriege der folgenden Jahrzehnte nicht nur vorwegnahm, sondern auch einleitete.[46]

Zu unterschiedlich waren die Ziele und Interessen der beiden neuen Supermächte gelagert. Während die Sowjetunion versuchte, sich einen Sicherheitsgürtel durch Moskau-orientierte Staaten aufzubauen und dies durch die Unterstützung der kommunistischen Parteien in den besetzten Ländern durchzusetzen suchte, waren die Westalliierten, vor allem die USA unter Truman, darauf bedacht, den kommunistischen Einfluss in Europa zurückzudrängen.

Mit dem Jahr 1948 und der Etablierung von kommunistischen Systemen in den der sowjetischen Einflusssphäre zugesprochenen ostmitteleuropäischen Ländern änderten sich auch die militärischen Planungen. Ein neues US-amerikanisches Interesse an Kontinentaleuropa wurde geweckt. Die Verteidigung Westeuropas sollte nun so früh als möglich – an Rhein und Piave – erfolgen. Kurze Zeit später wurde auch diese Linie weiter nach Osten, so nah wie möglich an den „Eisernen Vorhang“ vorgeschoben.[47]

Unter diesen Voraussetzungen stieg die Furcht vor einem Dritten Weltkrieg. Die Gefahr von erneuten Kampfhandlungen in Europa wurde von den US-amerikanischen Strategen zwar als gering eingeschätzt, doch die Stärke der westeuropäischen Truppen erachtete man auch als unzureichend, um einem Angriff der Sowjetunion standzuhalten. In allen Planungen des Westens ab den späten 1960er-Jahren ging man von einem Angriff der Sowjetunion aus, auf den zunächst mit einem militärischen Zurückweichen der NATO aus Zentraleuropa, letztlich bis an den Atlantik, und anschließend mit einem atomaren Erstschlag des Westens ins Hinterland der Front, vor allem in den Raum Deutschland, Österreich und Ungarn, reagiert werden sollte. Im „Kalten Krieg“ waren damit die Fronten bezogen. Die Grenze am „Eisernen Vorhang“ war zur Nahtstelle zwischen den Blöcken geworden.

Die Antagonisten – Westen gegen Ostblock

Als Resultat all dieser Vorgänge etablierte sich in einem langsamen Prozess eine neue europäische Ordnung. Das in Europa durch den Zusammenbruch des „Dritten Reiches“ entstandene Vakuum wurde von den beiden Großmächten USA und der Sowjetunion, nicht mehr von Großbritannien und Frankreich, ausgefüllt:[48]

Auf der einen Seite lag der „Westen“, in dem unterstützt und gefördert von der US-amerikanischen Politik – mit dem wichtigen Instrument des European Recovery Program („Marshallplan“)[49] – die Staaten Westeuropas bereits kurz nach dem Zweiten Weltkrieg die ersten integrationspolitischen Schritte setzten: die „Europäische Gemeinschaft für Kohle und Stahl“ 1951, die Europäische Wirtschaftsgemeinschaft (EWG) und die Europäische Atomgemeinschaft 1957. Die Übertragung nationaler Kompetenzen an eine supranationale Institution sollte nicht nur wirtschaftliche Vorteile bringen – seit Beginn der Planungen wurde die Integration Westeuropas als Instrument zur Wahrung des Friedens am Kontinent gesehen. Über den Abbau von Handelsschranken und -zöllen sowie die zunehmende Integration der Volkswirtschaften der EWG-Gründungsstaaten, der Bundesrepublik Deutschland, Frankreichs, den Niederlanden, Belgiens, Luxemburgs und Italiens, sollten nicht nur der wirtschaftliche Aufschwung forciert, sondern die Fehler der Zwischenkriegszeit vermieden werden.[50] Militärisch fand sich der Großteil der westeuropäischen Staaten im US-dominierten nordatlantischen Militärbündnis NATO wieder.[51]

Auf der anderen Seite stand der „Ostblock“: Die Hegemonie der Sowjetunion über jene Staaten, die in den alliierten Konferenzen 1944/45 ihrem Einflussbereich zugesprochen wurden, war sehr schnell offensichtlich. Die Rote Armee befreite die Staaten Osteuropas zwar von der NS-Besatzung, zwang sie jedoch unter die KP-Herrschaft und unter sowjetischen Einfluss. Der Rat für gegenseitige Wirtschaftshilfe (RGW) wurde als wirtschaftliches Gegenprogramm zum Marshallplan ins Leben gerufen.[52] Der Handel der RGW-Staaten mit der Sowjetunion lief auf einer „schiefen Bahn“ in Richtung Moskau. Militärisch folgte der Zusammenschluss im Rahmen des Warschauer Vertrages (Paktes), einen Tag vor der Unterzeichnung des österreichischen Staatsvertrages, am 14. Mai 1955.[53]

Die USA und die Sowjetunion folgten in ihrem Handeln verschiedenen Doktrinen, benannt nach den jeweiligen politischen Führern, unter denen sie entwickelt wurden und in Kraft traten. Meist trugen diese zur Verschärfung des „Kalten Krieges“ bei. Von Bedeutung wurde die „Truman-Doktrin“, die der US-Präsident am 12. März 1947 vor dem US-Kongress verkündete. So sollten die USA „allen Völkern, deren Freiheit von militanten Minderheiten oder durch einen äußeren Druck bedroht ist“ beistehen, was sich im damaligen Kontext klar als eine gegen die Hegemonialpolitik der Sowjetunion gerichtete Eindämmungspolitik verstehen ließ. Diese Doktrin behielt mit ihrem Ziel: Zurückdrängung des Kommunismus, wo auch immer auf der Welt, den gesamten „Kalten Krieg“ hindurch ihre Gültigkeit. Auf der anderen Seite wurde ab Ende der 1960er-Jahre die „Breschnew-Doktrin“ von Bedeutung, postuliert am 12. November 1968 vom sowjetischen Staats- und Parteichef Leonid I. Breschnew auf dem 5. Parteitag der Polnischen Vereinigten Arbeiterpartei, noch unter dem Eindruck der Niederschlagung des „Prager Frühlings“ wenige Monate zuvor. Dabei beanspruchte Breschnew das Recht Moskaus zum militärischen Einschreiten, sollte es in den Satellitenstaaten zu einer „Bedrohung“ des Sozialismus („Konterrevolution“) kommen. Erst unter Michail S. Gorbatschow kam die Breschnew-Doktrin nicht mehr zum Tragen.

Auch in den Planungen der Geheimdienste von Ost und West spielten die Trennung West- und Osteuropas und die Errichtung des „Eisernen Vorhangs“ eine wichtige Rolle. Für die Dienste der osteuropäischen Staaten standen der Schutz vor „konterrevolutionären Aktivitäten“ und die Absicherung der eigenen Einflusssphäre und damit des „Eisernen Vorhangs“ ganz oben auf der Agenda. Diese Verteidigung sollte, wenn möglich, bereits jenseits der eigenen Grenzen, also in den „kapitalistischen“ Staaten erfolgen. Westliche Dienste wiederum suchten ebenfalls nach Möglichkeiten, die Sperrlinien zu durchdringen und an Informationen über ihre Gegner zu kommen. Aus diesen Gründen kam den Staaten westlich der Grenzlinie, vor allem Österreich und der BRD, als Operationsgebiet im Vorfeld des „Eisernen Vorhanges“ für beide Seiten eine Schlüsselrolle zu. Insbesondere das seit 1955 neutrale Österreich wurde im Verlauf des „Kalten Krieges“ zu einem wichtigen Knotenpunkt geheimdienstlicher Aktivitäten beider Seiten. Einige wurden publik, die meisten blieben bis heute im Dunkeln. Die Beispiele im dritten Kapitel (vgl. S. 75 ff.) werfen Blitzlichter auf das vielfältige Geschehen am „Eisernen Vorhang“, an Thaya und March, im ersten Nachkriegsjahrzehnt, bei dem die geheimdienstlichen Operationen immer eine besondere Rolle spielten.

Das Drehkreuz Österreich: Agenten, Spione, Schlepper

Freitag, 10. Oktober 1952, Wien, 8. Bezirk, US-Besatzungszone, ein dreistöckiges Zinshaus in der Florianigasse. Binnen Sekunden überfällt eine sowjetische Spezialeinheit eine zuvor vom Nachrichtendienst ausgekundschaftete Wohnung im Haus. Darin stoßen sie auf Karel Gruber, Karel Bednář und Rudolf Kasík, alle drei tschechoslowakische Staatsbürger. Der Zugriff ist von langer Hand geplant. Nichts wird dem Zufall überlassen. Und es ist der Höhepunkt eines vom tschechoslowakischen Geheimdienst StB bei den sowjetischen Kollegen der Staatssicherheit bestellten Kidnappings auf österreichischem Boden.

Die drei Männer werden verdächtigt, „Agenten-Kuriere“ zu sein, das heißt Menschen-„Schlepper“ und Nachrichten-Schmuggler im Auftrag eines westlichen Geheimdienstes zum Schaden für die ČSR. Sie sind es, die fortwährend Löcher in den „Eisernen Vorhang“ bohren, die laufend die Staatsgrenze mit Aufträgen gegen die Tschechoslowakei überqueren – illegal und auf Schleichpfaden.

Auch das Weitere ist vorbereitet und läuft exakt nach Plan ab: Alle drei werden sofort festgenommen, man legt ihnen Handschellen an, und sie werden von den Sowjets umgehend in die ČSR abgeschoben. Dort kommen Gruber und Bednář direkt in ein Geheimgefängnis der Staatssicherheit.

Die tschechoslowakischen Geheimdienste und ihre sowjetischen Pendants und Partner waren bei Weitem nicht die einzigen, die zu dieser Zeit im besetzten Österreich aktiv waren. Ihre Aktivitäten im Nachbarland fielen insbesondere in ihrer Anfangsphase, in den 1940er- und 1950er-Jahren, in eine Zeit, in der in Österreich zahlreiche weitere ausländische Nachrichtendienste intensive Aktivitäten entfalteten. Dies hatte verschiedene Gründe: Zuallererst war Österreich nach dem Ende des Zweiten Weltkrieges 1945 bis 1955 von den Besatzungstruppen der alliierten Mächte USA, Großbritannien, Frankreich und der Sowjetunion besetzt. Mit den Besatzungstruppen und Verwaltungsapparaten kamen auch die Nachrichtendienste der vier Besatzungsmächte. Die ersten Kader ihrer militärischen Nachrichtendienste waren bereits mit der Front in den letzten eineinhalb Kriegsmonaten auf das Gebiet Österreichs gelangt. Während der Besatzungszeit fanden sie hierzulande nahezu optimale Arbeitsbedingungen vor. Durch die Präsenz der Besatzungsmächte existierten direkt im Operationsgebiet militärische und administrative Strukturen, die von den Diensten einerseits mitbenutzt werden konnten und andererseits auch geschützt werden mussten.

Die vier alliierten Besatzungszonen in Österreich 1945–1955.
Quelle: Archiv des Ludwig Boltzmann-Instituts für Kriegsfolgen-Forschung (AdBIK).

Das „Nebeneinander" der Besatzungsmächte in Österreich selbst ist in Kombination mit der geografischen Lage Österreichs und seiner späteren politisch-militärischen Konstellation als neutraler Staat zwischen den beiden „Blöcken" der zweite Grund dafür, dass zahlreiche Dienste hier aktiv wurden. Österreich wurde in den strategischen Planungen ein Operationsgebiet „zwischen den Fronten". Seine Bedeutung wurde umso größer, als im Laufe der 1940er-Jahre der Gegensatz zwischen „West" und „Ost" immer schärfer wurde. Österreich und die Bundeshauptstadt Wien begannen in dieser Phase eine Rolle als wichtige „Drehscheibe" und Drehkreuz ausländischer Nachrichtendienste zu spielen, ein Umstand, der durch den gesamten „Kalten Krieg" hindurch bis zum Zerfall der Sowjetunion 1991 so bleiben sollte. Eine besondere Rolle kam dabei dem tschechoslowakischen Geheimdienst zu, dessen Operationen direkt auch die Staatsgrenze zwischen den Bundesländern Nieder- und Oberösterreich und der Tschechoslowakei betrafen.

Die Bedeutung Österreichs als Operationsgebiet ging von Anfang an über die Bundesgrenzen hinaus. Die Sicherung des „Standortes" Österreich war für die Dienste beider Seiten auch deshalb so wichtig, weil Österreich, insbesondere ab der Errichtung des „Eisernen Vorhangs", zugleich als „Tor" auf das Gebiet des „Gegners" und als „erste Verteidigungslinie", um solche Eindringungsversuche abzuwehren, verstanden wurde. Zudem diente vor allem Wien auch als beliebter und relativ sicherer „Treffpunkt" von Spionen, Informanten und Agenten mit ihren Führungskadern. In Anbetracht dieser Umstände verwundert es nicht, dass „Wien-erprobte" Mitarbeiter westlicher wie östlicher Nachrichtendienste als besonders erfahren galten und eine Versetzung in die österreichische Bundeshauptstadt durchaus als „Karriere-Sprungbrett" angesehen wurde.

Dabei muss aber hervorgehoben werden, dass Österreich schon zu Beginn des „Kalten Krieges" selbst selten „Ziel" der Aktivitäten, sondern mehr ein „Schauplatz" im Konflikt zwischen dem späteren Warschauer Pakt und der NATO war. Die Feststellung Harald Irnbergers von 1983, dass die „Hauptkampflinien" der Nachrichtendienste aus Ost und West zwar quer durch Österreich verliefen, aber nicht, wie die folgenden Beispiele zeigen, „primär gegen Österreich gerichtet" waren, trifft hier definitiv zu.[54]

Gefahrenpunkt zwischen der amerikanischen und der sowjetischen Besatzungszone: Die Ennsbrücke bei St. Valentin, wo es immer wieder zu schweren Zwischenfällen und Menschenraub durch sowjetische Sondereinheiten kam. Quelle: Karner.

Die Geheimdienste der Besatzungsmächte im Überblick

Welche westlichen Nachrichtendienste in diesem Wettstreit um den „Standort Österreich" zu den „Hauptgegnern" der tschechoslowakischen Dienste zählten, ist auf den ersten Blick, insbesondere aus der Sicht der tschechoslowakischen Unterlagen, schwer festzustellen. In diesen werden

Angehörige der interalliierten Militärpolizei vor dem Parlament in Wien.
Quelle: AdBIK, Foto: Zajcev.

die „Gegner“ meist nur als „amerikanischer Geheimdienst“ oder „britischer Spion“ bezeichnet. Auf dasselbe Problem trifft man übrigens in den Unterlagen westlicher Dienste – auch diese sind bei der Angabe ihres „Gegenübers“ selten präzise. So bezeichnete das amerikanische „Counter Intelligence Corps“ (CIC), die Spionageabwehr der amerikanischen Armee, die tschechoslowakischen Dienste in ihren Unterlagen immer als „CIS“ = „Czechoslovakian Intelligence Service“. Welchem Dienst oder welcher Abteilung die im jeweiligen Bericht beobachteten Netzwerke angehörten, spielte entweder keine Rolle, oder die Zuordnung war ihnen schlicht nicht möglich.

Das CIC war nur einer von zahlreichen ausländischen Geheimdiensten, die zu diesem Zeitpunkt auf österreichischem Territorium aktiv waren. Für jede der vier Besatzungsmächte waren mehrere Dienste im Einsatz.

So auch für Großbritannien. Für die Sicherheit der britischen Besatzungsmacht etwa waren ab 1945 die Sektionen der britischen „Field Security“ (FS), später auch unter der Bezeichnung „Counter Intelligence Sections“ (CI), zuständig. Die ersten Abteilungen der FS kamen mit den ersten britischen Armeeeinheiten kurz vor Kriegsende über Italien auf österreichisches Gebiet, weshalb die FS-Aktivitäten in Österreich noch bis Ende der 1940er-Jahre von Italien aus koordiniert wurden.

In dieser Anfangsphase war auch die 1940 gegründete „Special Operations Executive“ (SOE) noch in Österreich aktiv. Ihre „österreichischen“ Aktivitäten hatten bereits vor denen der FS begonnen – der erste Agent der „Austrian-German Section“ der SOE, der 1934 nach Großbritannien geflüchtete Sozialdemokrat Theodor Schuhmacher, war bereits 1941 wieder auf das Gebiet des heutigen Österreich gekommen. Nach einer kurzen Ausbildung in London gelangte er Mitte Jänner 1941 per Schiff an die dalmatinische Küste, von wo er sich bis Klagenfurt durchschlug. Sein Auftrag: Kontakte mit noch hier lebenden Sozialisten zu knüpfen und eine Widerstandsbewegung gegen das NS-Regime zu organisieren. Seine Tätigkeit führte ihn nach Klagenfurt, Graz und sogar bis Linz. Den Rückweg trat er Ende Februar gemeinsam mit einem jungen Sudetendeutschen und Sozialdemokraten, Franz Preiss, an. Ihre Mission fand aber ein tragisches Ende – das Schiff, das sie von Dalmatien zurück nach Großbritannien bringen sollte, wurde torpediert und sank, die beiden ertranken.[55]

Danach setzte die Austrian-German Section ihre Operationen bis Kriegsende fort. Ihre Agenten kamen nicht nur auf dem Land- und Wasserweg, sondern sprangen 1943 im Rahmen der Operation „Clowder Mission“ oft per Fallschirm über Österreich ab, um Widerstandsnetzwerke aufzubauen und zu unterstützen.[56]

Auch die besetzte Tschechoslowakei war für die Briten ein wichtiges Zielgebiet. So gelang es etwa einer Gruppe von SOE-Angehörigen, bestehend aus im britischen Exil lebenden Tschechen und Slowaken, 1942 im Rahmen der Operation „Anthropoid“ bei Pilsen/Plzeň abzuspringen und gemeinsam mit der Widerstandsbewegung erfolgreich ein Attentat auf den Stellvertretenden Reichsprotektor in Böhmen und Mähren und Chef des Reichssicherheitshauptamtes (RSHA), Reinhard Heydrich, durchzuführen.[57]

Nach Kriegsende blieben Einheiten der SOE weiterhin in Österreich präsent. Ihre Aktivitäten endeten erst mit der Auflösung der SOE im Jahr 1946 und ihre Kompetenzen gingen auf den – auch unter der Bezeichnung „Military Intelligence, Section 6" (MI6) bekannten – „Secret Intelligence Service" (SIS) über.[58]

Koordiniert wurde die Tätigkeit des FS, der SOE und des SIS in Österreich durch die beim britischen Teil der Alliierten Kommission in Österreich angesiedelte „Intelligence Organisation" (Intorg), die direkt dem „Joint Intelligence Committee" (JIC), der obersten britischen nachrichtendienstlichen Behörde in London, unterstellt war. Der Intorg unterstanden ab Ende der 1940er-Jahre sowohl alle FS-Sektionen der britischen Besatzungszone als auch jene Abteilungen, die Informationen über die Sowjetunion und ihre Verbündeten zu sammeln hatten. Daher rückten seit den 1950er-Jahren auch die tschechoslowakischen Dienste und ihre Aktivitäten

Vertreter der Besatzungsmächte bei der Eröffnung eines neu errichteten Hochofens der Alpine Montan in Leoben-Donawitz. Ihre Geheimdienste hatten längst die Schlüsselbetriebe der österreichischen Wirtschaft im Visier. Quelle: AdBIK.

verstärkt in den Fokus der Briten, die sowohl mittels Gegenspionage durch FS-Sektionen direkt gegen tschechoslowakische Spionage vorgingen als auch aktiv Informationen über die tschechoslowakischen Dienste und die Tschechoslowakei selbst zu sammeln begannen.[59]

Ausbildung von Österreichern zu alliierten Agenten in Bari 1944/45. Nach Abschluss ihrer Ausbildung wurden sie in Österreich eingesetzt. Quelle: Beer, Agent. Foto: Amsüss

In der Spionageabwehr und bei der Aufklärungsarbeit kooperierten die Briten eng mit den US-Geheimdiensten. Auch diese waren bereits lange vor Kriegsende in Österreich vertreten. Der erste in Österreich vertretene amerikanische Dienst war das OSS. 1942 als Abteilung des amerikanischen Generalstabes gegründet, war das OSS zuerst in Nordafrika, dann auch in Spanien, Griechenland, Jugoslawien und auch Österreich aktiv. Die Mission war dieselbe wie die der SOE: Widerstand zu organisieren und asymmetrische Kriegsführung (wie Partisaneneinsätze) zu betreiben.[60]

Auch das OSS setzte zu diesem Zweck während des Krieges Agenten per Fallschirm ab. Einer von ihnen war „Ernest Cole“[61]. 1919 als Emmerich Kohl in Graz in einer Arbeiterfamilie geboren, Oberleder-Anlehrling bei „Humanic“, wurde Kohl mit 20 Jahren nach Braunschweig zum VW-Werk, danach zu Rüstungsbetrieben in Berlin dienstverpflichtet. Um einer Rekrutierung zur SS zu entgehen, meldete sich Kohl freiwillig zur Luftwaffe, wurde allerdings – nach Grundausbildung und Fallschirmschule – zur 1., danach zur 4. Fallschirmjäger-Division in Italien zugeteilt. Als die Briten und Amerikaner von Süden nach Mittelitalien vorrückten, lief Kohl 1943 zu den Westalliierten über. Es folgte eine Gefangenschaft bei den Briten, 1944 die Anwerbung des „freiwilligen Deserteurs“ (Deserter Volunteer) durch die US-Armee und eine amerikanische Agentenausbildung für Sprengen, Schießen, Funken, Planzeichnung, Fotografieren und Fallschirmspringen in der Spezial-Sektion der OSS. Seinen Namen änderte er in „Ernest Cole“. In Bari wurde sein Einsatz hinter den deutschen Linien exakt vorbereitet. Am 25. April 1945 sprang er gemeinsam mit dem österreichischen OSS-Agenten

SECRET APPENDIX 8

Detachment "A"
2677th Regiment
Office of Strategic Services
APO 512,U.S.Army

8 June 1945

To: Major A.G.Flues , Commanding Officer

From: Capt.B.B.Lifschultz,Documents,SI

Subject: Progress Reprt, 20 May 1945 to Present

11. HOPE

This team, composed of two DV's, Harry Hague and Ernest Cole, jumped into the vicinity of Steyr on 25 April 1945. Unable to establish radio contact with the base because their radio package was lost in the drop, they instead arranged a small resistance group from the patrols who were dispatched to search for them. This group disarmed numerous soldiers, convinced groups of Volkssturm not to resist and gathered considerable tactical information which was passed on to the Third Army when the area was overrun. Of particular interest to the G-2 was data concernigg behind the lines training given to the 487th Division. Pfc. (now Corporal) Walter Haass, our veteran dispatcher, who was reported missing when the B-24 carrying the Hope team failed to return to base, has turned up through over-running by the American army of a POW camp. Haass parachuted to earth after the plane was hit by flak over Linz.

II. <u>CURRENT PROGRESS</u>

With the addition of competent SI personnel from other geographical sections of MEDTO, the former German-Austrian operations unit has taken on responsibility for coverage of Austria and its borders

„Dieses Team, bestehend aus zwei DVs[62], Harry Hague und Ernest Cole, sprang am 25. April 1945 nahe Steyr ab.“ Die erste Seite des OSS-Abschlussberichtes über die Operation, an der Ernest Cole beteiligt war. Quelle: NARA.

„Harry Hague“ (H. Hagendorfer), gekleidet als Feldwebel der Wehrmacht, nahe Steyr aus einem B-24-Bomber in 3000 Meter Höhe mit dem Fallschirm ab. Mit dabei ihr Agentenwerkzeug: Funkgerät, Mikrofilm im Rasierapparat als Legitimation, Maßband, das im ausgezogenen Zustand als Antenne diente, Waffen, Munition, Verbandszeug, Notverpflegung, Bestechungsgeld und mehrere Materialfallschirme. Der riskante Absprung gelang. Und sie hatten Glück: Eine Militärstreife des Wehrkreiskommandos XVII verriet sie nicht. So führten beide in den letzten Kriegstagen noch mehrere Kommandoaktionen durch, entfernten Sprengladungen, die von NS-Einheiten zur Zerstörung von Brücken angebracht wurden, und sprengten Nachschub-Lkws. Nach dem Ende der Kämpfe um Steyr wurde „Cole“ ins OSS-Hauptquartier nach Salzburg verlegt, arbeitete später noch für den britischen Geheimdienst in Graz, ehe er Ende der 1940er-Jahre seine Tätigkeit für die Alliierten beendete.[63]

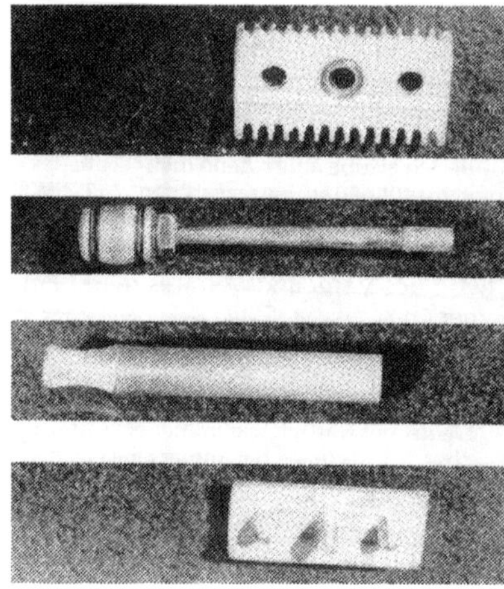

Ein wichtiger Teil der OSS-Agentenausrüstung: Ein Rasierapparat, in dem ein Mikrofilm versteckt werden konnte.
Quelle: Beer, Agent. Foto: Amsüss.

Nach Kriegsende blieben die Einheiten des OSS bis zu dessen Auflösung am 1. Oktober 1945 in Österreich präsent. Mitte Mai 1945 verfügte das OSS bereits über Stützpunkte in Klagenfurt, Linz, Innsbruck und Zell am See. In Wien hatte das OSS erst Ende Juli 1945 ein Büro eingerichtet, offensichtlich wegen der Gefahr einer zu großen räumlichen Nähe zu den sowjetischen Diensten. Im August 1945 waren an die 200 Personen für das OSS in Österreich tätig. Die Hauptaufgaben des „OSS-Austria“ unter dem Kommando von Oberstleutnant Charles W. Thayer lagen im sicherheitspolitischen Bereich und in der Entnazifizierung.[64]

Nach der Auflösung des OSS wurden seine in Österreich aktiven Abteilungen SI und X-2 ab Ende 1945 von der „Strategic Services Unit“ (SSU), einer dem US-amerikanischen War Department unterstellten Organisation, übernommen. Die „SSU Austria“ unter dem Kommando von Alfred C. Ulmer war allerdings nicht nur für Österreich selbst zuständig (die Abteilung für Österreich stand unter dem Kommando des österreichischen Emigranten Karl Friediger), sondern hatte auch eigene „area desks“ für Ungarn und Jugoslawien. Sie hatte also auch ihre Agentennetze für Informationsbeschaffung in diesen Ländern. Mitte 1946 wurde die SSU schließlich der in Wien gegründeten „Central Intelligence Group“ (CIG) unterstellt.[65]

Parallel zur CIG waren vor allem auch die den einzelnen US-Truppenorganisationen in Österreich zugeteilten Nachrichtendienstabteilungen

„G-2 (Intelligence)“ aktiv. Sie wurden im Juli 1945 im neu geschaffenen „Military Intelligence Service“ (MIS) zusammengefasst, das fortan die Operationen der militärischen Geheimdienste der US-Armee in Österreich koordinierte. Als oberste nachrichtendienstliche Stelle der amerikanischen Besatzungsmacht fungierte die beim amerikanischen Teil der Alliierten Kommission („United States Allied Commission for Austria“, USACA) installierte „Intelligence Coordination Branch“ (ICB) in Wien, die die Informationen aller in Österreich aktiven US-Geheimdienstabteilungen sammelte, auswertete und danach dem US-Hochkommissar in Österreich und der politischen Abteilung der USACA Bericht erstattete.[66]

Die intensivsten Aktivitäten aller amerikanischen Dienste entfaltete das 430. Departement des CIC. Prinzipiell oblagen dem CIC zwar in erster Linie Aufgaben der Spionageabwehr und Sicherung der amerikanischen

Der Leiter der amerikanischen „Intelligence Coordination Branch“ in Österreich, Edwin M. J. Kretzmann (4. v. l.), zusammen mit dem US-Hochkommissar für Österreich, General Mark W. Clark, bei einer Besprechung mit Bundeskanzler Leopold Figl.
Foto: Max Reinhardt Forschungs- und Gedenkstätte, Salzburg.

DEPARTMENT OF THE ARMY
STAFF MESSAGE CENTER
INCOMING CLASSIFIED MESSAGE

Eur/X

SECRET PARAPHRASE
PRIORITY

From: COMGENUSFA, Vienna, Austria signed Keyes

To: Dept of the Army for CSGID

Info: State Dept, (Crypto DA pls pass); EUCOM for ECGID and ECGID B

Nr: P-2652 WEEKA 5 November 1948

Current: Statement by Austrian Communists leading intellectual and parliamentarian, Ernst Fischer, to effect that "the Soviet Union never identified itself with the Yugoslav territorial demands but merely insisted that they be considered" aroused considerably less speculation than similar utterances would have prompted 2 years ago. Fischer spoke his piece during discussion for Foreign Ministers share in national budget by Finance Committee of Naionalrat on 4th November. Some Vienna newspapers saw fit to give it some prominence, but it is undoubtedly significant that Communist Volkstimme was not among them. Time was when Ernst Fishcher was known to speak for Austrian Communist Party, and it was thought for a while that he spoke for Soviet element, but myth of his preferred standing with Soviets was exploted 2 years ago and past year has seen his decline as spokesman for local Communists.

Most spectacular development of week has been murder of Irving Ross, member of ECA Mission in Austria, in Soviet Sector of Vienna early in morning of 31st October. Perperators of murder still unknown; however evidence to date involves four persons in Russian uniform. Soviet authorities have taken case over from Austrian police, Dana Superina, native Yugoslav who was Ross's companion and who was badly beaten by Ross's murderers, is hospitalized in Soviet Sector of Vienna and Soviet authorities have consistently refused to allow any US officials to visit her. Investigation of this case continues.

Principal domestic political development has been ousting of Nationalrat Erwin Scharf (not Vice Chancellor Adolf Schaerf) from Socialist Party. Scharf had previously been disciplined by party for pro-Communist activities. He

CM IN 1474 (7 Nov 48)

Telegramm des amerikanischen G-2 zu Ereignissen in Wien im November 1948. Quelle: NARA.

Truppenkörper vor Unterwanderung und Anwerbungsversuchen, das CIC nahm aber im Zuge des sich verstärkenden Gegensatzes zwischen den westlichen Besatzungsmächten und der Sowjetunion auch zunehmend Aufgaben der „aktiven" Spionage wahr.

Die 1947 gegründete „Central Intelligence Agency" (CIA) war ebenfalls ab Ende der 1940er-Jahre im besetzten Österreich aktiv. Der Großteil der Aufgaben wurde auf amerikanischer Seite aber bis 1955 von den militärischen Nachrichtendiensten ausgeführt.[67]

Ein Beispiel für Aktionen der CIA sind die ab 1951 in der amerikanischen Besatzungszone und auch in der nördlichen Steiermark systematisch angelegten Waffendepots. Diese gingen auf die in den 1940er-Jahren wachsenden Befürchtungen der USA vor einer Konfrontation mit der Sowjetunion in Mitteleuropa zurück. Der Systemwechsel in der ČSR im Februar 1948 und die Berlin-Blockade im Juni 1948 schürten diese Ängste, sodass man sich zum Anlegen derartiger Depots im besetzten Österreich entschloss. Sie enthielten Schusswaffen, technische Ausrüstung und Sprengstoffe. Im Falle einer militärischen Auseinandersetzung hätten örtliche Widerstandsgruppen oder auch amerikanische Kommandoeinheiten die bereitgelegte Ausrüstung bergen und im Partisanenkampf gegen die Sowjetarmee einsetzen sollen. Die Existenz der Depots wurde 1996 durch einen Archivfund in Washington bekannt und daraufhin das meiste an Ausrüstung geborgen.[68]

Auf amerikanischer Seite war es vor allem das CIC, welches sich in erster Linie mit den Aktivitäten der tschechoslowakischen Nachrichtendienste in Österreich befasste. Das CIC ist auch einer der wenigen „gegnerischen" Dienste, der sowohl in sowjetischen als auch tschechoslowakischen Unterlagen dieser Zeit nicht unter einem Sammelbegriff, sondern namentlich genannt wurde.

Die Nachrichtendienste der ČSR konnten bei ihrer Arbeit in Österreich ab 1948 auch auf im Land vorhandene Unterstützung zurückgreifen. Die sowjetischen Nachrichtendienste verfügten mit der sowjetischen Besatzungszone im Osten Österreichs über eine direkt an der österreichisch-tschechoslowakischen Grenze gelegene, breite „Ausgangsfläche" für ihre Operationen und unterstützten die Dienste der ČSR mit Know-how und Ressourcen. Über das genaue Ausmaß der Kooperation ist noch relativ wenig bekannt, obwohl solche in einzelnen Aktionen belegbar sind,

Die Lubjanka, Zentrale des KGB in Moskau. Foto: Karner.

wie bei der Unterstützung des „Grenzverkehrs“ zwischen der sowjetischen Zone und der Tschechoslowakei sowie der Einrichtung von „Zufluchtsorten“ in der Sowjetzone Österreichs für eigene Agenten, die sich vor westlichen Geheimdiensten in Sicherheit bringen mussten.

Von den in Österreich zu Beginn des Kalten Krieges präsenten sowjetischen Nachrichtendiensten sind besonders die Einheiten des NKWD[69] (ab 1946 „Ministerium für Innere Angelegenheiten“, MWD) und des „Ministeriums für Staatssicherheit, MGB[70], zu nennen. Diese hatten sowohl Sicherungs- als auch Aufklärungsaufgaben wahrzunehmen. Die Gegenspionage oblag vor allem dem MGB, und zwar der von 1945 bis 1953 existenten Gegenspionage des MGB in Österreich.[71] Das 1954 aus dem MGB gebildete „Komitee für Staatssicherheit“, KGB[72], spielte in Österreich vor 1955 kaum eine Rolle, das KGB entfaltete seine Aktivitäten erst nach dem Abzug der Besatzungsmächte.

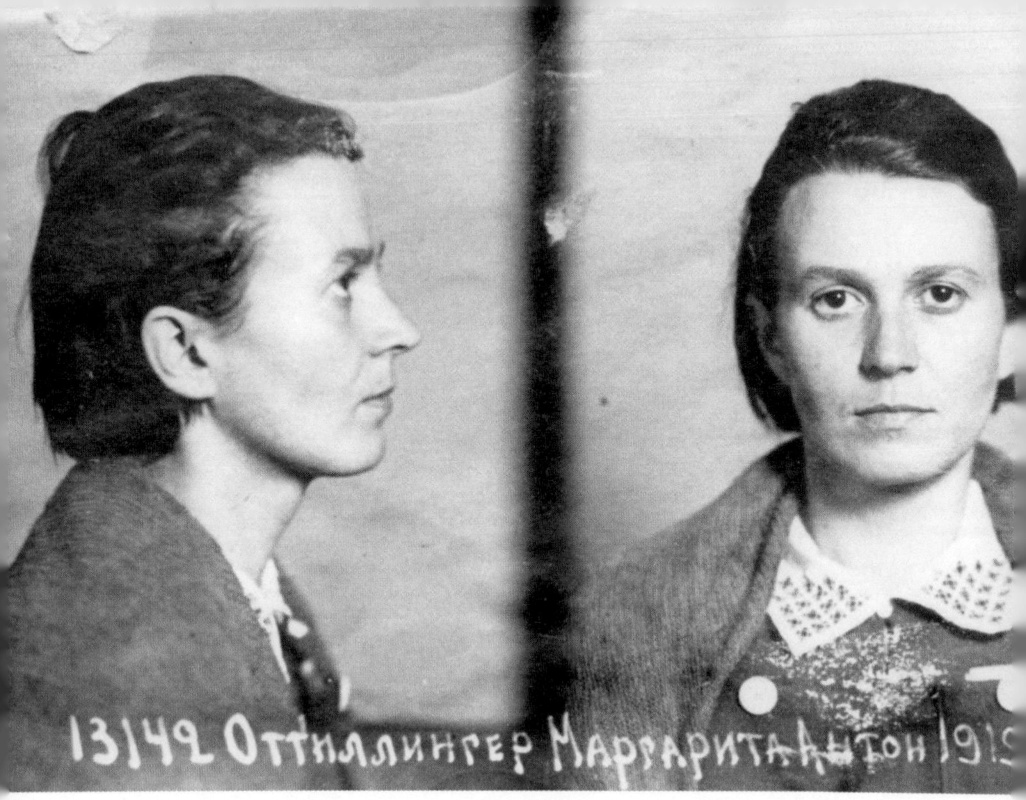

Von der sowjetischen Gegenspionage als „amerikanische Spionin" verhaftet: Margarethe Ottillinger. Das Foto wurde im sowjetischen Gefängnis in Baden bei Wien, rund zwei Monate nach ihrer Verhaftung 1948, aufgenommen.
Foto: Karner.

Parallel zu diesen Diensten waren mit der Roten Armee auch Einheiten der „Hauptverwaltung Aufklärung" des sowjetischen Generalstabes, besser bekannt unter dem russischen Kürzel „GRU"[73], nach Österreich gekommen. Die GRU stand meist hinter den tschechoslowakischen Aktivitäten in Österreich und schirmte diese ab. Über ihre genaue Tätigkeit existieren Memoiren einiger GRU-Mitarbeiter, die im besetzten Österreich Dienst versahen, wie Witalij Aleksandrowitsch Nikolskij, der, nachdem er bereits seit 1942 Dienst in der GRU versehen hatte, 1947 zur Zentralen Gruppe der sowjetischen Streitkräfte nach Wien versetzt wurde und dort bis 1955 eine kleine GRU-Einheit „zur besonderen Verwendung" kommandierte.[74] Zahlreiche weitere hochrangige, in Österreich tätige Offiziere der sowjetischen Armee hatten ebenfalls GRU-Vergangenheit: So hatte der von 1953 bis Mai 1955 als sowjetischer Hochkommissar und anschließend noch bis 1956 als sowjetischer Botschafter in Österreich stationierte Generalleutnant Iwan

Iwanowitsch Iljitschow von 1942 bis 1943 die GRU geleitet und war bis 1947 noch als stellvertretender Kommandeur der GRU tätig, ehe er in die sowjetische Außenpolitik wechselte.[75] Wie weitverzweigt das GRU-Netz in Österreich war und man sowjetischerseits auch über die Wirtschaftsbetriebe eine geheimdienstliche Kontrolle aufrecht hielt, mag der GRU-Einsatz selbst bei der Donauflottille belegen. Bei der „Donaudampfschifffahrtsgesellschaft" (DDSG) waren vor allem zwei ranghohe GRU-Offiziere geheimdienstlich mit Gegenspionage beschäftigt: der Kapitän 1. Ranges Aleksej Iwanowitsch Luskow[76] und der 1968 in den Rang eines Konteradmirals beförderte Nikolaj Petrowitsch Sotnikow[77]. Selbst auf kleinste von Österreichern an andere Dienste weitergegebene Informationen über sowjetische Betriebe oder über Fahrzeiten von Zügen reagierten die Sowjetorgane mit Verhaftung, langjährigen GULAG-Strafen oder auch Todesurteilen. Ein Teil der noch Anfang der 1950er-Jahre nach Moskau deportierten und dort hingerichteten Österreicherinnen und Österreicher belegt dies in entsetzlicher Weise.[78]

Sowjetischer Geheimdienst: Angehörige des MWD in Wien. Quelle: AdBIK, Foto: Grünanger.

Nicht weniger verborgen blieben die Operationen der Geheimdienste der französischen Besatzungsmacht. Mit den ersten französischen Truppenverbänden kamen 1945 auch die militärischen Nachrichtendienste Frankreichs nach Österreich. Dies waren zuallererst die einzelnen Abteilungen des militärischen Nachrichtendienstes „Service de renseignements" (SR) sowie die „Sécurité Militaire" (SM) und die französische Feldgendarmerie („Prévôté"), die vor allem Sicherungsaufgaben wahrnahm. Das Sammeln von Informationen und die Aufklärung in den anderen Besatzungszonen oblag in Österreich ab August 1945 der „Direction des Renseignements Autrichiens", einer Unterabteilung des 1944 gegründeten Auslandsnachrichtendienstes „Direction générale des études et recherches" (DGER), der wenig später in „Direction des Recherches en Autriche" (DRA) umbenannt wurde. Die DRA hatte ihr Hauptquartier in Seefeld in Tirol, wo 60 Mitarbeiter werkten. Nach der Auflösung des DGER 1946 übernahm das neu gebildete „Service de Documentation Extérieure et de Contre-Espionnage" (SDECE) diese Aufgaben und damit auch die DRA.[79]

Deren Aktivitäten lagen vor allem im Bereich der Überwachung der in Vorarlberg und Tirol errichteten Flüchtlingslager sowie der Entnazifizierung. Die Beobachtung der tausenden „Displaced Persons" (DPs) hatte in der französischen Zone besondere Priorität: Denn die vorhandenen Lager dienten nicht nur zur Versorgung der Flüchtlinge, sondern waren auch wichtige „Zwischenstopps" für zehntausende weitere DPs aus Deutschland in Richtung Süden. Umso mehr waren französische Sicherheitsorgane darauf bedacht, nicht nur die öffentliche Sicherheit zu gewährleisten, sondern vor allem unter den DPs Kriegsverbrecher und ehemalige hochrangige NS-Funktionäre aufzuspüren.[80]

Ziele alliierter Geheimdienste – Kriegsverbrecher, Flüchtlinge und Spionage

Unmittelbar nach dem Ende des Zweiten Weltkrieges waren die Hauptzielsetzungen der Dienste aller vier Besatzungsmächte im Großen und Ganzen ähnlich: die Sicherung der eigenen Truppen gegen erwartete Untergrund-Aktivitäten, sogenannter „Werwolf"-Gruppen, ehemaliger, meist jugendlicher Nationalsozialisten, die Kontrolle von Flüchtlingsströmen hunderttausender DPs und die Suche nach hochrangigen Parteimitgliedern der NSDAP und „Kriegsverbrechern".

Die DP-Lager der Alliierten waren meist nur mit der notwendigsten Versorgung ausgestattet. So nahmen viele Flüchtlinge die „Arbeitsangebote" verschiedener Nachrichtendienste nur zu gerne an. Quelle: Haus der Heimat, Fotoarchiv.

Die Behausungen in den DP-Lagern waren oftmals nur notdürftig errichtete Hütten. Quelle: Haus der Heimat, Fotoarchiv.

Besonders der britische FS rechnete 1945 mit einer starken Untergrundtätigkeit von „Werwolf"-Verbänden, der man möglichst effektiv begegnen wollte. Diese Befürchtungen erwiesen sich aber schon nach kurzer Zeit als falsch, denn es kam in der britischen Besatzungszone nur sehr vereinzelt zu derartigen Aktionen.[81]

Die Beobachtung und Lösung des „DP-Problems" erforderte von allen Seiten einen größeren Aufwand. Auch waren die alliierten Geheimdienste nicht gewillt, dieses Problem allein den in Österreich tätigen Hilfsorganisationen, wie der UNRRA, oder den für die Flüchtlingsversorgung zuständigen Stellen der einzelnen Besatzungsmächte zu überlassen.

Das Engagement der alliierten Dienste erfolgte aus mehreren Gründen: Erstens wurde die große Anzahl von Flüchtlingen und DPs als erhebliches Risiko für die öffentliche Sicherheit im Land erachtet, dem mit man Sicherungsmaßnahmen und Überwachung in den Flüchtlingscamps zu begegnen suchte. Für die französischen und britischen Dienste kam dazu, dass man gesuchte Nationalsozialisten und Kriegsverbrecher daran hindern wollte, die Flüchtlingsströme nach Süd- und Westeuropa sowie nach Übersee zur Flucht zu nutzen.

Zweitens richteten sich ab Ende der 1940er-Jahre im „Kalten Krieg" der Sowjetunion und der USA die Sicherungsmaßnahmen und Gegenspionage vor allem gegen die andere „Seite" und ihre vorgeschobenen Posten. Daher verlagerten sich drittens die Aktivitäten mehr und mehr vom Inneren der Besatzungszonen an die Zonengrenzen. Auch die Aufklärung setzte ihren Schwerpunkt von da an auf das Sammeln von Informationen über den globalen Gegner.

Besonders deutlich zeigt sich dies an der Struktur der britischen „Intelligence Organization Austria" (Intorg) Anfang der 1950er-Jahre. Drei von fünf Abteilungen des für „external intelligence", das heißt für das Sammeln und Auswerten von Informationen zuständigen „Joint Intelligence Coordination Staff" (JICS), waren für Spionage gegen den späteren „Warschauer Pakt" zuständig. Anhand dieses Beispiels zeigt sich auch, welchen Stellenwert die Tschechoslowakei bereits zu diesem Zeitpunkt hatte – zwei der Abteilungen beschäftigten sich zum großen Teil mit den Aktivitäten der Tschechoslowakei.[82]

Dies wirkte sich auch auf den Umgang der Dienste mit dem immer noch bestehenden Problem der Staatenlosen und Flüchtlinge aus. Obwohl sich die Suche nach flüchtigen Nationalsozialisten zu Beginn der

Die in den Flüchtlingslagern untergebrachten Flüchtlinge wurden schnell zu begehrten „Informationsquellen“ der Geheimdienste. Quelle: Haus der Heimat, Fotoarchiv.

1950er-Jahre dem Ende zuneigte, hatte man Sorge, unter den Flüchtlingen könnten sich getarnte Informanten und Mitarbeiter der jeweils anderen Seite befinden. Eine Fortsetzung der Überwachung der Flüchtlingscamps mit systematischen Screenings der Lagerinsassen war die Folge.[83]

Natürlich begannen die Flüchtlingslager bald auch als „Personalpool“ zur Anwerbung von Informanten und Dolmetschern für die eigenen Interessen zu fungieren. So etablierte sich zu diesem Zweck beispielsweise bereits 1945 eine Zweigstelle des französischen SR in Innsbruck, um in den dort gelegenen DP-Lagern Flüchtlinge aus Ländern wie Jugoslawien oder Rumänien als Übersetzer und Informanten anzuwerben.[84]

Der britische FS und der amerikanische CIC begannen ähnliche Projekte. Die beiden versuchten, durch Befragungen osteuropäischer DPs in den zahlreichen österreichischen DP-Lagern Informationen über die Sowjetunion und ihre „Satellitenstaaten“ zu sammeln.[85] Im Rahmen dieses britisch-amerikanischen Programms (im besetzten Deutschland trug ein ähnliches Programm den Codenamen „Wringer“)[86] wurden in den 1950er-Jahren auch Flüchtlinge aus der ČSR in Österreich ausfindig gemacht und teilweise mehrmals befragt.

Sowjetisches Propagandaplakat mit dem Appell zur Verschwiegenheit. Quelle: BIK.

Die Befragungen zeigten, wie wenig die amerikanische und britische Seite über die Staaten des „Warschauer Paktes“ und der Tschechoslowakei im Speziellen Bescheid wussten – jeder nur irgendwie erhältlichen Information wurde nachgegangen. Den alliierten Befragern scheinen drei Themenbereiche besonders wichtig gewesen zu sein: Wirtschaftsbetriebe, militärische Anlagen und die Fluchtrouten der Befragten nach Österreich. Die ersten beiden Themen dienten vor allem dazu, wirtschaftliche und militärische Kapazitäten der ČSR einzuschätzen und Ziele für weitere Aufklärungsmaßnahmen von Österreich aus zu identifizieren. Die Informationen zu den Fluchtrouten wurden erhoben, um Routen aus der und in die Tschechoslowakei zu finden, die man später für eigene Kuriere und Informanten nützen wollte.

Parallel dazu setzte in den westlichen Besatzungszonen bereits Ende der 1940er-Jahre eine Intensivierung der Spionageabwehr und auch gezielter Gegenspionage gegen sowjetische und tschechoslowakische Agenten ein. Durch verstärkte Beobachtung verdächtigter Personen und Organisationen, wie der „Kommunistischen Partei Österreichs“ (KPÖ),[87] hoffte man, einen Teil der Netzwerke schon im Entstehen zerschlagen zu können.

Tatsächlich ging ein Großteil der Anfang der 1950er-Jahre bestehenden Netzwerke, wie das CIC 1954 festhielt, auf das Konto der tschechoslowakischen Auslandsspionage. Das CIC berichtete, dass bis dahin die sowjetischen Dienste noch selbst die Agentenrekrutierung und das Sammeln von Informationen betrieben hatten. Dies änderte sich erst Anfang der 1950er-Jahre, als die Sowjets das Feld vor allem tschechoslowakischen Kadern (die das CIC auch hier als „CIS“ zusammenfasste) überließen. Diese entwickelten in kürzester Zeit eine beachtliche Tätigkeit und wurden, so das CIC, zum Hauptgegner der US-Spionageabwehr.[88]

Allen Nachrichtendiensten der vier Alliierten war gemein, dass sie bis Mitte der 1950er-Jahre höchst aktive Spionagegruppen in ihren Reihen aufstellten beziehungsweise übernahmen, die sich aus antikommunistischen, auch tschechoslowakischen Staatsbürgern zusammensetzten.[89] Allerdings degradierten die westalliierten Nachrichtendienste die jeweils in/aus ihrem Einflussbereich operierenden antikommunistischen tschechoslowakischen Spionagezellen binnen kürzester Zeit zu einem ihnen direkt unterstehenden Teil des eigenen Nachrichtendienstes. Dies galt auch für den ursprünglich als operativen Arm des am 28. Oktober 1948 mit Sitz in Washington D.C. gegründeten „Council of Free Czechoslovakia“, der lediglich von den jeweiligen westlichen Besatzungsmächten in Deutschland und Österreich unterstützt werden sollte. In der Folge wurden vor allem diese Tschechoslowaken von den Westalliierten als Kanonenfutter in der Spionage des beginnenden „Kalten Krieges“ eingesetzt.

Nach Angaben der tschechoslowakischen Staatssicherheit dienten in den deutschen und österreichischen Besatzungszonen unter dem Kommando von František Moravec zwischen 1950 und 1960 rund 2299 Personen dem amerikanischen CIC. Allein von diesen wurden 199 als „Kuriere“ an der Grenze verhaftet, davon 17 hingerichtet und 6 weitere beim Versuch, die Grenze zu übertreten, erschossen. Dem „Czechoslovak Intelligence Office“ (CIO) des britischen Nachrichtendienstes SIS unter Karel Jindřich Procházka ordnete der StB zwischen 1950 und 1960 1090 Personen zu, von denen 30 als „Kuriere“ am „Eisernen Vorhang“ verhaftet wurden – 3 davon wurden später exekutiert, 3 weitere sofort erschossen. Die Hauptoperationsbasis des CIO lag in Kärnten und in der Steiermark, also in der britischen Besatzungszone. Sein Hauptquartier stand in Klagenfurt. Schlussendlich bescheinigte der StB auch dem französischen SDECE, ein ausgedehntes Agentennetz zu haben, das von den französischen Besatzungszonen aus vor allem in Südböhmen operierte. Zentrale Drehscheiben wurden Wien, Salzburg und Baden-Baden in Baden-Württemberg. Insgesamt wähnte man 535 Personen unter dem Kommando von Čeněk Kudláček in französischen Diensten.

Der österreichische Geheimdienst bis 1955

Parallel zu den Aktivitäten der alliierten Geheimdienste in Österreich fällt auch der Beginn der „Staatspolizei“, des zivilen Nachrichtendienstes im Österreich der Nachkriegszeit. Das innerhalb der Generaldirektion für öffentliche Sicherheit des Innenministeriums schon 1933 gegründete „Staatspolizeiliche Bureau“ hatte mit dem „Anschluss“ Österreichs an das Deutsche Reich 1938 aufgehört zu existieren. Seine Agenden gingen auf die „Geheime Staatspolizei“ (Gestapo) des Deutschen Reiches über.[90]

So war die Staatspolizei nach Kriegsende 1945 von Grund auf neu zu organisieren. Der Aufbau des (ebenfalls bereits vor 1938 existierenden) militärischen Geheimdienstes musste aufgrund der ablehnenden Haltung der Besatzungsmächte gegenüber einer Wiederaufstellung eines österreichischen Heeres noch warten und wurde erst nach dem Abschluss des Österreichischen Staatsvertrages 1955 realisiert.[91]

Gegen die Wiedererrichtung der zivilen Staatspolizei hingegen war vonseiten der Alliierten nichts einzuwenden, weshalb diese auch bereits unter der Provisorischen Staatsregierung im Mai 1945 begann. Man nahm dabei die Struktur der Staatspolizei vor 1938 zum Vorbild und richtete unter der Leitung von Maximilian Pammer ein „Staatspolizeiliches Büro" im Innenministerium ein.[92] Die Leitung der in Wien stationierten Staatspolizei legte der in der Sowjetunion geschulte Kommunist und nunmehrige Innenminister Franz Honner in die Hände seines Parteikollegen Heinrich Dürmayer. Dieser hatte bereits im Spanischen Bürgerkrieg Erfahrungen in geheimdienstlicher Tätigkeit gesammelt.[93] Eine der ersten Handlungen Dürmayers war die Säuberung des Polizeiapparates von ehemaligen NSDAP- und SS-Mitgliedern und deren Ersetzung vor allem durch KP-Mitglieder – eine Maßnahme, deren zweiter Teil in Österreich große Kritik hervorrief, befürchtete man dadurch doch einen zu großen kommunistischen Einfluss auf die Exekutive insgesamt und auf die 1945 von Dürmayer gegründete staatspolizeiliche „Abteilung 1" im Innenministerium.

Als die KPÖ bei den ersten österreichischen Nationalratswahlen der Zweiten Republik am 25. November 1945 nur 4 der insgesamt 165 Mandate erhielt, musste Honner sein Amt an SPÖ-Innenminister Oskar Helmer abtreten. Dieser setzte sich unter anderem zum Ziel, neben dem weiteren Aufbau der Staatspolizei den in der kurzen Zeit von Honner und Dürmayer aufgebauten KP-Einfluss auf die Staatspolizei zurückzudrängen. Helmer griff dazu vor allem auf die von ihm gebildete „Gruppe 5" zurück, eine Abteilung von rund 40 Beamten, die ihm persönlich unterstellt war. Diese widmete sich, neben Aufgaben wie der Überwachung von Flüchtlingsströmen in Österreich und der Zusammenarbeit mit den Diensten der Besatzungsmächte, auch der Überwachung Dürmayers, den Helmer zu Recht der Kooperation mit der sowjetischen Besatzungsmacht verdächtigte. So gelang es Helmer, Dürmayer wegen Ungereimtheiten bei einem geplanten, aber vereitelten Sprengstoffattentat auf dem Wiener Schwarzenbergplatz im September 1947 abzulösen und durch Oskar Peterlunger zu ersetzen.[94] Seine erste Hauptaufgabe: die Wiener Staatspolizei von den zahlreichen Kommunisten zu säubern. Peterlunger war bereits seit 1946 Dürmayers Stellvertreter gewesen und hatte den nun gebildeten „Staatspolizeilichen Dienst" geleitet, der bis zur Umbenennung in „Bundesamt für Verfassungsschutz und Terrorismusbekämpfung" (BVT) im Jahre 2002 existierte.[95]

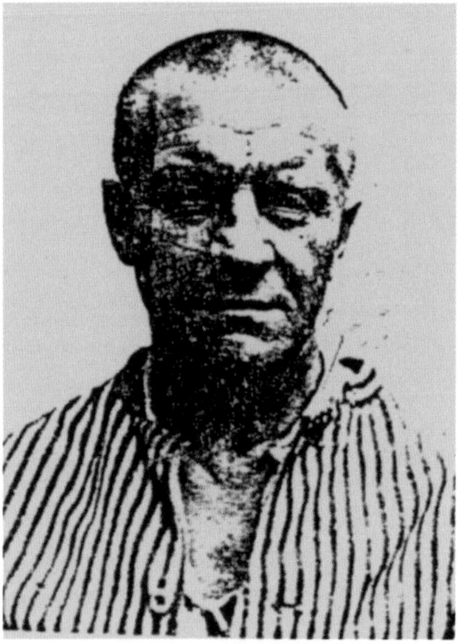

Anton Marek in sowjetischer GULAG-Haft. Quelle: RGWA.

Gemeinsam mit Helmer gelang es Peterlunger, den kommunistischen Einfluss auf die Staatspolizei zurückzuschrauben; sehr zum Missfallen der sowjetischen Besatzungsmacht, die durch verschiedene Maßnahmen versuchte, diesen Aktivitäten ein Ende zu setzen. Die wohl bekannteste sowjetische Aktion waren Verhaftungen im direkten Umfeld des Ministers und der Staatspolizei, wie des Kriminalinspektors Anton Marek und des Gendarmeriebeamten Franz Kiridus.

Dieses Beispiel zeigt auch, welch starken „Einflüssen" seitens der Besatzungsmächte die Staatspolizei zu dieser Zeit ausgesetzt war. Natürlich ahnten die Sowjets etwas von der „Nebentätigkeit" der beiden Exekutivbeamten. Marek und Kiridus waren neben ihren herkömmlichen Polizeiaufgaben auch in der „Gruppe 5" Helmers tätig, Marek leitete diese sogar im Auftrag Helmers. Beide wurden von der sowjetischen Besatzungsmacht im Sommer 1948 verhaftet. Die Begründung: Beide hätten Informationen über die KPÖ, über in die Sowjetunion verschleppte Österreicher, die „Sowjetische Mineralölverwaltung" (SMV) in Österreich und die sowjetische Besatzungsmacht allgemein gesammelt und sich somit der Spionage gegen die Sowjetunion schuldig gemacht.

Trotz mehrfacher Intervention seitens der österreichischen Bundesregierung verurteilten die sowjetischen Gerichte fast drei Jahre später beide wegen „Spionage" und „Teilnahme an verbrecherischen Organisationen" zum Tod durch Erschießen. Die Strafen wurden jedoch jeweils in 25-jährige GULAG-Haftstrafen umgewandelt. Nach der Unterzeichnung des Staatsvertrages kamen Marek und Kiridus vorzeitig nach Österreich zurück.[96]

Auszug aus dem MWD-Personalakt von Anton Marek – Registrierung des Gefangenen mittels Fingerabdrücken. Quelle: RGWA.

М и ж *муж*

Фамилия *Марек* дакт. фарм. Фарм № 2

Имя *Антон.*

Группа ______ Сектор ______ Алфавит *В*

Отчество ______

Год рождения *1889* Место рождения *гор. Вашац у. Венгрии у.*

Правая рука

1. Большой	2. Указательный	3. Средний	4. Безымянный	5. Мизинец

Линия перегиба

Левая рука

6. Большой	7. Указательный	8. Средний	9. Безымянный	10. Мизинец

Линия перегиба

Контрольные оттиски

Левой руки	Правой руки

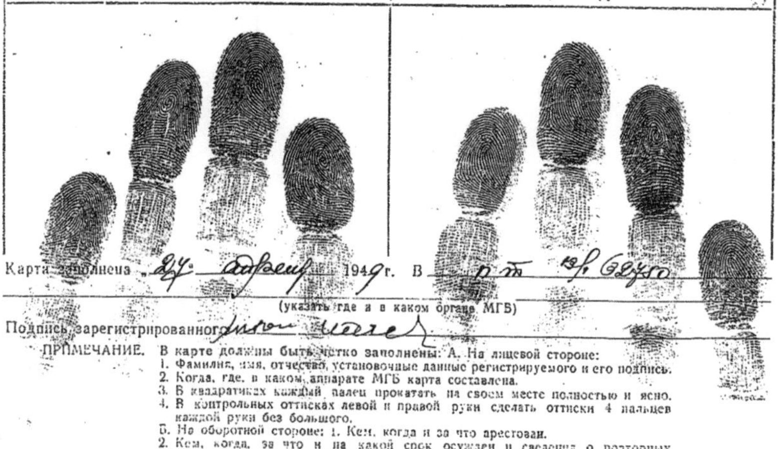

Карта заполнена *24 апреля* 194*9* г. в *р-те ЮЛ 62750*

(указать где и в каком органе МГБ)

Подпись зарегистрированного *Антон Марек*

ПРИМЕЧАНИЕ. В карте должны быть четко заполнены: А. На лицевой стороне:
1. Фамилия, имя, отчество, установочные данные регистрируемого и его подпись.
2. Когда, где, в каком аппарате МГБ карта составлена.
3. В квадратиках каждый палец прокатать на своем месте полностью и ясно.
4. В контрольных оттисках левой и правой руки сделать оттиски 4 пальцев каждой руки без большого.
Б. На оборотной стороне: 1. Кем, когда и за что арестован.
2. Кем, когда, за что и на какой срок осужден и сведения о повторных регистрациях.
3. Все данные словесного портрета регистрируемого.
4. Должность и подпись лиц, заполнявших и проверявших карту

Zum Aufbau des tschechoslowakischen Geheimdienstes

In Österreich selbst begannen die tschechoslowakischen Nachrichtendienste und ihre Abteilungen eigentlich erst unmittelbar nach der kommunistischen Machtübernahme im Februar 1948 eine wichtigere Rolle zu spielen.

Die für Spionage- und Aufklärungsaktivitäten zuständigen Abteilungen des Innenministeriums, auf tschechoslowakischer Seite meist unter dem Begriff „Rozvědka" zusammengefasst, existierten freilich schon vor der KP-Machtübernahme. Die „Rozvědka" ging auf die Ende Mai 1945 gegründete „Sektion Z" des tschechoslowakischen Innenministeriums zurück.[97] Kurz danach wurde per Erlass vom 30. Juni 1945 im Innenministerium das „Korps für Nationale Sicherheit" („Sbor národni bezpečnosti", SNB) gegründet, das auch die bereits vorhandene „Sektion Z" und ein paar weitere Abteilungen mit ähnlichen Aufgabenbereichen umfasste. So war auch das Ende Mai bis Anfang Juni 1945 als Verstärkung der traditionell mit der Grenzsicherung beauftragten Zollwache ins Leben gerufene Bereitschaftsregiment 1 der Nationalen Sicherheit ein Teil des SNB und damit des Innenministeriums geworden.[98] Die Aufgabe dieser paramilitärischen Einheit lag, wie schon der Name sagt, in der Bewachung der tschechoslowakischen Staatsgrenzen, wobei dies zunächst mit einer sehr dünnen personellen Ausstattung und wenig effektiv erfolgte. Auch die Umgruppierung und Aufstellung spezieller SNB-Grenzeinheiten unter dem Kommando der „SNB-Einheit 9600" im Sommer 1946 änderte nur wenig an dieser Situation.

Während sich die Grenztruppen der ČSR noch im Aufbau befanden, übernahmen in Österreich die Grenzsicherung die Inneren Truppen des NKWD. Im Besonderen waren dies bis September 1946 das 10. Grenzregiment mit 358 Mann für die Grenzaufgaben und dem Stab

Ein Grenzsoldat mit Wachhund an der Grenze. Quelle: ABS.

in Waidhofen an der Thaya sowie das 37. Grenzregiment mit rund 90 Mann Grenzsoldaten und dem Stab in Wien.[99] Zum 1. September 1946 wurde die Truppengröße der Inneren Truppen des MWD in Österreich allerdings drastisch reduziert. Von den ursprünglich fünf Regimentern blieben nur noch zwei übrig, und auch die jeweilige Truppenstärke wurde halbiert. Den Grenzdienst versahen nunmehr Soldaten des 24. Regiments (mit dem Stab in Mauer bei Wien), ehe auch dieser Truppenkörper im Oktober 1946 aufgelöst wurde.[100]

Erst mit der kommunistischen Machtergreifung 1948 und angesichts der darauf folgenden massiven Emigrationswelle kam es bei den tschechoslowakischen Grenztruppen zu weitreichenden Umstrukturierungen, die bereits klar in Richtung „Eiserner Vorhang" wiesen: Zusammenlegung von Finanzwache und Grenzwache („Ochrana státníhranice") mit 1. Jänner 1949, Bildung eines klaren Schwergewichtes an der West- und Südgrenze zu Deutschland und Österreich (unter dem direkten Kommando von Prag), Militarisierung der Strukturen, Aufstockung des auch 1949 bei Weitem zu geringen Personalstandes. In Anlehnung an das sowjetische System wurden ganze Armeeteile der Grenzwache zugeordnet und Grundwehrdiener zum Dienst herangezogen, sodass von Ende 1951 bis 1989 (mit Ausnahme einer einzigen kurzen Phase der Reduktion während des „Prager Frühlings" 1968) der Grenzwache stets mehr als 20.000 Mann an der Grenze zum Westen zur Verfügung standen.

Die Grenzregimenter an der österreichisch-tschechoslowakischen Grenze

Grenzschutzbrigade	Deckname Übergang	Zahl der Treffen	Jahr
11. Brig. Bratislava	Rusava – Rena	2	1956, 1963
	Lola	31	1957, 1958, 1962
	Gruber	11	1958–1960
4. Brig. Znojmo	Kity	2	1957
	Berta	3	1957
	Bauer	6	1958
	Gustav	10	1958
	Rudolf	19	1957
15. Brig. České Budějovice	Krabonoš	5	1958, 1960, 1961
5. Brig. Cheb	Hraničná	1	1958

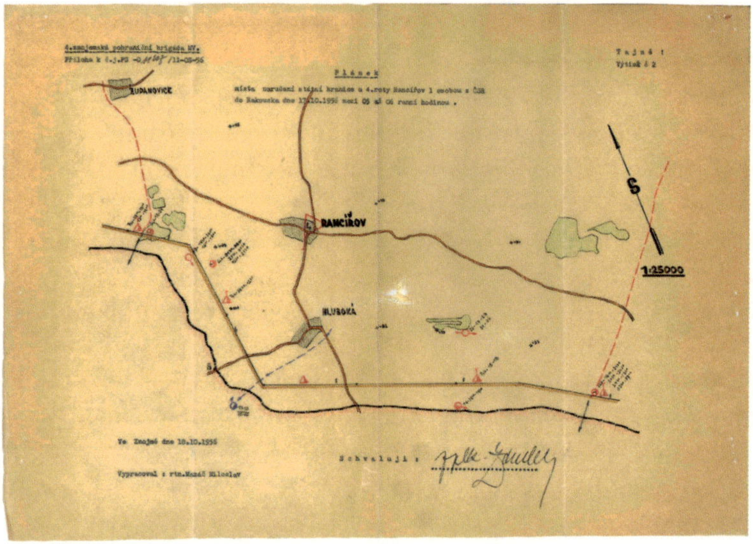

Plan des Grenzabschnitts der 4. Brigade des Grenzschutzes bei Ranzern/Rancířov. Quelle: ABS.

Für die Grenze zu Österreich waren vor allem drei der 1951 aufgestellten Grenzschutzbrigaden von Bedeutung (vgl. Tabelle auf S. 63): die 15. Brigade mit ihrem Kommando in Budweis/České Budějovice für den Raum Oberösterreich/Mühlviertel, die 4. Brigade mit ihrem Kommando in Znaim/Znojmo und die 11. Brigade mit ihrem Kommando in Bratislava, beide für den Bereich der Grenze zu Niederösterreich. Die 4. Brigade verfügte anfangs über rund 1400 Mann, wurde aber im Laufe der 1950er-Jahre stetig vergrößert, Ende 1955 verfügte sie bereits über mehr als 2500 Mann.[101]

Neben der klar umrissenen Aufgabe, jedwede Grenzverletzung unter Anwendung aller verfügbaren Mittel, bis zum Gebrauch der Schusswaffe, zu unterbinden, kamen diesen Einheiten auch nachrichtendienstliche Aufgaben zu. Ihr Wirkungsbereich erstreckte sich bis weit hinter die eigentliche Grenze, wo man ein dichtes Netz von Informanten unterhielt, die jede verdächtige Person zu melden hatten: (Menschen-)Schmuggler, Widerstandsgruppen, „Staatsfeinde", jede legale ausländische Bewegung über die Grenze, das heißt auch jeden ausländischen Touristen, der in der Folge von den StB-Organen zu beschatten war und über dessen Reiseroute, Treffen und Begegnungen genau Buch geführt wurde.

Nach den Aus- und Umsiedlungen wurde die gesamte noch in den Grenzabschnitten verbliebene Bevölkerung vom StB laufend überwacht.

Darüber hinaus wurden auch die unmittelbaren Grenzgebiete des benachbarten Österreich von den Grenzbrigaden systematisch „aufgeklärt“ – die allgemeinen wirtschaftlichen und politischen Gegebenheiten, die Firmen, örtlichen Parteien, Gendarmerieposten oder Gemeindeämter, BH-Kasernen und Medien. Die laufenden Beobachtungen und Erkenntnisse rapportierte man an die Zentralen nach Prag.

Die Staatssicherheit selbst existierte innerhalb des SNB vorerst als Exekutivsektion ohne nachrichtendienstliche Kompetenzen und war vor allem für Ermittlungstätigkeiten wie Verhöre oder Verhaftungen zuständig.[102] Daher erfolgte der Aufbau der Staatssicherheit, des „StB“, vorerst innerhalb dieser Strukturen.

Die Anfänge des StB gehen freilich bis in die unmittelbaren Nachkriegsmonate zurück. Ähnlich wie bei den Nachrichtendienst-Abteilungen des Innenministeriums versuchte die KPČ von Anfang an, sich auch der Polizei und der Sicherheitsdienste zu bemächtigen. Damit unterlief sie auch alle Bemühungen bürgerlicher Gruppierungen und Parteien, eine funktionierende Demokratie aufzubauen.[103]

Nicht selten Endstation für am „Eisernen Vorhang“ aufgegriffene „Spione“: GULAG-Lager Workuta, 200 Kilometer nördlich des Polarkreises. Foto: Karner.

Das tschechoslowakische Innenministerium stand, ähnlich dem österreichischen, bereits ab 1945 unter kommunistischer Leitung. Innenminister Václav Nosek war Mitglied der KPČ und mitentscheidend dafür, dass die im Innenministerium konzentrierten nachrichtendienstlichen Abteilungen bereits ab Kriegsende und ab der Neugründung der Tschechoslowakei unter kommunistischer Kontrolle standen. Dies erklärt auch die getroffenen Zentralisierungsmaßnahmen und Konzentration aller nachrichtendienstlichen Befugnisse, auch die des noch nicht eigenständigen StB, in der bereits erwähnten Abteilung Z.[104]

Die Abteilung Z war in der Folge mehrmals Gegenstand von Umstrukturierungen und Umbenennungen. Bei der bald erfolgten Umbenennung in „Sektion VII" wurde der Teil mit auslandsnachrichtendienstlichen Kompetenzen der Abteilung als „Gruppe VII-B" bezeichnet. Kurz vor dem Systemwechsel 1948 wurde diese Gruppe zur „Gruppe Ab" der ebenfalls umbenannten „Sektion III".

Der StB wurde als Teil dieser Abteilung noch vor dem Systemwechsel mit immer umfassenderen Kompetenzen und Vollmachten ausgestattet. Ab Oktober 1946 war er berechtigt, als „Präventivmaßnahme" selbstständig Agentennetze aufzubauen und zu unterhalten, um Informationen über „staatsfeindliche Aktivitäten" zu sammeln.[105] So gewann der StB parallel zu den anderen Teilen der „Rozvědka" zunehmend an Bedeutung. Nach den Planungen der KPČ im Dezember 1947 sollte der StB eine 3000 Mann umfassende Eliteeinheit innerhalb des SNB werden, deren Hauptaufgabe in der Bekämpfung aller gegen den Staat und seine Ideologie gerichteten Aktivitäten bestand.

Nach der kommunistischen Machtübernahme wurde der Ausbau des StB weiter fortgesetzt. Ab Sommer 1948 blieb der StB zwar noch ein Teil des SNB, wurde aber mit einem hohen Maß an Eigenständigkeit ausgestattet: Die „Gruppe Ab" wurde zur „Gruppe I – Sicherheit" erweitert, die Sektion III des SNB als „Gruppe BAb" zu einem Teil des StB ausgebaut, womit der StB selbst erstmals Kompetenzen eines Auslandsnachrichtendienstes erhielt. Die verbleibenden Kompetenzen des StB als Sicherheitsdienst gliederten sich in die Gruppen „BAa" für „innere Staatssicherheit" und „BAc" für „sonstige Fragen der Staatssicherheit". Damit übernahm der StB nach und nach das aus vorkommunistischer Zeit stammende große Gefüge des SNB.[106]

Von Mai 1950 an diente das sowjetische MWD als Muster für die tschechoslowakischen Umorganisationen: Ein eigenes Super-Ministerium, das „Ministerium für Nationale Sicherheit" („Ministerstvo národní bezpečnosti", MNB) sollte möglichst alle Geheimdienste unter sein Dach bringen, alle bisherigen Kompetenzen des StB inklusive Auslandsspionage und Grenztruppen in sich vereinen und weder dem Innenministerium noch dem SNB unterstellt sein.[107] Kurz darauf wurde auch die Struktur der Auslandsspionage nach sowjetischem Vorbild umorganisiert und umbenannt: Die Auslandsabteilung des MNB wurde zur „ersten Verwaltung" („První správa"). Lediglich der Begriff „Rozvědka" blieb im internen Gebrauch für diese Abteilung weiterhin erhalten.[108] Die zahlreichen Umorganisationen und Umbenennungen änderten freilich an den primären Zielsetzungen und an den Methoden des gesamten Komplexes der Staatssicherheit nichts. Sie waren in vielem der sowjetischen Staatssicherheit nachempfunden worden und daher organisatorisch von Moskau aus auch leichter zu führen.

Zur Abteilung Auslandsspionage ist anzumerken, dass die Umstellung des Dienstes auf das kommunistische Regime 1948 relativ leicht fiel, denn er hatte sich bereits vor dem Systemwechsel in unzweifelhaft kommunistischer Hand befunden. Der erste Leiter der Abteilung, Zdeněk Toman, war ein kommunistischer Hardliner und benützte den Dienst vor allem dazu, um Geldmittel für die KPČ zu lukrieren. Die Abteilung hatte in erster Linie mit der Sicherstellung von Schmuggelrouten und dem Schwarzmarkthandel zur Erwirtschaftung der benötigten finanziellen Mittel zu tun. Das Sammeln von Informationen im Ausland hatte verhältnismäßig geringe Priorität.[109]

Das Vorgehen Tomans bei anderen nachrichtendienstlichen Aktionen war jedoch eher stümperhaft, sodass die Arbeit der Abteilung und ihres Leiters sehr rasch für die KPČ zu einer Bürde und zu einem unkalkulierbaren Risiko wurde. Schon im April 1948 wurde Toman abgesetzt. Um einer Verhaftung zu entgehen, suchte er zuerst Schutz in der US-Botschaft und bot sich den Amerikanern erfolglos als Informant an, sodass er sich nach Argentinien absetzte.[110] Die Absetzung Tomans hatte jedoch Folgen. Es dauerte noch ein paar Jahre, bis die Gruppe beziehungsweise die 1. Verwaltung des StB wieder voll einsatzfähig war und dem sowjetischen „Modell" eines Auslandsnachrichtendienstes angeglichen werden konnte. Bis 1953 wechselten die kommunistischen Leiter der „Rozvědka" im Jahrestakt, manche wurden wegen Inkompetenz entlassen, andere des „Verrats" bezichtigt, angeklagt und zu mehrjährigen Haftstrafen verurteilt. Erst 1953,

Eine sowjetische Kleinbildkamera vom Typ „Kiev 30", 8 mm. Ein Nachbau der bekannten „Minox" von 1952, wie sie auch von der tschechoslowakischen „Rozvědka" verwendet wurde. Foto: Karner.

nach dem Tod von Josef Stalin, bekam der StB im „Ministerium für Nationale Sicherheit" einen Leiter, der die Staatssicherheit für längere Zeit, nämlich bis 1961, führte: Jaroslav Miller. Er reformierte die Auslandsspionage von Grund auf und führte strengere Richtlinien für die Rekrutierung und Ausbildung von neuen Rekruten für die Abteilung ein. Der Dienst an sich blieb aber auch für die gesamte Dauer seiner Amtszeit ideologisch klar stalinistisch ausgerichtet.

Obwohl die „Rozvědka" schon zu Ende der 1940er-Jahre in Westdeutschland und Österreich präsent gewesen war, fallen ihre ersten großen Erfolge im Ausland doch erst in die Zeit, als sie zur „Ersten Verwaltung" des MNB, also des Super-Ministeriums für Inneres und die Geheimdienste, mutierte und Synergien erschließen konnte. Es gelangen ihr die Rekrutierung zahlreicher neuer Informanten im Ausland und der Aufbau neuer weitverzweigter Netzwerke. Wichtige Unterstützer ihrer Aktionen und Einsätze waren bis 1965 die Innenminister Rudolf Barák und Lubomír Strougal.[111] Der StB selbst wurde in sieben Verwaltungen aufgeteilt, die dem ersten stv. Innenminister, zu Beginn Oberst Antonín Prchal, direkt unterstellt waren.

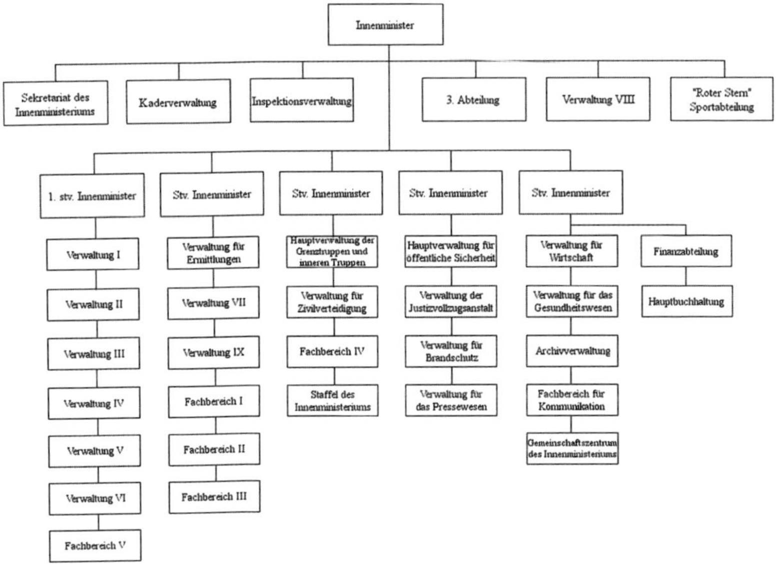

Organigramm des tschechoslowakischen Innenministeriums 1953.
Quelle: Erstellt auf Basis von Daten aus Blažek – Žáček, Tschechoslowakei.

Prchal wurde damit faktisch Leiter des StB und auch eines Großteils der Auslandsspionage. Nur die Verwaltungen 3 und 6 (zuständig für den Nahen Osten, Israel, Lateinamerika und Nordeuropa beziehungsweise für Grenzüberschreitende Kommunikation und Deutschland) unterstanden dem 2. Stellvertreter des Innenministers. Der StB hatte damit fortan zwei „Leiter“ und hörte als geschlossene Organisation auf zu existieren.[112]

Tatsächlich kam man durch die parallel laufende Arbeit verschiedener Verwaltungen mit jeweils mehreren „Leitern“ Anfang der 1960er-Jahre in ein Kompetenz-Chaos, weil eine klare Absteckung der einzelnen Zuständigkeitsbereiche fehlte. Teilweise war das Kompetenz-Chaos systemimmanent. Es sollte sich niemand, auch nicht höchste StB-Funktionäre, in Sicherheit vor Bespitzelung und Überwachung wiegen können. Dies schuf einerseits den gläsernen Menschen und andererseits Staatsbürger, die keine Verantwortung zu übernehmen und Eigeninitiative zu starten mehr bereit waren. Natürlich war eine derartige Gesellschaft politisch auch leichter zu führen.

Dennoch waren die Reibungsverluste durch das teilweise, besonders im Ausland aufgetretene Kompetenzen-Wirrwarr zu groß und mit ein

Grund, dass Anfang 1964 unter sowjetischer Ägide eine weitere Umstrukturierung vorgenommen wurde: Es kam zur Gründung eines „Vereinten Spionageabwehrdienstes", die 2., 3. und 4. Verwaltung des Innenministeriums wurden zu einer „Verwaltung Spionageabwehr" zusammengefasst und unterstanden gemeinsam mit der Verwaltung Militärspionageabwehr geschlossen dem 1. stv. Innenminister, Oberst Josef Kudrna. Diese beiden Verwaltungen wurden Mitte 1966 zusammen mit der Verwaltung für Observierungen zum eigentlichen „StB", der im weiteren Verlauf des „Kalten Krieges" noch zusätzliche Kompetenzen, vor allem im Bereich der inneren Sicherheit, erhielt. Die 1. Verwaltung blieb dazu parallel als Hauptbeauftragte für die Auslandsspionage erhalten und wurde fortan auch als „SNB" beziehungsweise im inoffiziellen Sprachgebrauch als „Rozvědka" bezeichnet.[113]

In ihren Aktivitäten konzentrierte sich die tschechoslowakische Auslandsspionage, also die dafür zuständigen Verwaltungen und Abteilungen von StB und SNB, bis 1960 vor allem auf die „westlichen" Nachbarländer BRD und Österreich. Erst im Laufe der 1960er-Jahre dehnte sie ihre Aktivitäten auch auf das Territorium der eigentlichen „Gegner" der Sowjetunion, wie die USA und Großbritannien, aus. Sie blieb dennoch weiterhin in ihren „Stammgebieten" BRD und Österreich aktiv, diese Aktivitäten mussten aber im Hinblick auf das breitere Aufgabenspektrum etwas reduziert werden.[114]

In der ersten Phase setzte die tschechoslowakische Auslandsspionage in Westdeutschland und Österreich vor allem auf die Anwerbung von Informanten, die zuerst von der ČSR aus von Offizieren des StB geführt wurden. Die österreichischen und deutschen Informanten agierten aber nicht nur als reine „Informationssammler" und „Kuriere", sondern erhielten auch den Auftrag, als „Tipper" tätig zu werden und weitere Informanten ausfindig zu machen und den tschechoslowakischen Stellen zur Rekrutierung vorzuschlagen. Erst als sich später die StB-Residentur an der Botschaft der ČSR in Wien etabliert hatte, scheint der größte Teil der Informantennetze von dort aus geführt worden zu sein.

Inoffizielle Mitarbeiter (IMs) des StB 1955–1968

Jahr	IMs des StB				Davon IMS der Militärspionabwehr			
	Agenten	Informanten	Residenten	Gesamt	Agenten	Informanten	Residenten	Gesamt
1955	7.325	29.355	1.292	37.972	495	9.083	1.073	10.651
1956	6.526	20.692	1.194	28.412	396	6.649	1.028	8.073
1957	8.354	21.067	1.261	30.689	366	7.059	1.147	8.572
1958	12.138	25.290	1.271	38.669	263	6.848	1.112	8.223
1959	14.837	25.612	1.410	41.859	466	7.059	1.224	8.749
1960	15.880	21.737	1.370	38.987	561	5.598	1.161	7.320
1961	15.570	19.802	1.457	36.829	675	6.720	1.209	8.604
1962	12.449	16.562	1.312	30.287	515	5.018	1.086	6.619
1963	9.386	14.279	1.095	24.760	454	4.267	935	5.656
1964	7.845	12.442	750	21.037	374	3.909	959	4.942
1965	7.425	12.306	621	20.352	398	4.268	552	5.218
1966	6.992	11.420	500	18.842	435	4.216	451	5.102
1967	6.536	10.476	443	17.455	434	4.004	405	4.843
1968	4.317	6.662	358	11.337	386	3.396	342	4.124

Quelle: Erstellt auf Basis von Daten aus Blažek – Žáček, Tschechoslowakei.

Die Anwerber der tschechoslowakischen Dienste gingen auf sehr breiter Basis vor. Ihren Versprechungen und Lockungen erlagen nicht nur Österreicherinnen und Österreicher mit niedrigen Einkommen, sondern erstaunlicherweise auch Angehörige westlicher Besatzungsmächte. Das Geld aus Prag bot in der schlechten wirtschaftlichen Nachkriegssituation Österreichs doch die Chance auf ein verhältnismäßig hohes Einkommen mit vergleichsweise geringem Aufwand. In welche Gefahr sich diese „Amateur-Spione“ dabei begaben, war ihnen oftmals gar nicht bewusst.[115]

Zudem setzten SNB und StB bei ihren Rekrutierungen immer wieder auf noch bestehende Familienbande aus der Zeit der k. u. k.-Monarchie. Besonders wenn man plante, hochrangige österreichische Beamte in verschiedenen Ministerien oder der Polizei anzuwerben, war dieses „Vermächtnis“ der Donaumonarchie von Vorteil. In der Folge wurde auf die Zielpersonen entweder über noch in der ČSR lebende Verwandte Druck ausgeübt, gezielt erpresst oder der Kontakt über einen Verwandten, der selbst im Dienste der Nachrichtendienste stand, aufgenommen. Lukrative finanzielle Angebote trugen, wie schon erwähnt, das ihrige zu wiederholten erfolgreichen „Anwerbungen" bei.[116]

Ethnische Zusammensetzung der Angestellten der tschechoslowakischen Auslandsspionage („SNB") am 1. Jänner 1958

Ethnische Gruppe	Anzahl	Anteil am SNB-Personal in Prozent
Tschechen	31.999	73,88
Slowaken	10.667	24,63
Russen	450	1,04
Ungarn	167	0,39
Polen	18	0,04
Andere	10	0,02
Gesamt	43.311	100,00

Quelle: Erstellt auf Basis von Daten aus Blažek – Žáček, Tschechoslowakei.

Diese Entwicklung blieb den westlichen Diensten nicht verborgen. Dies wird insbesondere anhand der Ziele, die die Nachrichtendienste der vier Besatzungsmächte in Österreich verfolgten, und bei den Änderungen in der Prioritätensetzung, vor allem der westlichen Dienste, ersichtlich. Für sie spielten die Aktivitäten der tschechoslowakischen Nachrichtendienste in Österreich bereits in dieser frühen Phase des „Kalten Krieges" ab Ende der 1940er-Jahre eine sehr große Rolle.

Wie tschechoslowakische Netzwerke in Österreich funktionierten, wird anhand eines von 1949 bis 1951 aktiven tschechoslowakischen Informantenringes in Österreich ersichtlich, der vor allem in Wien und der britischen Besatzungszone (hier vor allem Kärnten) aktiv war und dessen Akten sich in den Beständen des CIC erhalten haben. Geführt wurde der Ring, wie in diesen Fällen nicht unüblich, von einem angeworbenen Österreicher, einem in Wien geborenen Kaufmann. Die Rekrutierung lief in einer für diese Zeit typischen Art und Weise ab: Der zukünftige „Spion" hatte in einer Wiener Tageszeitung eine Anzeige aufgegeben, in der er nach Arbeit suchte und in der er erwähnte, dass er neben Deutsch und Englisch auch sehr gut Tschechisch spräche.

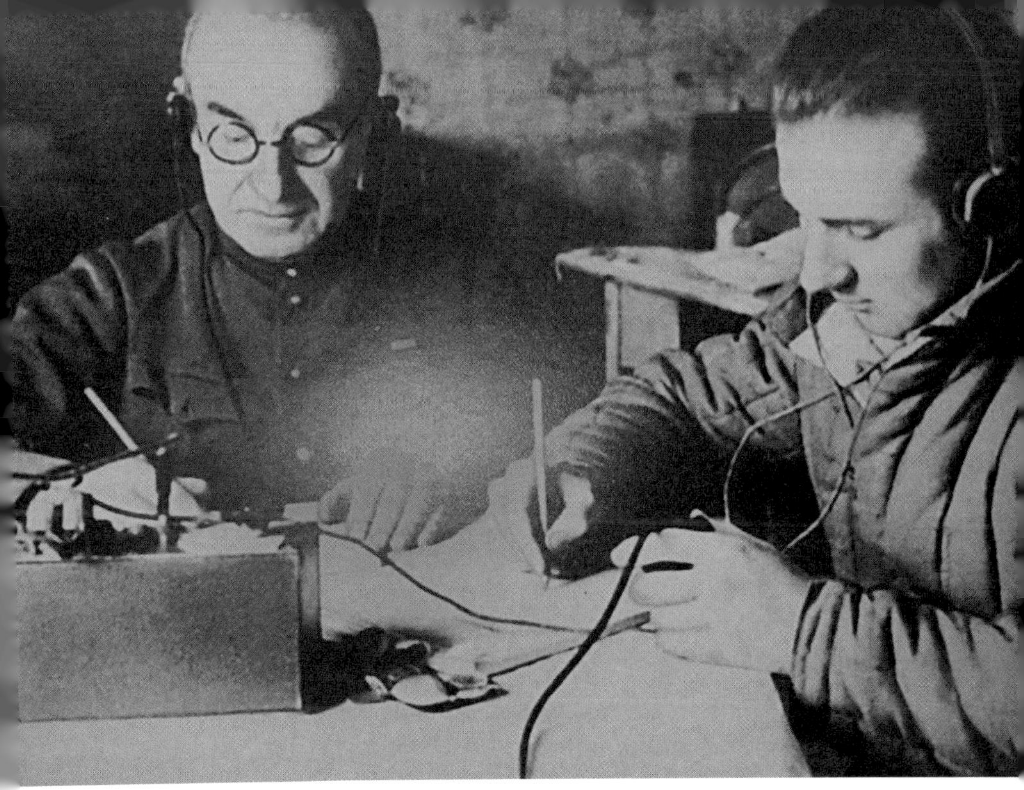

Abhörspezialisten bei der Arbeit. Quelle: AdBIK.

Einige Tage nach dem Erscheinen der Anzeige meldete sich per Post ein „Büro" bei ihm und bot ihm eine Stelle als „Geschäftsmann" für ein großes tschechoslowakisches Unternehmen an. Als österreichische „Kontaktperson" wurde ihm die Adresse eines in Untermarkersdorf in Niederösterreich, also in der sowjetischen Besatzungszone lebenden Landwirtes übermittelt, bei dem er sich melden sollte. Das Gehöft der Kontaktperson lag unweit der tschechoslowakisch-österreichischen Grenze. Der Landwirt brachte ihn im Auftrag der tschechoslowakischen Seite nachts über die Grenze, wo er von Kontaktpersonen der Auslandsspionage erwartet wurde. Er erhielt den Auftrag, von Wien nach Kärnten zu reisen, sich dort einen Monat lang aufzuhalten und dann wieder in die ČSR zurückzukehren. Es handelte sich ganz offensichtlich um einen Test, um festzustellen, ob der potenzielle Informant in der Lage sei, den Anweisungen seiner Führungsoffiziere Folge zu leisten.

Der Bericht des CIC zu diesem Netzwerk enthält interessante Informationen zur Kooperation zwischen der sowjetischen Besatzungsmacht und tschechoslowakischen Nachrichtendiensten. Denn als der Österreicher fragte, was er tun solle, wenn er beim Übertreten der Staatsgrenze von österreichischen Organen aufgegriffen würde, gab man ihm zur Antwort, er solle einfach darauf bestehen, zur nächsten sowjetischen Kommandantur gebracht zu werden, dort sei man informiert und würde alles für ihn regeln. Zudem: Sollte er Angst haben, beobachtet zu werden, solle er einfach in die sowjetische Zone flüchten und sich dort bei einer Dienststelle melden. Man würde dann alle weiteren notwendigen Schritte für ihn in die Wege leiten.

Der Kaufmann tat, wie ihm geheißen. Nach seiner Rückkehr in die ČSR wurde er von der tschechoslowakischen Auslandsspionage als Informant rekrutiert. In den folgenden zwei Jahren beobachtete er einige Kasernen und Stützpunkte der britischen Besatzungsmacht im Raum Villach und Klagenfurt und pendelte mehrmals zwischen Kärnten und der Tschechoslowakei. Die Grenzübertritte, die immer über die sowjetische Zone erfolgten, wurden von sowjetischer Seite stets entsprechend vorbereitet. Jedes Foto und jeder Bericht, den er seinen Kontaktleuten in der ČSR (zumeist traf man sich in Brno) lieferte, brachte ihm mehrere hundert Schilling ein.

Die britische FS in Villach kam nur durch Zufall auf seine Spur. Aufgrund eines kleineren Wirtschaftsvergehens aus der Zeit vor seiner „Spionagetätigkeit" wurde er nämlich von der österreichischen Polizei in Wien gesucht, und die britische FS wurde durch seine häufige Reisetätigkeit auf ihn aufmerksam. Als auch der Verdacht bestand, dass er amerikanische Stützpunkte ausspioniere, schaltete die FS das amerikanische CIC ein, und man begann Mitte des Jahres 1950 gegen ihn zu ermitteln. Ein Jahr später wurde der österreichische Informant verhaftet und verhört, mit seinen und den Informationen seiner Lebensgefährtin wurde ein Informantennetzwerk von rund 20 Mitgliedern ausgehoben. Die meisten konnten in der Folge von FS und CIC identifiziert werden.[117]

Die folgenden Beispiele zeigen die Realität des „Eisernen Vorhangs" an der österreichisch-tschechoslowakischen Grenze zu Beginn des „Kalten Krieges". Ihre Opfer finden sich auf beiden Seiten der Grenze. Ihre Täter sind teilweise bis heute unerkannt, auch auf österreichischer Seite.

Tragödien am „Eisernen Vorhang“ entlang von Thaya und March

Mord bei Nacht: Jarmila Pospíšilová stirbt im Kugelhagel an der March

Es ist schon ganz dunkel geworden. Dichter Oktobernebel liegt über der March, der Staatsgrenze bei Hochstetten/Vysoká pri Morave.[118] Man kann keine drei Meter weit sehen. Langsam und hintereinander schleichen ein Mann und eine Frau auf das Grenzdorf zu, biegen dann knapp vor dem Dorf auf einen Feldweg ein, um weiter zu einem Schutzdamm gegen Hochwasser zu kommen. Er gibt die weitere Richtung vor. Sie können ihn noch nicht sehen. Doch als sie auf ihn stoßen, wissen sie, jetzt sind es nur mehr ein paar Meter bis zum ersten Stacheldrahtverhau, dem Beginn des „Eisernen Vorhangs". Hinter ihm liegt Österreich, die ersehnte Freiheit. Nur wenige Schritte werden es bis zur Bernsteinstraße und weiter ins Marchfeld sein. Es ist Samstag, der 3. Oktober 1953, kurz vor Mitternacht.

Für Gustav Polák und Jarmila Pospíšilová geht es um ihr Leben. Polák ist ein erfahrener Schlepper. Er hat schon zahlreiche Menschen über die Grenze geschmuggelt. Und heute scheinen die Bedingungen geradezu ideal. Finsternis, starker Nebel, schlechtes Wetter, keine Sicht für die Grenzwache. Die erst 20-jährige Pospíšilová, sie stammt aus Prag und arbeitet dort als Angestellte, vertraut ihm. So hat sie ihm in Prag auch ihre Fluchtabsicht anvertraut. Sie will einfach weg aus der Tschechoslowakei, im Westen ein neues Leben in Freiheit beginnen.

Jarmila Pospíšilová
Quelle: ABS.

Die Grenze an der March

Er hat zugestimmt. Mit Recht. Kaum jemand kennt diesen slowakischen Grenzabschnitt entlang der March zu Österreich so genau. Es ist „seine" Route, und sie ist lang. Denn seine Fürsorge ist an der Grenze noch nicht zu Ende. Polák weiß, hinter dem „Eisernen Vorhang" liegt in Österreich die sowjetische Zone, und der sowjetische Geheimdienst, eng mit dem StB verbunden, schickt jeden Flüchtigen kurzerhand in die Tschechoslowakei zurück, wo er vor Gericht gestellt wird. Also wird die Gefahr für Pospíšilová erst einigermaßen beseitigt sein, wenn sie in die US-Zone gelangt. Daher hat Polák längst Gewährsleute in Österreich ausfindig gemacht, die ihm helfen, „seine" Flüchtigen durch die Sowjetzone zu schleusen. So macht Polák den Nachteil „seiner" Route – etwa gegenüber der bayerischen Route, die direkt in die US-Zone führt – wieder wett. Und er kann darauf verweisen, dass es bislang immer gut ging, dank seiner Ortskenntnisse und des noch wenig bekannten „Loches" im Grenzzaun. Daher nimmt er auch diesmal die junge Pospíšilová an die slowakisch-österreichische Grenze an der March, knapp nördlich von Bratislava, auf „seinen" Schlepper-Weg mit.

Das Durchqueren des „Eisernen Vorhangs" ist aufgrund der körperlichen Strapazen, besonders was die professionellen „Schlepper" betrifft, eher Männersache. Junge Frauen wie Pospíšilová versuchten in der Regel als Flüchtlinge die Grenze einmal zu überqueren und dann in Österreich oder Deutschland ein „neues Leben" zu beginnen. Es gab aber auch vereinzelt Frauen, die, wie ihre männlichen Kollegen, als „Agenten-Kuriere" und „Schlepper" tätig wurden. Eine von ihnen war Otilie Mücková, 1928 in Brno geboren.

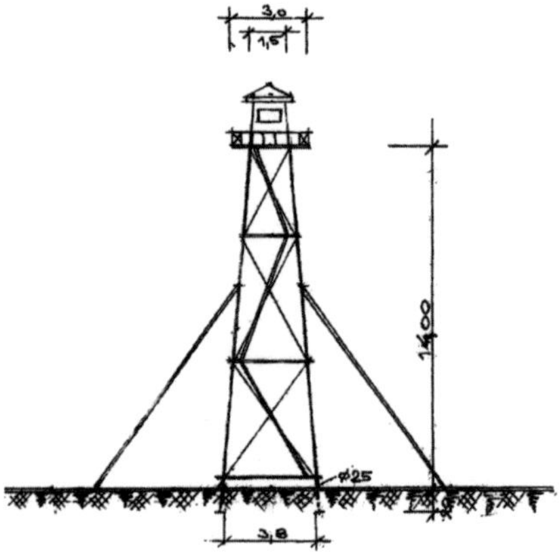

Skizze eines Wachturmes zur Überwachung des „Eisernen Vorhangs". Quelle. ABS.

Ihre Karriere begann als „Flüchtling", als sie im Dezember 1949 von Bratislava über die Grenze nach Wien floh. Nach einem Jahr in Wien kam sie in Kontakt mit dem aus Österreich stammenden „Menschenschmuggler" Josef Fuchshuber, der ihr Know-how für seine Geschäfte nutzen wollte. Er bot ihr eine Zusammenarbeit an. Mücková akzeptierte. Im Jänner 1951 überquerte sie erstmals zusammen mit Fuchshuber bei Bratislava die Grenze, über dieselbe Route, über die sie mehr als ein Jahr

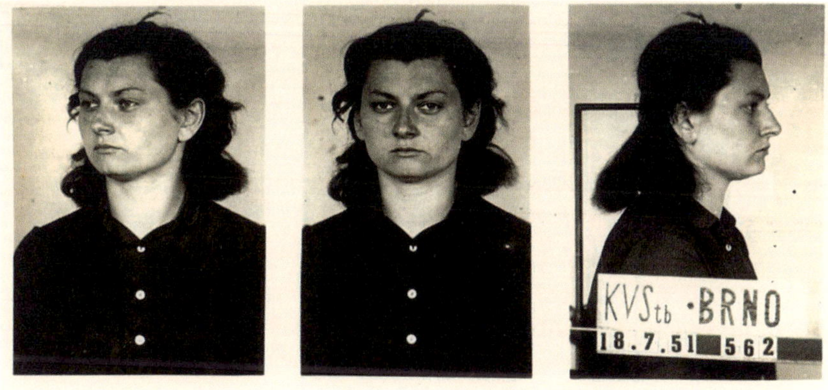

Otilie Mücková kurz nach der Verhaftung 1951. Quelle: ABS.

zuvor nach Österreich gekommen war. Ein paar Tage später führte sie eine Gruppe von Flüchtlingen von Bratislava nach Wien. Vier weitere solcher „Trips“ sollten folgen. Im Juli 1951 wurde sie, als sie ein weiteres Mal die Grenze bei Engerau/Petržalka queren wollte, von tschechoslowakischen Grenzsoldaten aufgegriffen, verhaftet und am 5. Februar 1952 in Prag wegen „Hochverrats“ zu 14 Jahren Gefängnis verurteilt.[119]

Wie auch Mücková, hat Polák im Laufe seiner Tätigkeit einige Erfahrung gesammelt und, was die Anreise durch die Grenzzone und den Grenzübertritt selbst betrifft, ganz bestimmte Routen bevorzugt. Und er ist auch diesmal gemeinsam mit Pospíšilová bei seinem Vorgehen mehr als vorsichtig:

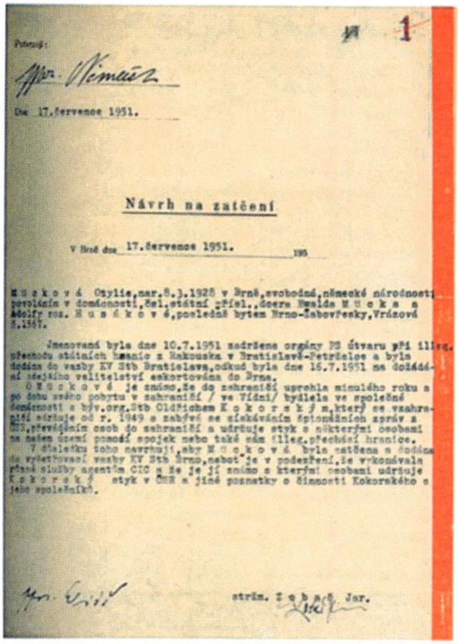
1

Dne 17.července 1951.

Návrh na zatčení

V Brně dne 17.července 1951.

Tschechoslowakischer Geheimdienst-Bericht zu den Aktivitäten Mückovás vom Dezember 1951. Quelle: ABS.

- Anreise per Bahn über Brno und weiter bis Zohor.
- Anreise bis ganz nahe an die Grenze, aber noch nicht in die Grenzzone, wo man besonders genau kontrolliert und registriert wurde. Zu oft schon war für viele die Flucht bereits am Anfang der kilometerbreiten Grenzzone zu Ende. Ihnen fehlte die Grenz-Spezialerlaubnis.
- Vermeidung jeglicher Aufmerksamkeit am überwachten Bahnhof durch scheinbar getrennte Wege.

Was Polák allerdings nicht weiß: Die tschechoslowakische Grenzwache hat seit Tagen genau jenen Abschnitt unter besonderer Beobachtung, hat die „Durchlässigkeit" der Grenzsperre an dieser Stelle bemerkt. Der Geheimdienst hat sie aufgespürt und die Grenzeinheit informiert. Wenige Nächte zuvor, am 1. Oktober, war es Polák hier noch möglich gewesen, an den „schnarchenden Grenzposten" vorbei von Österreich aus in die Tschechoslowakei zu gelangen.[120] Grenzwache-Kommandant Alexander Novajovsý hat diesen Grenzstreifen diesmal als „SPPN" ins Visier genommen – als „die wahrscheinlichste Richtung für Grenzverletzer"[121] – und angeordnet, in diesem Abschnitt nur „die besten Männer [einzusetzen], die in der Lage sind, schnelle Entscheidungen zu treffen und auf jede nur mögliche Situation zu reagieren".[122] Die Wahrscheinlichkeit, hier flüchtende Landsleute zu stellen, schien ihm deutlich höher denn anderswo.

Im Kugelhagel der Grenzsoldaten

Da, vor ihnen der erste Stacheldrahtzaun: hoch, spitz, gefährlich. Zwei weitere stehen dahinter, der zweite ist elektrisch geladen. Man kann beide in dieser Nacht aber nur erahnen, so dicht ist der Nebel. Polák und Pospíšilová bleiben stehen, lauschen. Totenstille. Die Uhr zeigt knapp vor Mitternacht. Kein Grenzsoldat ist zu bemerken. Alles scheint zu klappen. Polák klettert als Erster, Pospíšilová geht in Deckung. Ja, er hat den ersten Zaun geschafft. Sie kann es gerade sehen. Er schleicht weiter, zum zweiten. Nur ein kurzer Klick, und der horizontal verlaufende Draht in der Mitte des elektrisch geladenen zweiten Zaunes ist durchtrennt. Ein kleiner Durchgang, ein Loch im „Eisernen Vorhang" ist geöffnet.

Noch immer hat sie kein Grenzsoldat bemerkt. Polák gibt Pospíšilová ein Zeichen. Ja, jetzt kann sie ihm folgen. Sie kriecht aus ihrer Deckung zum ersten Zaun, genau zu der Stelle, an der Polák ihn überquert hat. Doch als

StB-Karte des Grenzabschnittes nahe Zohor. Quelle: ABS.

sie gerade ganz oben ist, einen Fuß schon auf der anderen Seite hat, bleibt sie unglücklich an den Spitzen des Zaunes hängen. Sie bemüht sich, wieder loszukommen, kann es aber nicht vermeiden, dass der Stacheldraht dabei etwas klappert.

Das hört die Zwei-Mann-Grenzpatrouille des 6. Zuges der Grenzwache aus Vysoká pri Morave. Grundwehrdiener Josef Zapletal als Kommandant der Patrouille und Grundwehrdiener Juraj Bilanský als Wachsoldat sind keine 150 Meter entfernt. Doch sie können ebenfalls nichts sehen. Sind es tatsächlich Flüchtige? Zu gut haben beide die scharfe Warnung ihres Kommandanten, Lt. Novajovsý, noch im Ohr: Dies ist die durchlässigste Stelle der Grenze. Was tun? Zapletal geht auf Nummer sicher und deutet seinem Untergebenen Bilanský: vorrücken und das Gelände ausspähen. Der tut, wie ihm befohlen.

Manipulierte offizielle Berichte

Dazu der offizielle und geschönte Bericht des Kommandanten der 11. Brigade der Grenzwache, Major Florián Čambál, an die Grenzwachen-Hauptverwaltung in Prag vom 16. Oktober 1953, 13 Tage später:

„Das Ausspähen der DZ [‚Stacheldrahtbarriere'][123] *wurde als bewaffnete Aufklärung, an manchen Stellen am Boden robbend, vorgenommen. Die Patrouille bewegte sich in die Richtung, aus der das Geräusch gekommen war, lautlos und ohne dabei bemerkt zu werden. Die Patrouille bewegte sich auf diese Art 130 Meter vorwärts, ohne die Eindringlinge in der Stacheldrahtanlage und das Durchschneiden des Stacheldrahtes zu bemerken. Der Kommandant kam dann zu dem Schluss, dass sie den Ort, an dem das Geräusch verursacht worden war, bereits passiert hätten. Da in dieser Nacht Nebel herrschte und die Sichtweiten lediglich 2 bis 5 Meter betrugen, entschloss sich der Kommandant, den Zugskommandanten mittels eines vereinbarten Signals herbeizurufen […] In dem Moment, als das vereinbarte Signal abgefeuert wurde, hörte die Patrouille aus einer Entfernung von etwa 15 Metern in Richtung ihres Außenpostens einen gedämpften Schrei. Der Patrouillenkommandant rief danach in die Richtung des Eindringlings und forderte diesen auf, sein Versteck zu verlassen. Als der Eindringling auf die Anweisung nicht reagierte und sich der Kommandant nunmehr sicher war, dass sich jemand in der Stacheldrahtbarriere versteckte, beschloss er, Waffengewalt einzusetzen. Der Kommandant feuerte aus seiner Maschinenpistole 23 Schuss in zwei Feuerstößen in weitem Bogen in*

Richtung des gedämpften Schreies ab und befahl zudem seinem Untergebenen, die Waffe einzusetzen. Dieser feuerte zwei Patronen aus seinem Gewehr ab. Es war ihm nicht möglich, weitere Schüsse abzugeben, da die dritte Patrone eine Ladehemmung verursachte.“ [124]

Und weiter:

„Als die Agentin Pospíšilová aus dem DZ herausgezogen wurde, fand sich unter ihrem Körper eine geladene Maschinenpistole /deutsch, Typ MP-40/. Die Waffe war entsichert und der Abzug gespannt, sie war also feuerbereit. Zudem wurde in der Nähe ein Brotbeutel mit einer scharf gemachten Handgranate gefunden.“ [125]

Es ist offensichtlich, dass der Bericht zugunsten der Grenzsoldaten und des Kommandanten zurechtgebogen wurde, um einer möglichen Strafverfolgung oder Dienstenthebung zu entgehen.

Tatsache ist jedenfalls: Nach den Schüssen aus der Maschinenpistole der Grenzwache lag Pospíšilová schwer verletzt am Boden zwischen den Stacheldrahtzäunen und rang mit dem Tod. Ein Notverband oder Erste Hilfe wurde ihr von der Grenzpatrouille nicht gegeben. Sie verblutete wenige Minuten später im Todesstreifen, nur ein paar Meter vor der österreichischen Seite der Grenze. Polák wurde durch die Schüsse verletzt und konnte nicht mehr aufrecht stehen oder gehen. Die Patrouille zog ihn aus der Stacheldrahtbarriere und fesselte ihn mit Handschellen. Zapletal versorgte

StB-Fotos von Gustav Polák. Quelle: ABS.

notdürftig seine Schussverletzungen und bewachte Polák bis in die frühen Morgenstunden. Ein Ambulanzwagen holte ihn daraufhin ab. Der Bericht verrät nicht, wohin er gebracht wurde. Im Zuge eines Schauprozesses wird Polák später, am 27. April 1954, zu 25 Jahren Haft verurteilt.[126]

Die Grenzsoldaten, vor allem ihr Kommandant, spürten sofort, dass sie schuldig geworden waren, die junge Frau kaltblütig erschossen zu haben. Denn Pospíšilová war sicher unbewaffnet, eine gesetzlich geregelte Notwehrsituation also keinesfalls gegeben.

Weder die Zeugenaussage von Josef Zapletal noch die von Juraj Bilanský, die beide den Verlauf ihres Dienstes in dieser Nacht und den Tathergang selbst genau beschrieben, erwähnten irgendeine Waffe nahe der Leiche von Pospíšilová. Auch im Detail-Protokoll vom 4. Oktober 1953, gezeichnet von Lt. Novajovský, zur Überprüfung des Annäherungsweges der Patrouille und zum Ort der Verhaftung von Polák sowie in der Auflistung der Gegenstände, die Pospíšilová und Polák abgenommen wurden, findet sich kein Hinweis auf Waffen.[127]

Ähnliche Unstimmigkeiten finden sich in Bezug auf den „Stoj!"-[„Halt!"-]Ruf des Kommandanten vor dem Waffeneinsatz. Dabei unterschieden sich die Zeugenaussagen der Soldaten in vielen Aspekten von dem späteren offiziellen Bericht Čambáls vom 16. Oktober. So gab Juraj Bilanský zum Verlauf der Verhaftung von Polák zu Protokoll:

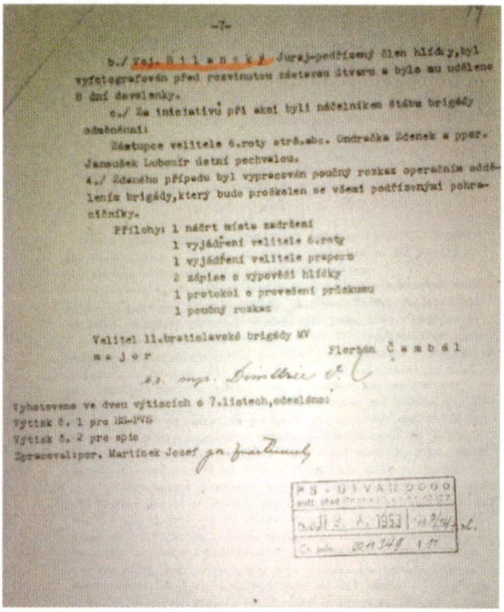
-7-

b./ Voj. B i l a n s k ý Juraj-podřízený člen hlídky, byl vyfotografován před rozvinutou zástavou útvaru a bylo mu uděleno 8 dní dovolenky.

c./ Za iniciativu při akci byli náčelníkem štábu brigády odměněni:

Zástupce velitele 6.roty strž.abs. Ondračka Zdenek a pper. Janoušek Lubomír datní pochvalou.

4./ Zdeného případu byl vypracován poučný rozkaz operačním oddělením brigády, který bude proškolen se všemi podřízenými pohraničníky.

Přílohy: 1 náčrt místa zadržení
1 vyjádření velitele 6.roty
1 vyjádření velitele praporu
2 zápise o výpovědi hlídky
1 protokol o provedení průzkumu
1 poučný rozkaz

Velitel 11.bratislavské brigády MV
major Florián Č a m b á l

Vyhotoveno ve dvou výtiscích o 7.listech, odesláno:
Výtisk č. 1 pro MS-PVS
Výtisk č. 2 pro spis
Zpracoval: por. Martínek Josef

Für seine Initiative bei dieser Aktion wurde Juraj Bilanský vom Chef des Stabes der Brigade „belohnt". Quelle: ABS.

„Nahe des Sumpfes hörten wir ein leises Geräusch im DZ, als ob jemand über den ersten Zaun der DZ klettern und sich in Richtung der Patrouillenstraße bewegen würde. Der Kommandant der Patrouille gab den Befehl, weiter vorzurücken. Wir bewegten uns weiter auf den Knien, und alle fünf bis sechs Meter lauschten wir, da die Sichtweite in Bodennähe nur sehr gering war. Nach etwa 70 Metern befahl mir der Kommandant,

das Signal für den Zugskommandanten abzufeuern. Nach dem Abfeuern der zweiten Signalfackel (grün) war ein schwacher Schrei aus dem DZ hinter uns zu hören. Der Patrouillenkommandant gab aus seiner Maschinenpistole einen Feuerstoß ab, und ich feuerte aus meinem Gewehr zwei Schüsse ab. Als ich die dritte Patrone in die Kammer laden wollte, blieb diese stecken. Der Patrouillenkommandant gab einen weiteren Feuerstoß ab.

Dann war aus der Barriere eine Stimme zu hören (‚Burschen, nicht schießen!') und der Kommandant rief die Person an, ihr Versteck zu verlassen. Doch nichts geschah. Der Kommandant wiederholte seinen Befehl, und der Agent antwortete, er sei verwundet. Der Kommandant leuchtete mit seiner Taschenlampe in die Barriere, und es war das Gesicht eines Mannes mit erhobenen Händen zu sehen. Der Patrouillenkommandant gab mir den Befehl, ihn zu decken, und er selbst zog einen Draht vom DZ, befreite den Agenten und legte ihm Handschellen an. Zwischen dem ersten und dem zweiten Zaun war das Keuchen der [später] toten Frau zu hören.“[128]

Jozef Zapletals Zeugenaussage stimmt mit der von Bilanský zur Gänze überein, mit einer Ausnahme: Er gab an, dass der „Stoj!“-Ruf vor den Feuerstößen aus der Maschinenpistole erfolgte.[129] Verständlicherweise hatte er gute Gründe, dies so in seiner Aussage festzuhalten. In Anbetracht dessen, dass er weit mehr Schüsse abgegeben hatte als Bilanský, musste er davon ausgehen, dass seine Schüsse Jarmila Pospíšilová getötet hatten.

Trotz des ungesetzlichen, brutalen Vorgehens, eines Mordes an der March-Grenze der Tschechoslowakei zum „imperialistischen Lager“, hatten die Mörder keine Strafverfahren zu befürchten. Im Gegenteil: Florián Čambál ordnete als Kommandant der 11. Grenzwache-Brigade unverzüglich die Beförderung Zapletals zum Gefreiten an. Zusätzlich erhielt er einen achttägigen Sonderurlaub für seinen „Erfolg“ und für seine „bewaffnete Aufklärung am DZ“. Juraj Bilanský wurde in ähnlicher Form belobigt, doch nicht befördert.

Die Erschossenen verlieren ihren Namen

Nach 1952 wurden die an der Grenze zu Österreich erschossenen oder umgekommenen Menschen auf eine ganz bestimmte Art „bestattet“ beziehungsweise „vergraben“. So sollte gewährleistet werden, dass man sich ihrer nie mehr erinnern würde, dass man ihre Namen aus dem Gedächtnis streicht und ihnen auch kein Gesicht mehr gibt. Der Geheimbefehl Nr. 164 des Ministers für Nationale Sicherheit, Karol Bacílek, vom 18. November 1952[130] gab dazu die notwendigen Regelungen, die bis 1958 durch die geheimdienstlichen Organe des MNB beziehungsweise des Innenministeriums Anwendung fanden. Demnach wurden die Opfer der „Grenzlinie“ in bewusst ungekennzeichnete, frisch ausgehobene Gruben gelegt. Diese mussten sich in jedem Fall weit vom Wohnort der ums Leben gekommenen Person befinden. Die entsprechenden Totengräber vor Ort waren erst unmittelbar nach dem Eintreffen des Leichnams zu informieren. Sie erhielten auch keinerlei Informationen über die Identität des Verstorbenen. Das Grab musste von ihnen sofort wieder völlig eingeebnet werden. Damit sollte vor allem auch sichergestellt sein, dass die Familie des Getöteten das Grab niemals mehr findet. Müßig zu erwähnen, dass vonseiten der zuständigen Behörden keinerlei Information an die Familien und Angehörigen ergehen durfte.

Das galt auch für Jarmila Pospíšilová. 1955, zwei Jahre nach dem Mord an ihr, wandte sich ihr Vater an die Beschwerdeabteilung des Innenministeriums, mit der Bitte, ihm die sterblichen Überreste seiner Tochter zu übergeben. Das Sekretariat von Innenminister Rudolf Barák, dem die Grenzwache unterstellt war, gab ihm immerhin den Friedhof von Slávičie údolie in Bratislava als möglichen Bestattungsort bekannt. Unterleutnant Kaláb der nachrichtendienstlichen Abteilung der 11. Grenzwache-Brigade hatte sich angeblich daran erinnert. Natürlich ohne die entscheidenden Details. So gab Kaláb gegenüber Pospíšilovás Vater an, er habe den Friedhofsaufseher davor gewarnt, das Grab zu markieren. Die genaue Grablage könne er freilich nicht mehr angeben. Die „Bestattung“ habe an einem nicht mehr bekannten Tag, irgendwann zwischen 11 Uhr und 18 Uhr, stattgefunden.[131]

Es gab keine Fotodokumentation, keine Aufzeichnungen, keinen Eintrag in der Friedhofsliste. Das kurze Leben des „Klassenfeindes“ Jarmila Pospíšilová war nichts wert und wurde aus der Erinnerung getilgt. Nur ein Geheimdienst-Akt, unter strengem Verschluss, bewahrte die Sicht der Täter. Sie sollte niemals ans Tageslicht kommen.

Šťastný, Duroň und Králíček
Drei junge Tschechen von 26 Schüssen niedergestreckt

Ein anderer tödlicher Versuch, den „Eisernen Vorhang" zwischen der Tschechoslowakei und Österreich zu überqueren, war der bereits eingangs erwähnte Fluchtversuch von Ludvík Duroň, Otakar Králíček und Zdeněk Šťastný am 16. August 1950 nahe Nikolsburg/Mikulov. Auch er war ein Ausdruck der Verzweiflung, der Perspektivlosigkeit dreier junger Männer, die das hohe Risiko einer Grenzüberquerung dem Leben in der ČSR vorzogen.

Verschiedene Herkunft – dasselbe Ziel: Flucht

Šťastný, Duroň und Králíček lernten einander nach dem Krieg im südmährischen Butschowitz/Bučovice, Kreis Wischau/Vyškov kennen. Šťastný, geboren 1927, studierte nach dem Gymnasium in Brno Naturwissenschaften. Er war ein sehr interessierter und begabter Student. Die Repressionen gegen ihn fingen sofort nach der kommunistischen Machtergreifung im Februar 1948 an. Der Grund: Als Sohn eines Bauern mit ein wenig Grund und Boden galt er den Kommunisten als „Kulak" und damit als Regimefeind. Daher wurde er im Zuge der tschechoslowakischen „Kulakisierung", ganz nach sowjetischem Muster, 1949 aus „politischen Gründen" zur Aufgabe seines Studiums gezwungen und der Universität verwiesen.

Stacheldrahtbarriere am „Eisernen Vorhang". Quelle. ABS.

Doch Šťastný ließ sich seine Chance auf ein „normales Leben" nicht so leicht nehmen. Von der Universität zwangsweise entlassen, heuerte er bei einem Betrieb in Kaznau/Kaznějov bei Plzeň an und begann dort zu arbeiten. Aber der Arm der KPČ reichte auch dorthin. Der kommunistische Nationalausschuss seines Heimatortes Bučovice sandte dem Betrieb schon nach kurzer Zeit ein negatives Kadergutachten zu Šťastný. Das Unternehmen reagierte mit der umgehenden Entlassung. Nach Hause zurückgekehrt, half er seinen Eltern auf dem bis dahin noch nicht kollektivierten beziehungsweise de facto noch nicht enteigneten Bauernhof.

Hier auf dem Land stand allerdings seine ganze Familie unter Beobachtung der Staatssicherheit, wurde verfolgt, als Blutsauger, „Kulaken" beschimpft und sozial völlig ausgegrenzt. Eigentlich wartete die Familie täglich auf ihren Abtransport in ein Lager. In dieser schier hoffnungslosen Situation reifte in Zdeněk Šťastný die Idee einer Flucht nach Österreich. Immerhin könnte er dort, so seine Hoffnung, sein begonnenes Studium wenigstens wieder fortsetzen. Entschlossen begann er erste Vorbereitungen zur Flucht zu treffen. Heimlich sammelte er Informationen über mögliche Fluchtwege nach Österreich, über Menschen, die diesen Schritt bereits gesetzt hatten, über Personen, die einem dabei behilflich sein könnten, und knüpfte auch erste, freilich völlig geheime Kontakte zu Gleichgesinnten.

So auch Otakar Králíček. Geboren 1928 in Kloboučky bei Bučovice (östlich von Brno), war er mit seinen 22 Jahren der jüngste der drei Fluchtgefährten. Dennoch hatte auch er bereits unter den Repressionen der kommunistischen Herrschaft zu leiden gehabt. Seine Motive glichen denen Šťastnýs, überhaupt gab es zwischen den Schicksalen der beiden Männer viele Parallelen. Auch Králíček wurde ein Studium durch das KP-Regime verwehrt, auch er wurde der Universität verwiesen und musste als Hilfsarbeiter in einer Fabrik in Latein/Slatina bei Brno seinen Lebensunterhalt verdienen.

Ludvík Duroň, Jahrgang 1925, der älteste der drei, hatte einen völlig anderen Lebensweg. Im Gegensatz zu den beiden anderen stand er dem KP-Regime zunächst positiv gegenüber, trat 1945 sogar der KPČ bei. Mehr noch: Fast gleichzeitig begann er für das SNB zu arbeiten und gehörte selbst zum tschechoslowakischen Spitzel- und Geheimdienstapparat. Sein letzter Dienstort war auch seine Heimatgemeinde Bučovice, der Ort, aus dem auch Šťastný stammte.

Dort sollte er Spitzeldienste versehen, die eigenen Angehörigen ausspionieren und Freunde beschatten. Dies wollte und konnte Duroň aber

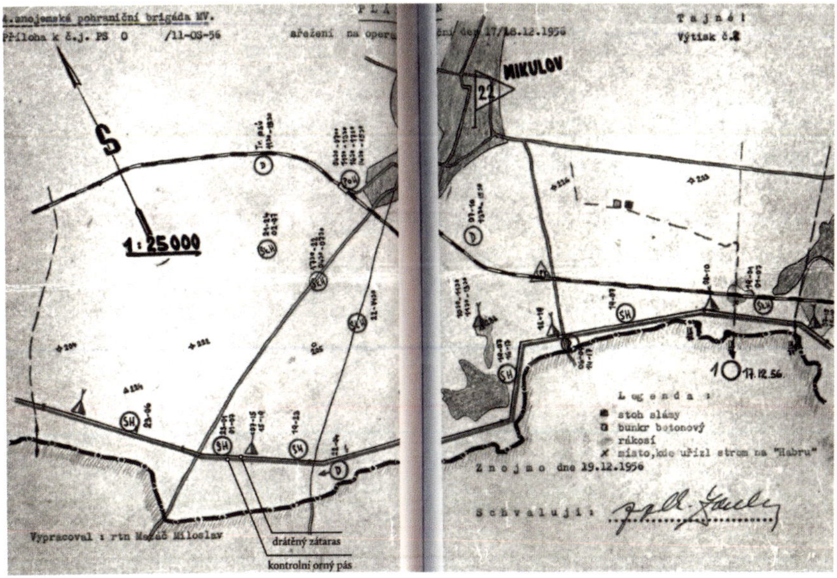

StB-Karte des Grenzabschnittes bei Mikulov. Quelle: ABS.

nicht. Zudem war seine Freundin bereits nach Österreich geflohen und hatte ihm die Verwerflichkeit seiner Tätigkeit klar vor Augen geführt. 1950 tat Duroň den entscheidenden Schritt und trennte alle bisherigen Bande zur Partei und zum Staat, dem er als Mitarbeiter des Geheimdienstes gedient hatte. Er quittierte den Dienst im SNB. Ohne Anstellung und ohne Arbeit, auf Schritt und Tritt beschattet von seinen ehemaligen Kollegen, kehrte er zu seinen Eltern auf deren kleinen Bauernhof im nahe gelegenen Steinitz/Ždánice zurück. Dort half er den Eltern bei der Feldarbeit und arbeitete nebenbei noch kurzzeitig in einer Fabrik.

Nur einen Monat später versuchte er, seinen Entschluss zur Flucht in die Tat umzusetzen. Die Liebe zu seiner schon emigrierten Freundin in Österreich und die Erkenntnis, nicht weiter einem System zu dienen, das die eigenen Leute bespitzelt und denunziert, machten den Entschluss unumkehrbar.

Verrat durch einen Geheimdienst-Mitarbeiter

Schlüsselfigur bei den Fluchtvorbereitungen der drei Komplizen war jedoch Zdeněk Šťastný. Er war es, der nichts dem Zufall überlassen wollte und alle Schritte minutiös plante. Er hatte nur ein Ziel vor Augen: in Freiheit sein Studium in Wien wieder aufzunehmen. Aber seine minutiöse Planung scheiterte an einem Detail: Unglücklicherweise war er bei seinen Detailplanungen an Antonín Šmíd geraten, einen sogenannten „inoffiziellen Mitarbeiter" (IM) des StB. Šmíd hatte den Auftrag, Personen ausfindig zu machen und zu beschatten, die im Verdacht standen, eine Flucht nach Westdeutschland und Österreich zu planen. Šmíd gab sich als Schmuggler mit krimineller Vergangenheit aus und gewann so das Vertrauen des ansonsten überaus vorsichtigen Šťastný.

Die Gefahr, an einen solchen „agent provocateur" zu geraten, war in der ČSR sehr groß. Nicht nur der StB, sondern auch die militärische Spionageabwehr der ČSR setzte vor allem in den 1950er-Jahren verstärkt auf diese Methode der Informationsgewinnung und Überwachung. Beide folgten dabei dem Beispiel der Geheimdienste des „großen Bruders" Sowjetunion – diese hatten Rekrutierung, Einsatz und Führung von IMs bereits in den 1930er-Jahren perfektioniert und gaben ihre Erfahrungen nach dem Zweiten Weltkrieg bereitwillig an ihre „Bruderstaaten" weiter. So baute neben den tschechoslowakischen Diensten auch etwa das ostdeutsche „Ministerium für Staatssicherheit" (MfS, allgemein auch: „ Stasi") Netzwerke aus hunderttausenden IMs auf, um die Bevölkerung möglichst effektiv überwachen zu können.[132] Mit dieser Maßnahme konnte auch gezielt Druck auf die Bevölkerung ausgeübt werden. Jene, die planten, gegen die Interessen des Regimes vorzugehen, so der Tenor, würden sich niemals sicher sein können, ob sie nicht schon längst vom Nachbarn, dem Arbeitskollegen, dem Freund oder gar der Lebensgefährtin im Auftrag der „Stasi" beobachtet würden.

Der StB setzte IMs in den Grenzgebieten vor allem dazu ein, um schon vor dem eigentlichen Fluchtversuch auf potenzielle „Landesverräter" aufmerksam zu werden. Der StB rekrutierte zwar Personen aus allen Bevölkerungsschichten, besonders anfällig waren jedoch, wie bereits angedeutet, Menschen mit geringem Einkommen oder auch solche, die wegen Liebesbeziehungen erpressbar waren, sowie jene, die eine besondere Geltungssucht entwickelten, diese mit ihrem Einkommen jedoch nicht befriedigen konnten. Zu den Hauptmotiven für eine Mitarbeit im StB zählten daher Geld, persönliche Vorteile, die Hoffnung, auf diese Weise nicht selbst zum Opfer der Staatssicherheit zu werden, oder einfach nur Angst.

Der IM-Apparat der tschechoslowakischen Staatssicherheit sollte bald zur „schärfsten und effektivsten Waffe unserer Einheiten der geheimen Sicherheitsorgane im Kampf gegen den Klassenfeind" werden, wie das MNB nicht ohne Stolz in einem Bericht Ende 1951 festhielt.[133] Die bekannten Zahlen (vgl. Tabelle auf S. 71) beweisen dies: 1955 arbeiteten mehr als 37.000 Personen als IMs für die tschechoslowakische Staatssicherheit, 1959 waren es bereits mehr als 41.000. Zum Vergleich: Zur selben Zeit waren im StB selbst rund 10.000 Personen beschäftigt – auf jeden „offiziellen" Mitarbeiter kamen also mehr als vier IMs.[134]

Und Antonín Šmíd war einer von ihnen. Warum er sich für die Tätigkeit als IM entschieden hatte, gibt sein Geheimdienst-Akt nicht preis. Jedenfalls hatte er sich nun auf die Fersen der Gruppe um Šťastný geheftet und beobachtete alle ihre Schritte akribisch. Und seine Aktivitäten zeigen, dass er etwas von seinem „Geschäft" verstand: So brachte Šmíd zum ersten Treffen mit Šťastný am 7. August 1950 ein Bündel von US-Dollars und österreichischen Schillingen mit, die er vom StB erhalten hatte, um seine „Legende", das heißt seine erfundene Identität zu untermauern. Diese „verkaufte" er an Šťastný, um sich dessen Vertrauen zu sichern. Zudem versprach er Šťastný eine sichere Begleitung beim Grenzübertritt nach Österreich. Šmíd gab vor, Kontakte zu Widerständlern aus der aktiven Gruppe „Světlana" zu haben, denen es bereits gelungen war, nach Österreich zu flüchten.

Die im Südosten Mährens aktive „Světlana" war eine der mitgliederstärksten antikommunistischen Widerstandsgruppen in der Tschechoslowakei und entsprechend bekannt. Viele ihrer Mitglieder waren aktive Widerstandskämpfer gegen das NS-Regime gewesen. Da die Gruppe nach dem Krieg nicht auf KP-Linie war, unterwanderte der StB die „Světlana" sehr bald, zerschlug sie und band die Mitglieder ideologisch stark an das KP-Regime. So war von der einstigen Widerstandsgruppe bald nur noch der Name, quasi als Hülle, übrig geblieben. Schon 1949 hatte man viele „Světlana"-Mitglieder verhaftet, besonders brutal verhört, grausam gefoltert und in durchwegs politischen Prozessen abgeurteilt. 9 Todesurteile wurden vollstreckt, 260 Mitglieder der „Světlana" zu hohen Gefängnisstrafen und Lagerhaft verurteilt.

Sofort nach dem Treffen mit Šťastný rapportierte Šmíd seinem Führungsoffizier, Jaroslav Procházka vom Brünner StB. Aus heute nicht mehr nachvollziehbaren Gründen manipulierte Procházka diese Meldung jedoch und schrieb an seine Vorgesetzten, in Bučovice wären vier bislang unentdeckte Mitglieder von „Světlana" identifiziert worden.

Diese unwahre Angabe hatte für Šťastný und seine beiden Kameraden schreckliche Konsequenzen. Um die mutmaßlichen „Světlana"-Aktivisten auf frischer Tat zu ertappen und zu überwältigen, wurde eine koordinierte Spezialoperation zwischen dem StB und der neuen Grenzwache („Pohraniční stráž", PS), die sich gerade noch im Aufbau befand, geplant. Nachdem Procházka den Eindruck erweckt hatte, dass es sich bei den Flüchtlingen um besonders gefährliche Personen handle, wurden von den Sicherheitskräften entsprechende Vorkehrungen getroffen. Als Ort des geplanten militärischen Zugriffs wurden die Ruinen des Schlösschens „Insel" ausgewählt, direkt an der Straße von Mikulov nach Feldsberg/Valtice und am parallel dazu verlaufenden Bahndamm. Da der Bahndamm in die Kompetenz der Grenzwache Mikulov fiel, schien dies der perfekte Ort für den Zugriff zu sein.

Laut der Einsatzplanung hatte der StB-Agent Šmíd die Aufgabe, die drei jungen Männer direkt zu den Bahngleisen zu führen. Dort sollte er sie verlassen, unter dem Vorwand, er müsse sich umsehen, ob die „Luft" rein sei. In diesem Moment sollte der Zugriff durch den StB beziehungsweise durch zwölf versteckt wartende Soldaten der Grenzwache erfolgen. Der StB überließ nichts dem Zufall: Seine Einsatzkräfte beziehungsweise die Soldaten wurden im Rahmen einer „politischen Schulung" auf ihren Einsatz vorbereitet. Die Ziele wurden ihnen als sechs Personen einer schwer bewaffneten Gruppe von „Světlana"-Mitgliedern beschrieben, die angeblich auch dazu bereit wären, sich mit Waffengewalt über die Grenze durchzukämpfen, den Fluchtweg freizuschießen.

Während die Vorbereitungen des Geheimdienstes für den Spezialeinsatz auf Hochtouren liefen, traf sich Šmíd noch dreimal mit Šťastný. Dabei legte man das Datum der Flucht gemeinsam auf Samstag, den 12. August 1950, fest. An diesem Tag erschien aber nur Šťastný bei Šmíd und teilte ihm mit, die drei Flüchtlinge wären mit ihren Vorbereitungen nicht rechtzeitig fertig geworden und der Fluchttermin müsse verschoben werden. So wurde Mittwoch, der 16. August, als neuer Termin vereinbart. Diese Verzögerung nutzte die Grenzwache für eine weitere Schulung der Soldaten, bei der man ihnen, laut den Geheimdienstakten, wegen der vermeintlichen Gefährlichkeit der Gruppe den Waffengebrauch nahelegte.

Am Mittwochabend kamen schließlich Šťastný, Králíček und Duroň per Taxi ins Gasthaus „Apollo" in Eisgrub/Lednice, wo sie sich mit Šmíd verabredet hatten. Die weiteren Geschehnisse klingen absurd: Im Wirtshaus hätte

Šmíd nicht nur die drei Flüchtlinge treffen sollen, sondern auch den Brünner StB-Mann Josef Havlíček, um abzuklären, ob die drei bewaffnet sind. Havlíček besuchte das „Apollo" allerdings mit seiner in das Vorgehen nicht eingeweihten Verlobten, die ebenfalls aus Bučovice stammte. Sie begann mit den anwesenden Herren ein belangloses Gespräch, in dessen Verlauf der mittlerweile etwas angetrunkene Havlíček den ebenfalls schon nicht mehr nüchternen Šmíd falsch verstand und annahm, die drei Männer wären bewaffnet.[135] Jedenfalls gab Havlíček nach dem Verlassen des Gasthauses an das StB-Einsatzkommando und an die Grenzwache die Information: Achtung! Die drei sind bewaffnet.

Gegen 23 Uhr verließ Šmíd mit Králíček, Duroň und Šťastný das „Apollo" und fuhr entsprechend dem abgesprochenen Plan mit dem Taxi in die Nähe der sogenannten „Insel" an die österreichische Grenze. Dort angekommen, ging alles sehr schnell und genau nach Plan. Šmíd ließ die drei Flüchtlinge allein und entfernte sich blitzartig. Wenige Sekunden später erfolgte der Zugriff der Wachsoldaten. Denn nahezu zeitgleich mit einem „Stoj!"-Ruf eröffneten die Soldaten das Feuer. Die drei jungen Männer hatten keine Chance: Duroň und Králíček starben sofort – 26 Schusswunden zählte man an ihren Körpern; Šťastný blieb schwer verletzt liegen.

Laut den ČSR-Geheimdienst-Akten waren die drei Flüchtlinge unbewaffnet und nach dem Ruf „Stoj!" nicht weggerannt. Für die ebenfalls noch jungen Todesschützen, teilweise noch Wehrpflichtige, war es ein Schock, als man bei den beiden Toten und beim Schwerverletzten keine Schusswaffen fand. Sie trugen nur Taschenmesser, Schulzeugnisse und ein paar private Sachen bei sich.

Einige der Todesschützen sollen sich in der Folge geweigert haben, am Ort des Geschehens weiterhin Wache zu stehen. Ein anderer, vermutlich ein Mitarbeiter des StB, schilderte in seiner Aussage den Hergang so:

„Ich glaube, die Soldaten eröffneten das Feuer, weil sie verständigt worden waren, dass es sich um eine bewaffnete Gruppe handelte, und dann haben sie geschossen, eher aus Angst, dass sie selbst verletzt werden könnten [...] Nach dem Ende der Schießerei war kurz Ruhe, dann hörte ich das Gestöhne des Verletzten. Jemand schrie ihn an, er solle aufstehen und die Hände heben. Der Verletzte wimmerte und stöhnte, dass er nicht aufstehen könne. Daher ging ich zu ihm und stellte fest, dass seine Wirbelsäule verletzt war [...] Ich durchsuchte ihn [...] stellte dabei fest, dass einer der Toten ehemaliges Mitglied des SNB war.

Für mich war es furchtbar, dass sie nur zwei Taschenmesser bei sich hatten und sonst unbewaffnet waren [...] ich erinnere mich an die Unterweisung, es handle sich um eine gefährliche Gruppe und den Soldaten wurde gesagt, dass sie lieber zuerst schießen sollten, als erschossen zu werden [...]" [136]

Zdeněk Šťastný wurde schwer verletzt ins Brünner Krankenhaus gebracht und notoperiert. Seinem Vater teilte der behandelnde Arzt, Dr. Podlaha mit, die Operation wäre erfolgreich verlaufen. Die Realität war freilich anders. Zdeněk Šťastný wurde sofort nach der Operation in Isolationshaft überstellt, eine ausreichende ärztliche Nachsorge fehlte. Kurz nach seiner Operation war Šťastný in Abwesenheit zu sieben Monaten Haft verurteilt worden. Diese milde Strafe unterstreicht, dass er im Nachhinein von der Justiz als nicht gefährlich eingestuft wurde. Nach sieben Monaten wurde er wieder auf eine normale Station verlegt. Sein Zustand war jedoch schon dermaßen kritisch, dass er sich gar nicht mehr bewegen konnte. Er starb am 25. Mai 1951 mit nur 23 Jahren.

Es bleibt daher zu vermuten, dass auch Duroň und Králíček mit einer relativ milden Haftstrafe davongekommen wären, hätte man sie nicht an der Grenze sofort erschossen.

Die Offiziere der Staatssicherheit und der Grenzwache, die dafür verantwortlich waren, versuchten, die Angelegenheit zu vertuschen. Sie instruierten die beteiligten Soldaten, wie und was sie über den Verlauf zu berichten hätten. Der von ihnen verfasste erste Bericht war daher weitgehend geschönt und lückenhaft. Das eigene Handeln sollte gerechtfertigt werden. Tatsächlich fand dieser Bericht zunächst das Wohlwollen der Vorgesetzten, sodass der Einsatzkommandant der Einsatzkräfte von der Prager Staatssicherheit belobigt wurde.

Im Rahmen der sogenannten Rehabilitationsprozesse von 1953 bis 1956 wurde der Fall jedoch im Zusammenhang mit einer Untersuchung über widerrechtliche Methoden der Brünner Staatssicherheit neu aufgerollt. Weitere Untersuchungen folgten 1968, während des „Prager Frühlings" [137] und nach der „Wende", Anfang der 1990er-Jahre. Obwohl sich der Sachverhalt sehr bald als ganz anders darstellte, wurde keiner der Verantwortlichen oder Beteiligten je zur Verantwortung gezogen.

Kittsee: Das Massaker an 19 Flüchtlingen

Immer wieder betätigten sich Bewohner der slowakischen und tschechischen Grenzdörfer auch als Fluchthelfer. Dies galt besonders für den Schleichweg im Kreis Marchauen/Záhorie nördlich von Bratislava. Oft war es einfach Nächstenliebe, häufig die Möglichkeit, Geld zu verdienen. Nicht selten war es auch aktiver antikommunistischer Widerstand, wenn man Flüchtlinge bei sich, im Haus, im Keller, in Scheunen und im Stall versteckte, Hilfe bei der Flucht leistete, indem man sie auf Schleichpfaden bis zur Grenze brachte, „schleppte". Einige von ihnen hatten immer wieder auf denselben Pfaden Waren geschmuggelt und dabei Erfahrungen gesammelt. Sie kannten jeden Meter der örtlichen Grenzabschnitte.

Eine vom StB gestellte Szene: Ein Grenzsoldat „stellt" einen über den Zaun kletternden „Flüchtling" bei einer Übung der Grenztruppen am „Eisernen Vorhang. Quelle: ABS.

Unter den „Schleppern" gab es bald immer mehr, die von weiter hinter der Grenze aus Fluchthilfen gewissermaßen professionell leisteten. Ihre (Deck-)Namen und Adressen wurden unter der Hand weitergegeben. Viele blieben der Staatssicherheit nicht unbekannt, mit einigen arbeitete sie zusammen, um Flüchtende abzufangen, womöglich noch vor dem „Eisernen Vorhang". Diese „Menschenschmuggler" waren für viele Flüchtlinge die erste Anlaufstelle auf ihrer Flucht aus der Tschechoslowakei in die sowjetische Besatzungszone Österreichs. Trotz der „professionellen" Hilfe durch die Schmuggler endeten viele Versuche, dem KP-Regime zu entkommen, an der Staatsgrenze in einer Tragödie, nicht nur wenn Staatssicherheit und Schlepper zusammenarbeiteten. So auch am Montag, dem 8. Dezember 1952.

An diesem Tag war gegen Abend eine 19-köpfige Gruppe unter Anleitung eines Schleppers von den Pressburger Außenbezirken in Richtung slowakisch-österreichischer Grenze aufgebrochen. Es wurde eine gemeinsame Flucht, obwohl sich die 19 Mitglieder der Gruppe untereinander nicht kannten. Denn sie waren in den Tagen zuvor von verschiedenen Kontaktpersonen und Schleppern auf Schleichwegen nach Bratislava gelotst worden, auf Pferdefuhrwerken, in Lastautos, zu Fuß durch Wälder. Von hier aus sollten sie nun gemeinsam die „heiße Phase" ihres Fluchtversuchs starten. Es wurde ihr gemeinsames Schicksal.

Die Flüchtigen stammten aus verschiedenen Gebieten Ungarns und der Tschechoslowakei. Eine dreiköpfige, erste Gruppe stammte aus Ungarn; sie hatte erst wenige Tage zuvor mithilfe eines Schmugglers die ungarisch-slowakische Grenze nahe Komorn/Komárno an der Donau überquert. Aus lauter Angst, entdeckt und verhaftet zu werden, hatten sich die Flüchtigen danach drei Tage in Komárno versteckt. Erst als die Luft rein schien, trauten sie sich aus ihren Verstecken und gingen weiter in Richtung Bratislava. Eine zweite, siebenköpfige Gruppe stammte ebenfalls aus Ungarn und hatte den Grenzfluss Ipeľ nahe Kamenica in Richtung Tschechoslowakei überquert. Danach reiste sie mit dem Zug über Štúrovo nach Bratislava. Neun weitere Flüchtlinge stammten aus der ČSR, aus Nitra und Piešťany. Der unter den Schleppern vereinbarte Sammelpunkt war zuerst das Pressburger Hotel „Krym", ehe sie sich unter Leitung eines Menschenschmugglers, den die Grenzwache in den Akten unter dem Spitznamen „Pišta" verzeichnete, an diesem Abend auf den Weg in den Grenzlandbezirk Petržalka in Richtung Grenze machten.[138]

Die 19 Flüchtlinge folgten zunächst einem Waldweg entlang der Donau, durch Starý Háj, bis sie das südwestliche Ende des Waldes erreicht hatten. Dann ging es weiter entlang der Bahnlinie von Petržalka in Richtung Karlburg/Rusovce. Nach einer halben Stunde Rast bogen sie von der Bahnlinie ab und begaben sich in Richtung des Grenzabschnittes zwischen Antonienhof/Janíkov Dvor und dem Wald Bažantnica.

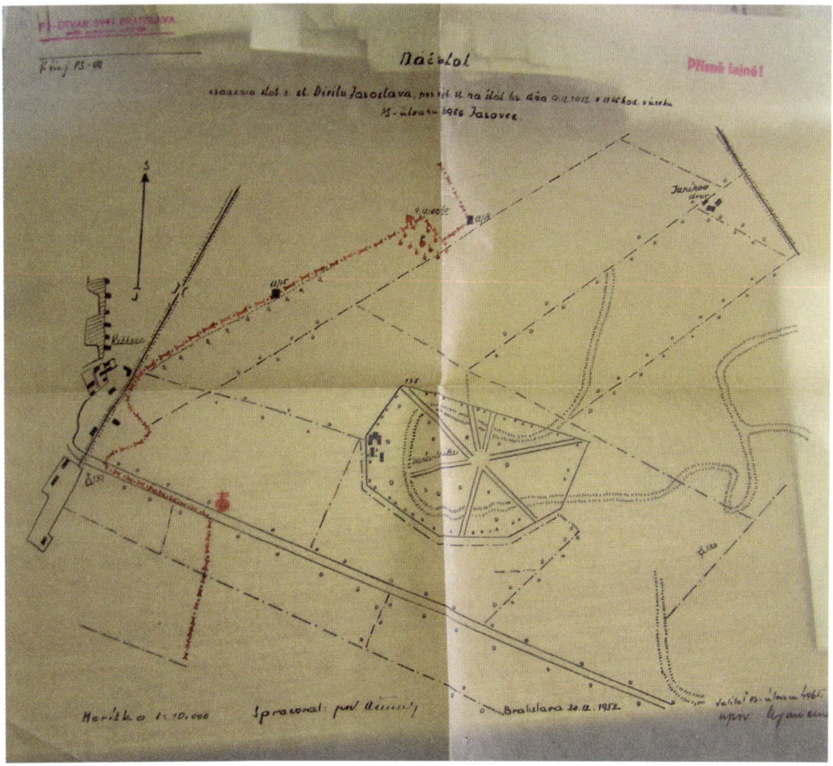

StB-Karte des Grenzabschnittes bei Kittsee. Quelle: ABS.

Als sie die ersten Stacheldrahtbarrieren des „Eisernen Vorhangs" erreichten, zwängten sie die Drähte auseinander und krochen durch sie hindurch. Auf der anderen Seite dieser ersten Barriere angekommen, teilten sie sich in zwei Gruppen auf. Diese schlichen in kurzen Abständen auf den eigentlichen Grenzzaun zwischen den Grenzsteinen „HK" XII/14 und XII/15 zu. Doch noch bevor sie die Grenze erreicht hatten, wurden sie von Einhei-

Stacheldrahtzaun an der Grenze zu Österreich. Quelle: ABS.

ten der Grenzwache bemerkt und überrascht. Ohne Vorwarnung eröffneten die Grenzer sofort das Feuer und schossen wie im Blutrausch minutenlang, bis sie keine Bewegung der Flüchtenden mehr sahen. Insgesamt waren es, wie später erhoben wurde, 459 Schuss (!) aus Maschinenpistolen und 90 Schuss (!) aus Gewehren.[139] Sechs Tote der ersten Gruppe blieben im Grenzstreifen, wenige Meter von der österreichischen Seite der Grenze entfernt, liegen. Sechs Flüchtlingen dieser Gruppe gelang im Durcheinander wie durch ein Wunder die Flucht.

Geradezu unglaublich beschönigend liest sich dagegen der Bericht von Leutnant Alois Zimek, einem der Verantwortlichen für dieses Massaker. Zimek war Kommunist, politisch geschult, stellvertretender Kommandant des Bataillons und zuständig für politische Angelegenheiten. Seine Beschreibung der Ereignisse datiert vom 11. Dezember, drei Tage nach dem Massaker, ist zwar eine detailreiche, doch bewusst falsche Darstellung.

Diese wird hier nicht wortwörtlich, sondern nur zusammenfassend festgehalten:

Nach einer Versammlung der Kommunistischen Partei mit den Soldaten der Grenzwache in Kroatisch Jahrndorf/Jarovce, einem Dorf im Grenzlandbezirk Petržalka, und dem Besuch eines kommunistischen Propagandafilms im Kino war Zimek gemeinsam mit Sergeant Jaroslav Veselý auf Patrouille an der Grenze zum burgenländischen Kittsee gegangen. Die Nacht war hell und klar. Fast konnte man den eigenen Schatten auf der Wiese sehen. Sie gingen auf Feldwegen über Wiesen, kamen in kleine Waldstücke und wieder auf freies Gelände, wo sie relativ weit sehen konnten. Etwa 500 Meter vor der Grenzlinie plötzlich das Gebell eines Hundes. Er gehörte zu einer anderen Grenzpatrouille. Doch Zimek reagierte trotzdem und ging mit Veselý in Richtung des Gebells.

Nach rund 200 Metern bemerkten beide Grenzsoldaten mehrere Personen, die in Richtung Grenzlinie schlichen. Sein erster Gedanke: Den Fluchtweg absperren. Daher deutete er unverzüglich Veselý, mit ihm gemeinsam den Flüchtenden den Weg abzuschneiden und den Zugang zur Grenze zu versperren. Dabei kamen sie der Gruppe immer näher. Als sie in Rufweite waren, vielleicht 100 Meter entfernt, rief Zimek – so das Protokoll – laut: „Stoj! Ruky hore!" („Halt! Hände hoch!"). Gleichzeitig eröffnete er das Feuer in Richtung der Flüchtenden, um sie zu stoppen und am Überqueren der Grenzlinie zu hindern.

Im selben Moment sollen, nach Darstellung Zimeks, zwei weitere Patrouillen, eine mit dem Grenzwachesoldaten Holík und eine dritte, zu seiner Hilfe von ihren angestammten Posten in Richtung der Schüsse geeilt sein. Die dritte Patrouille feuerte unmittelbar nach Eintreffen eine weiße Leuchtrakete ab und tauchte den Schauplatz in gleißendes Licht.[140] Das Protokoll Zimeks hebt außerdem hervor, dass die flüchtende Gruppe das Feuer in seine und Holíks Richtung mit automatischen Waffen erwidert habe.[141]

Anders Jaroslav Veselý bei seiner Vernehmung am 11. Dezember 1952, wenige Tage nach der Tat:

„Während des Feuers riefen wir die Eindringlinge an, sich zu ergeben und ihre Verstecke zu verlassen, da manche von ihnen sich in Erdlöchern versteckten, und wir sie daher nur sehr schwer sehen konnten. Zugleich riefen wir zur Patrouille von Korporal Holík hinüber, der in unsere Richtung feuerte, da er nicht wusste, dass wir uns ebenfalls in diesem Gebiet befanden."[142]

Aus den zu diesem Vorfall vorhandenen tschechischen Geheimdienstakten geht hervor, dass bei dieser Aktion ein Grenzsoldat, Jaroslav Divila, angeschossen wurde. In seiner Zeugenaussage vom 17. Dezember 1952 schilderte er auch, wie brutal gegen die zweite Gruppe der Flüchtenden vorgegangen wurde:

„Während wir gegen die Eindringlinge vorrückten, wurden wir von Leutnant Zimek gestoppt, der uns befahl, uns an den linken Flügel der Gefechtslinie zu begeben. Nachdem wir den Befehl erhalten hatten, legten wir uns auf den Boden, und während wir auf sie feuerten und sie anriefen, bewegten wir uns durch kurze Sprünge vorwärts. Schließlich erreichten wir gemeinsam mit Leutnant Zimek und dem Grundwehrdiener Gefreiter Zlomek die erste Gruppe der Eindringlinge. In diesem Moment kamen andere Soldaten hinzu [...]. Wir liefen weiter zur zweiten Gruppe der Flüchtlinge. Als ich diese verhaftete, fühlte ich plötzlich einen stechenden Schmerz im rechten Bein. Ich zog meinen Schuh aus und sah, dass mein Bein voller Blut war.“ [143]

Dass die Flüchtlinge das Feuer erwidert hätten, ist gänzlich anzuzweifeln und eine bloße Schutzbehauptung. In der Geheimdienstakte wird festgehalten, dass nach dem Ende des „Gefechtes“ das Gebiet abgesucht und Beweise gesammelt wurden, doch wurde bei den getöteten oder verwundeten und sofort verhafteten Flüchtlingen keine einzige Waffe sichergestellt.

Der Bericht des Kommandanten der 11. Brigade der Grenzwache, Florián Čambál, zum Einsatz klingt eher nach einer Schlachtszene aus dem Weltkrieg als einem Zwischenfall 1952 an der Grenze nahe Bratislava. Doch er dürfte die tatsächliche Situation realitätsnah wiedergeben:

„Leutnant Zimek setzte Verstärkungen ein, ordnete die Patrouillen in einer halbkreisförmigen Gefechtslinie an und gab den Befehl: ‚Vorwärts, Attacke!‘ Dem Befehl folgend, eröffnete die Gefechtslinie das Feuer, rückte vor und begann, die Eindringlinge zu eliminieren.“ [144]

Im Verlauf dieser Aktion im Bereich des 13. Zuges der Grenzwache Jarovce kamen vier Flüchtlinge der zweiten Gruppe ums Leben: Eugen Ehrenfeld, Frida-Olga Ehrenfeldová, die erst 15-jährige Katarína Ehrenfeldová und Mária Rozmaňová. Drei Flüchtlinge wurden verwundet: Ján Tutkovič,

Robert Dukes und der erst fünf Jahre alte Milan Ehrenfeld (Schusswunde in der Brust).

Insgesamt starben von den 19 Flüchtlingen in wenigen Minuten 10 Menschen, 3 wurden schwer verwundet und verhaftet. 6 Personen gelang die Flucht.[145]

Der Minister für Nationale Sicherheit, Karol Bacílek, überreichte den Grenzsoldaten für ihren „vorbildlichen Einsatz" im Namen des Präsidenten der ČSR, Antonín Zápotocký, Auszeichnungen. Entsprechende Orden erhielten: Leutnant Alois Zimek, Sergeant Jaroslav Veselý, Korporal Miroslav Holík und die Soldaten Miroslav Kašpar, Vladislav Zgarba und František Zajíc.[146]

Die ersten Ermittlungen zu diesem Fall wurden, wie bei Vorfällen dieser Art, von Organen der Staatssicherheit und der Grenzwache, also von Täter-Einheiten, durchgeführt. Wie bei anderen Grenzvorfällen auch, wurde der Vorfall lediglich mittels einer handgeschriebenen „Situationsskizze" dokumentiert, die als Grundlage für die sogenannte „Ermittlung" der Grenzwache diente. Oftmals widersprachen die im Zuge der Ermittlungen und der Zeugenbefragungen gewonnenen Erkenntnisse dem vorbereiteten Ergebnis der Ermittlungen, das immer lautete: Die Grenzwache hat völlig korrekt und gemäß den Gesetzen und Vorschriften gehandelt. Das Ergebnis solcher „Ermittlungen" führte nie zu einer Beschuldigung der für Verwundung und Tod von Flüchtlingen verantwortlichen Soldaten. In diesem Fall wurde sogar noch ein ums Leben gekommener Flüchtling angeklagt, durch seine Flucht ein Verbrechen gegen den Staat Tschechoslowakei begangen zu haben.

Auch die „Ermittlungen" der Staatssicherheit zu diesem Vorfall basierten voll und ganz auf der „Selbst-Ermittlung" der Grenzwache. Diese Praxis setzte sich auch über das Jahr 1958 fort, als Innenminister Rudolf Barák in seinem Befehl Nr. 9/1958 die Ermittlungen im Falle eines illegalen „Verlassens der Republik" (§ 98 des Strafgesetzbuches) unter die Jurisdiktion der Staatssicherheit stellte.

Der „Eiserne Vorhang" – eine dicht gestaffelte Grenzzone

Seit 1948 hatten die einzelnen Grenzschutzeinheiten des tschechoslowakischen SNB den Befehl, Berichte über „unzuverlässige" Personen, die in der Nähe der tschechoslowakisch-österreichischen Grenze lebten, zu verfassen. Dabei wurden im Auftrag des Staates auch kleine Dörfer und

Gasthäuser aufgelöst beziehungsweise geschlossen, die als „Gefahr für die Sicherheit des Staates" angesehen wurden. In diesem Zusammenhang erstellten lokale kommunistische Parteikader in den Dörfern der Grenzregion Záhorie in der Westslowakei, die an der March und damit an der österreichisch-slowakischen Grenze lag, Listen von bereits in den Westen geflohenen/emigrierten Personen und erhoben Daten zu deren persönlichem Umfeld. Diese Informationen wurden zentral von der Staatssicherheit gesammelt und ausgewertet. Ergänzend erhielten Anfang 1949 die Bezirkskommandos des SNB die Anweisung, alle Ergebnisse der personenbezogenen Erhebungen über ins Ausland geflohene Personen an die Staatssicherheit weiterzugeben.

Alle gesammelten Daten wurden in einem Verzeichnis zur „verräterischen Emigration" zusammengefasst, in dem jedem einzelnen Emigranten/Flüchtling ein eigener Akt gewidmet wurde. Darin wurden vor allem alle persönlichen Daten, eine physische Beschreibung des Flüchtlings, die Anführung der angeblichen Taten gegen das volksdemokratische Regime, Fotos, Proben der Handschrift und Angaben zu Verwandten in der Tschechoslowakei sowie im Ausland verzeichnet. Der kommunistischen Logik folgend, wurde dabei das Hauptaugenmerk auf die ideologisch festgesetzten „Staatsfeinde", die sogenannten „ehemaligen/vergangenen Personen", gerichtet: die Intelligenz, die Wohlhabenden sowohl im urbanen Bereich als auch auf dem Land (Kulaken), ehemalige Geschäftsleute, ehemalige Besitzer von Geschäften, Angestellte oder Studenten. Ideologisch auf diesem Auge blind, beschäftigte sich die Staatssicherheit zunächst kaum mit Arbeitern oder der ärmeren Landbevölkerung, in kompletter Verkennung der realen Situation – denn ein Großteil der Flüchtlinge und auch Schmuggler und Schlepper stammte aus der Arbeiterschicht.[147] Denn trotz der sich stetig verschärfenden Überwachungsmaßnahmen operierten im tschechoslowakisch-österreichischen Grenzgebiet zwischen 1948 und 1952 zahlreiche illegale Schleppergruppen.

Angesichts der massiven Fluchtbewegungen der eigenen Bevölkerung begann das tschechoslowakische Regime, ab 1951 gegen Österreich drei hintereinander gestaffelte Zonen einzurichten. Von der Staatsgrenze in Richtung Binnenland gesehen, waren dies die Verbotszone („zakázané pásmo"), die Grenzzone („hraničné pásmo") und die Grenzlandzone („pohraničné pásmo"). Diese neue Struktur sollte einerseits die Tätigkeit der Grenzschutzbrigaden erleichtern und andererseits ein Eindringen

StB-Karte der Grenzzone bei Kittsee. Quelle: A ÚPN.

nach, aber vor allem eine Flucht aus der Tschechoslowakei unmöglich machen. Entlang der slowakisch-österreichischen Grenze waren von dieser Zoneneinteilung die Bezirke Skalitz/Skalica, Malatzka/Malacky, Bratislava-Umgebung („Bratislava okolie") und Bratislava – zentrales Nationalkomitee („Bratislava-ÚNV") betroffen. Entlang der slowakisch-ungarischen Grenze, also zum sozialistischen Bruderstaat, wurden die Bezirke Niedermarkt/Dunajská Streda und Čalovo (heute Veľký Meder) dem Grenzregime unterworfen und ebenfalls von der 11. Grenzschutzbrigade überwacht.[148]

Die Verbotszone stellte sich als vollkommen entvölkertes Niemandsland dar. Wie schon einleitend ausgeführt, durfte sie nur von Soldaten der Grenzwache oder extrem rigide überprüften Personen, und dann auch nur unter Bewachung durch die Grenzwache, betreten werden. Begrenzt wurde sie auf der einen Seite durch die meist „grüne", also allein durch Grenzsteine oder Gewässer markierte Staatsgrenze zu Österreich, während ihre innere Grenze, die maximal zwei Kilometer von der Staatsgrenze entfernt verlief, durch mehrfache und zeitweise mit Starkstrom und Minenfeldern zusätzlich gesicherte Drahthindernisse (Zäune, Stachelbandrollen

Der „Eiserne Vorhang" Ende der 1950er-Jahre: Eine Kombination aus verschiedenen Einrichtungen, die ein illegales Übertreten unmöglich machen sollten. Quelle: HGM.

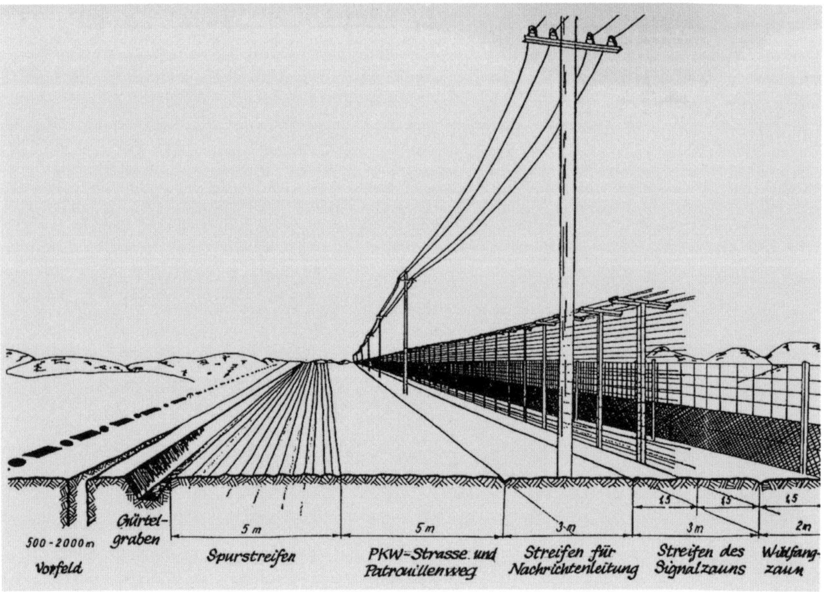

etc.) schier unpassierbar gemacht wurde. Auf diese Zone machten weiße Schilder mit der schwarzen Aufschrift „Pozor! Zakázané pásmo, vstup zakázaný!" („Achtung! Verbotene Zone, Zutritt verboten!") aufmerksam. Bereits in einiger Entfernung vor diesen Schildern waren bereits Fallen montiert, welche die Annäherung etwaiger Flüchtlinge an die Verbotszone nach dem Auslösen eines Stolperdrahtes durch akustische Signale und Lichtsignale verraten sollten.

Neben den Drahthindernissen stellten auch die zwischen 1925 und 1942 errichteten Hochwasserverbauungen entlang der March zwischen Vysoká pri Morave und Brodsko/Brodské ein für die meist ortsunkundigen Flüchtlinge schwer zu überwindendes Hindernis dar. Teilweise waren diese Verbauungen nur wenige Meter vom Fluss entfernt errichtet worden, teils aber auch in einer Entfernung von bis zu einem Kilometer. Die Grenzwache errichtete in diesem Bereich der Verbotszone bis zu acht Meter hohe Hindernisse und verstärkte sie durch weitere Sperrmaßnahmen.

Die an die Verbotszone anschließende Grenzzone war in der Regel sechs Kilometer breit. Die Eingänge zu dieser Zone waren mit weißen Schildern gekennzeichnet, mit der in Rot gehaltenen Aufschrift „Pozor! Hraničné pásmo, vstup len na povolenie!" („Achtung! Grenzzone, Zutritt nur mit Genehmigung!"). Alle als „politisch unzuverlässig" eingestufte Personen wurden Schritt für Schritt aus dieser ausgesiedelt, und alle anderen in dieser Zone wohnhaften Personen erhielten eine Sondererlaubnis, die sich auf Seite 14 ihres Identitätsausweises fand. Jede andere Person, die älter als 15 Jahre war, benötigte eine spezielle, farblich klar gekennzeichnete und mit verschiedenen speziellen Einreisevermerken versehene Erlaubnis, um die Zone betreten zu dürfen. Eine Voraussetzung für die Erlangung einer solchen Erlaubnis war unter anderem politische Verlässlichkeit. Die Antragstellung selbst war eine sehr aufwendige bürokratische Angelegenheit.[149]

In den Zügen und Bussen, die die Grenzzone passierten, wurden die Passagiere sorgfältig überprüft. Personen, die an Haltestellen und Bahnhöfen in der Grenzzone ausstiegen, wurden oftmals unmittelbar nach dem Aussteigen von Angehörigen der Grenzwache angehalten. Dennoch wurden vonseiten der Grenzwache die getroffenen Vorkehrungen wiederholt als unzureichend betrachtet. Deshalb traf man weitere Maßnahmen.

Besonders effektiv war das Anwerben von Informanten unter der örtlichen Bevölkerung. Der stellvertretende Kommandant einer Einheit der

Grenzwache, der mit diesem Aufgabengebiet befasst war, wurde daher auch als „Orgán preventívnej služby" („Organ des präventiven Dienstes") bezeichnet, weil er Informanten-Netzwerke aufbaute, gegen Inhaftierte ermittelte und mit der Staatssicherheit zusammenarbeitete. Die dritte, die Grenzlandzone, umfasste den Rest der Bezirke des Grenzlandes. Die Kontrollen waren hier seltener als in der Grenzzone. Insgesamt war die Grenzzone ein nahezu unüberwindbares Hindernis. Der Ausdruck der „toten Grenze" erhielt gerade hier seine traurige und unmittelbare Bedeutung.

Agenten-Kuriere und Menschen-Schlepper

Nicht nur Flüchtlinge wagten ihr „Glück" an der schier als unüberwindlich wirkenden Grenze zwischen der Tschechoslowakei und Österreich. Auch Informanten und Agenten westlicher Geheimdienste versuchten, diese Barriere zu überqueren, um ihrer Tätigkeit nachgehen zu können.

Karel Gruber kurz nach der Auslieferung an den StB. Quelle: ABS.

Die bereits eingangs erwähnten tschechoslowakischen Staatsbürger Karel Gruber, Karel Bednář und Rudolf Kasík sind dieser Kategorie zuzurechnen. Nach der spektakulären Verhaftung der drei „Agenten-Kuriere", wie sie von tschechoslowakischer Seite genannt wurden, in Wien und der Verbringung in die ČSR wirft ihnen der StB gleich mehrere Vergehen gegen ihr Heimatland vor: Fluchthilfe, Weitergabe von Geheiminformationen, illegale Grenzübertritte, Menschenraub, Anwerbung von „Spionagelehrbuben"[150] in Österreich, um sie gegen das eigene Land einzusetzen.[151]

Was folgte, war für die tschechoslowakischen Geheimdienstler Routine, Alltag. Gruber und Bednář wussten es ebenso: Verhöre unter Einsatz

Haftbilder des StB von Karel Bednář. Quelle: ABS.

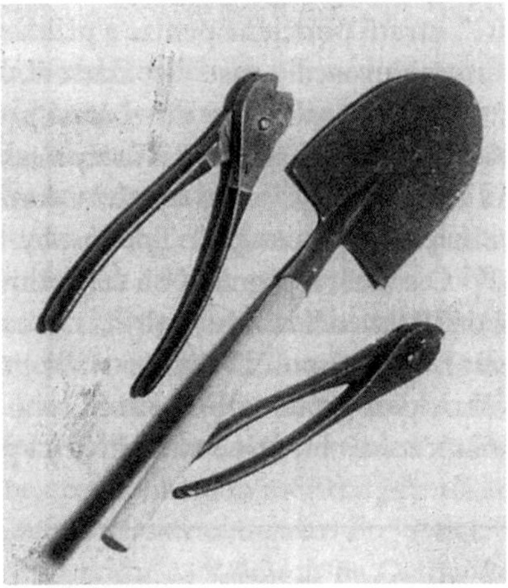

Die „Standard-Ausrüstung" eines „Agenten-Kuriers": eine Schaufel zum Untergraben des Zaunes, Zangen zum Durchschneiden der Drähte und Gummihandschuhe zum Schutz vor dem elektrisch geladenen Zaun. Quelle: ABS.

der damals schlimmsten Foltermethoden – vom Karzer bis zu roher Gewalt. Man wollte von ihnen Informationen über weitere „Agenten-Kuriere", und man brauchte Geständnisse. Geständnisse, die man von Rudolf Kasík nicht erpressen musste. Er war ein „Maulwurf", ein Mitarbeiter des tschechoslowakischen Geheimdienstes, in die Kreise der Menschenschmuggler eingeschleust, um die Mitwirkenden zu identifizieren und den StB auf ihre Spur zu bringen. Den beiden spielte er den „Agenten-Kurier" vor, seinen Prager Kommandostellen aber gab er den entscheidenden Hinweis auf die Wiener Adresse, der damaligen konspirativen Wohnung für „Agenten-Kuriere".

Gruber und Bednář überstellte der StB – nach Wochen der Folter in Prag-Bubeneč – im Dezember 1952 in das Kreis-Untersuchungsgefängnis des StB in České Budějovice. Es folgten monatelang weitere Verhöre, meist bei Nacht, Schlafentzug, Folter. Unvorstellbare Qualen, abwechselnd mit verlockenden Angeboten. Sie sollten weitere „Agenten-Kuriere" nennen. Die Schergen des tschechoslowakischen StB waren erfolgreich. Unter schrecklichen Folterungen gestanden beide 35 „Reisen" (Schleppungen und illegale Grenzübertritte mit geheimdienstlichem Material) und verrieten mehrere Kontaktpersonen, die der StB schnell verhaftete. Einige wurden zur Mitarbeit im StB gezwungen, andere in Geheimverfahren verurteilt und hingerichtet.

Ein Teil der Festgenommenen sollte vor der Hinrichtung noch eine besondere Aufgabe erfüllen. Denn knapp eineinhalb Jahre nach der Ver-

Ein Mantel, eine Aktentasche, ein Fläschchen und eine Handgranate, die der StB bei Bednář sicherstellte. Quelle: ABS.

haftung von Gruber und Bednář, am 27. April 1954, wurde in Prag ein Schauprozess nach sowjetischem Drehbuch der Dreißigerjahre gegen mehrere „Agenten-Kuriere", das heißt „Staatsverräter und Spione", inszeniert. Neben Gruber und Bednář sollten noch Anton Kandráč, Gustav Polák, Bohumil Joska und Antonín Lýsek im Schauprozess öffentlich ihre Schuld eingestehen und dem KP-Regime jene Rolle vorspielen, die es von ihnen erwartete. Vorsitzender des Gerichts war niemand Geringerer als Jozef Urválek. Jeder Tscheche kannte ihn. Er vertrat als Staatsanwalt das KP-Regime und den Staat in den politischen Schauprozessen gegen Milada Horáková[152] oder Rudolf Slánský, die mit dem Tod der Angeklagten geendet hatten. Auch in diesem Prozess kannte Urválek keine Gnade oder Milde und entschied unter anderem auf lebenslang für Karel Bednář und auf Tod durch den Strang für Karel Gruber, 25 Jahre alt. Gruber konnten weder eine Berufung noch ein verzweifeltes Gnadengesuch helfen. Urválek blieb bei seinem Entscheid. Gruber blieb nichts anderes übrig, als im Gefängnis Prag-Pankrác auf seine Hinrichtung zu warten.

Am Abend des 28. Mai 1954 bekam Gruber den letzten Besuch von seinen Eltern und seiner Schwester. Die Akten der Staatssicherheit,

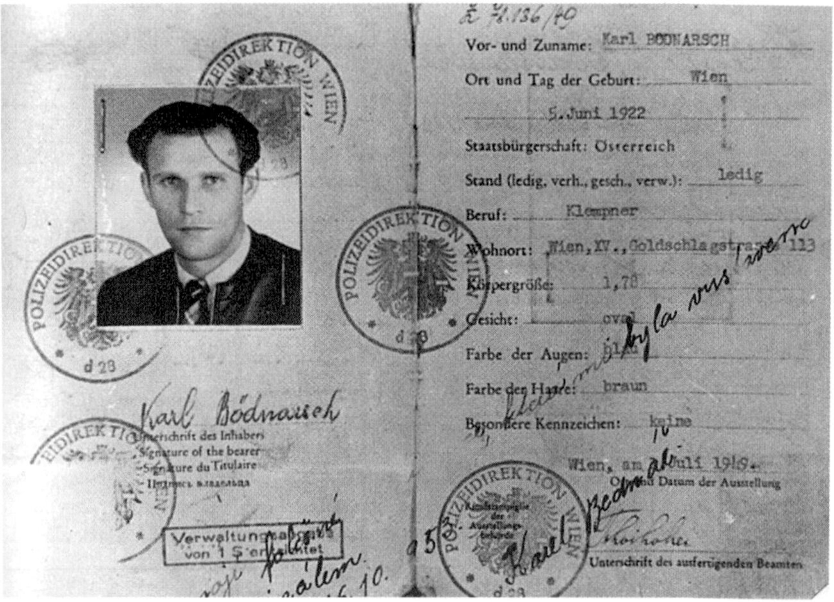

Vier-Zonen-Ausweis Bednářs für seine Reisen in den vier Besatzungszonen Österreichs. Quelle: ABS.

obwohl eher dürr und kühl gehalten, können die Verzweiflung der Familie Grubers nicht verbergen:

„Die Eltern und die Schwester des Verurteilten [...] kamen gegen 21 Uhr an. Der Besuch dauerte ungefähr 30 Minuten [...] Während des Besuches sprachen sie meistens über die Möglichkeiten seiner Rettung. Der verurteilte Gruber forderte sie auf, sie mögen doch um Gnade beim Genossen Präsident bitten. Weil niemand von ihnen Prag kannte, baten sie den Wachmann eindringlich, er solle ihnen helfen und sagen, wohin sie sich wenden könnten [...] Der Wachmann wies sie ab [...]“ [153]

Wenige Stunden später, am 29. Mai 1954 um 5.15 Uhr früh, wurde Karel Gruber im Hof des Gefängnisses in Prag-Pankrác gehenkt. Bednář erhielt lebenslang, wurde aber 1965 amnestiert und freigelassen. Er starb 1987.

Obwohl bei seiner Hinrichtung erst 25 Jahre alt, hatte Karel Gruber bereits ein bewegtes Leben hinter sich. Dieses war auch der Grund, dass der StB sich dazu entschloss, zusammen mit den Sowjets in der amerikanischen Besatzungszone Wiens einen nicht unriskanten Zugriff zu tätigen, um ihn danach abzuurteilen und hinzurichten. Zum anderen ist sein Lebensweg

Der bei Gruber gefundene Vier-Zonen-Ausweis für Österreich. Quelle: ABS.

durchaus typisch für zahlreiche andere Agenten und Schlepper, die letztlich unter dem Galgen, hinter Gefängnismauern oder in Uran-Bergwerken in Jáchymov endeten.

Das Netzwerk der „Schlepper“

Karel Gruber wurde am 15. Juli 1927 als erstes Kind[154] des Eisenbahners Adolf Gruber und seiner Frau Paulina Wondrack in Rottenschachen/Rapšach (Kreis Wittingau/Třeboň, Südböhmen)[155] geboren. Nach der deutschen Besetzung und Eingliederung des Gebietes bekannte sich die Familie Gruber als Deutsche und wurde 1939, mit der Eingliederung der Grenzgebiete in den Reichsgau „Niederdonau“, Staatsbürger des Deutschen Reiches. Karel Gruber, katholisch, parteilos, erlernte den Beruf eines Schlossers in einer örtlichen Schlosserei und sprach beide Ortssprachen: Deutsch und Tschechisch. Als Sudetendeutscher wurde er, so die Ergebnisse der tschechoslowakischen Spionage, schon mit 18 Jahren zur Waffen-SS in Berlin-Spreenhagen[156] eingezogen (mit seiner Körpergröße von 1,83 Meter erfüllte er eine nicht unwesentliche Voraussetzung für die Aufnahme).[157] Nach der Grundausbildung wurde Gruber im Jänner 1945 mit dem Wehrmachts-Artillerie-Regiment 262, das sich vor allem aus Niederösterreichern rekrutierte, an die herannahende Ostfront, nahe Posen/Poznań, verlegt. Bei erstbester Gelegenheit wechselte er jedoch die Front, desertierte und ließ sich von der Roten Armee gefangen nehmen.[158] In sowjetischer Hand gab er nunmehr seine Nationalität als tschechisch an und meldete sich noch im März 1945 zum 1. Tschechoslowakischen Armeekorps innerhalb der vorrückenden Roten Armee.[159]

Gruber hatte den Krieg in der Uniform eines Rotarmisten bei Tabor, südlich von Prag, beendet.[160] Gleich nach seiner Rückkehr wurde er in seinem Heimatort Rapšach jedoch als deutscher Soldat verhaftet und in Třeboň, nahe der österreichischen Grenze, festgehalten. Im Juni 1945 verlegte man ihn gemeinsam mit tausenden anderen, sogenannten „Kapitulationsgefangenen" nach Tabor, wo ihn die GUPWI des NKWD der UdSSR am 23. Juni 1945 als Kapitulations-Kriegsgefangenen registrierte. Wie Zehntausende andere auch, transportierten die Sowjets Gruber anschließend von Třeboň über Rumänien in die Sowjetunion, in den Bereich der Verwaltung des großen GUPWI-Lagers 395 des NKWD. Die zahlreichen Teillager der Verwaltung 395 hatten seit Juli 1945 die Aufgabe, der staatlichen Straßenbaueinrichtung GUSchosDor[161] Arbeitskräfte für den Bau der Fernstraße Moskau–Leningrad/St. Petersburg, beziehungsweise ab 1948 für die 1000 Kilometer lange Fernstraße Moskau–Simferopol auf der Krim, zur Verfügung zu stellen. Die Lagerverwaltung 395 war bis 1948 in Twer, nördlich von Moskau, und ab 1948 in Obojan bei Kursk, südlich von Moskau, untergebracht.[162] Die insgesamt 20.395 Kriegsgefangenen der Lagerverwaltung, davon 90 Prozent Deutsche, wurden zur Arbeitsleistung in den verschiedenen Teillagern eingesetzt. Karel Gruber kam dadurch in das Gebiet Pensa–Kujbyschew (dem heutigen Samara an der Wolga) sowie in den Raum Kursk, wo er entsprechend seiner handwerklichen Ausbildung eingesetzt wurde. In den Teillagern gab es zahlreiche, teilweise hoch ansteckende Krankheiten, darunter 5391 Fälle von Dystrophie („Auszehrung"), 493 TBC-Erkrankungen, 4809 Malaria-Fälle, ja selbst einzelne Erkrankungen an Typhus. Auch Gruber erkrankte schwer und wurde von März bis Mai 1949 im „Sonderspital" (Lazarett) 3604 in Sapogowo bei Kursk behandelt.[163]

Im Zuge der Vorbereitungen zur Auflösung der Lagerverwaltung Anfang 1950 wurde Gruber am 31. Dezember 1949 aus dem Lagerverband 395 entlassen und sollte über das sowjetische GUPWI-Repatriierungslager des NKWD, Nr. 69 in Frankfurt an der Oder, in die DDR entlassen werden.[164]

Gruber entschied sich jedoch für einen weiteren Verbleib in Österreich, wo seine Tante in Alt-Nagelberg, sehr nahe der Grenze zur Tschechoslowakei und damit unweit seines wieder tschechoslowakisch gewordenen Heimatortes Rapšach, lebte. Warum er nicht in die Tschechoslowakei zu seinen Eltern, die als eine der wenigen aus dem Ort nicht vertrieben worden waren, zurückkehrte, kann heute nicht mehr geklärt werden. Bei der Tante blieb er nur kurze Zeit, ehe er weiter nach Wien übersiedelte.

Kaum hatte er in Österreich Fuß gefasst, begann er immer wieder und öfter, in die Tschechoslowakei zu fahren. Dabei überquerte er die Staatsgrenzen meist illegal – zunächst wohl aus privaten Gründen, vor allem um Freunde zu besuchen. Gruber gewann dadurch einen sehr guten Überblick über die Situation am „Eisernen Vorhang“, konnte Schleichwege auskundschaften und Verbindungen zu Zöllnern und Grenzorganen knüpfen. Spätestens im Oktober 1950, also schon wenige Monate nach seiner Übersiedlung nach Wien, setzte er seine neuen Kenntnisse auch zu Verdienstzwecken ein – als „Schlepper“ von „Agenten-Kurieren“ der Gruppe František Moravec. In den Augen der tschechoslowakischen Spionageabwehr war dies gleichbedeutend mit einer Tätigkeit für das amerikanische CIC.

So half Gruber 1950 auch dem politischen Häftling Karel Bednář, der kurz zuvor aus dem Gefängnis in Třeboň geflohen war. Bednář hatte eine dreimonatige Haftstrafe wegen verbaler Kritik an Mitgliedern des tschechoslowakischen SNB abzusitzen. Die beiden freundeten sich an. Kurz darauf stieg Bednář in das Geschäft Grubers ein und half ihm fortan dabei, Menschen und Informationen illegal durch den „Eisernen Vorhang“ zu schleusen.

Die zunächst noch kleine Gruppe Gruber-Bednář geriet bald in das Visier sowohl der tschechoslowakischen als auch der westlichen Geheimdienste. Beide wurden fortan beobachtet. Der StB gab an, dass die Gruppe sogar von mindestens drei westlichen Geheimdienst-Offizieren „geführt“ wurde: Einer von ihnen war Ladislav Malý (Deckname „Rudy Laci“), der ein Jahr später, 1951, beim „Fall Babice“ (Anschlag auf den KP-Nationalausschuss in Babitz/Babice) bekannt wurde. Die Arbeit mit Malý wurde allerdings wegen seiner Unzuverlässigkeit bald beendet. So soll Malý bei Auszahlungen von Schlepper-Geldern an Gruber und Bednář säumig geblieben sein beziehungsweise Unterschriften unter „Lohnzetteln“ gefälscht haben. Eine Enttäuschung auch für andere Mitstreiter.

Informationen und konkrete Aufträge erhielten die beiden Schlepper an verschiedenen Orten in Wien. Übliche Treffpunkte waren etwa der heutige Hermann-Gmeiner-Park am Börseplatz, verschiedene Kaffeehäuser oder eine Wohnung in der Laudongasse im 8. Wiener Gemeindebezirk – im selben Häuserblock, in dem auch jene Wohnung in der Florianigasse lag, auf die der Zugriff am 10. Oktober 1952 erfolgte.

Gruber und Bednář wurden nach ihrer Verhaftung in Wien direkt in ein Geheimgefängnis der 2. Abt. der StB-Hauptverwaltung in Prag-Bubeneč gebracht, gefoltert und verhört. Anfang Dezember verlegte man beide zur U-Haft nach České Budějovice, wo man sie, meist getrennt, weiter verhörte und folterte, um aus ihnen das Netzwerk der „Agenten-Kuriere" herauszuprügeln. Parallel zu körperlicher Gewalt wandten die Folterspezialisten des StB aber auch diverse psychologische Tricks an, um an Informationen zu kommen. Mit beachtlichem Erfolg.

Durch Kreuzverhöre, Gegenüberstellungen und brutalste Gewalt erfuhr der StB nicht nur Schlepper-Routen, sondern auch Namen einzelner Agenten-Kuriere. Daher organisierte der StB (11. Referat, 2. Abt. der Budweiser Kreisverwaltung) eine „Gruppenaktion" unter dem Decknamen „Krematorium". In den folgenden neun Monaten wurden 1953 die Mitarbeiter, Zuträger und Kollegen von Gruber und Bednář aufgestöbert, verhaftet, verurteilt oder zur Mitarbeit im StB gezwungen. Angesichts der erwarteten Todes- beziehungsweise langjährigen Gefängnisstrafen konnten immer wieder ehemalige Agenten-Kuriere, wie der Tischler Jan Hajna (Deckname „Hoblik", zu Deutsch: der „Hobel")[165] aus Rapšach, „umgedreht" werden. Sie wurden dann in ihren früheren Agenten-Kurier-Netzwerken „reaktiviert" und konnten für Auslands-Geheimdienstspiele verwendet werden. Dabei wurden wieder zahlreiche Agenten enttarnt und festgenommen.

Jan Hajna kurz nach seiner Verhaftung durch die Grenzwache bei České Budějovice. Quelle: ABS.

Ein Schneeballsystem, aus dem es vielfach nur ein Entkommen durch Flucht und das Untertauchen in einem anderen Geheimdienst, meist dem deutschen oder amerikanischen, als Schutz vor weiterer Verfolgung durch den StB oder das KGB, mit dem die tschechoslowakische Seite sehr eng kooperierte, gab.

František Moravec alias „Arnold". Quelle: ABS.

Karel Gruber und das Netzwerk von František Moravec alias „Arnold"

Das Duo Gruber und Bednář gehörte zu den erfolgreichsten Schleppern im Dienste der „Agenten-Kuriere": Über 35 „Reisen" stehen zu Buche, alle in einer Zeit, als die Staatsgrenzen kaum noch zu überwinden waren. Beide gingen dabei überaus professionell vor: Planung und Durchführung waren exakt, nichts wurde dem Zufall überlassen, jede Wegstrecke genau ausgekundschaftet, Verstecke angelegt, die Operationen fast ausschließlich so nahe wie nur irgendwie möglich an die Grenze verlegt, um nur wenn unbedingt nötig auf tschechoslowakisches Gebiet zu kommen, und: Sie hatten die Unterstützung langjähriger und loyaler Freunde. Dabei arbeiteten sie nicht nur als Schlepper, sondern teilweise auch selbst als Agenten-Kuriere. Bezeichnend für ihre Professionalität ist, dass man sie, im Gegensatz zu anderen Schleppern, auch nicht im Grenzgebiet verhaftete, sondern sie gezielt aus Wien entführen musste – ein Aufgriff an der Grenze wäre zweifellos einfacher und weniger riskant gewesen. Nur war es tschechoslowakischen und sowjetischen Organen offenbar nicht möglich, sie an der Grenze zu stellen und zu verhaften.

Das tschechoslowakische Geheimdossier des StB gibt auch an, dass Gruber und Bednář in der Wiener Florianigasse den Ostrauer Miloš Knorr[166] kennenlernten, einen der zentralen Exil-Tschechoslowaken in westlichen Diensten, der in engster Verbindung mit „Arnold", auch „Baron", war.

Hinter beiden Tarnnamen verbarg sich František Moravec, Ikone des tschechischen Widerstands gegen das NS-Regime, des tschechoslowakischen militärischen Nachrichtendienstes und der Zusammenarbeit mit dem US-Gegenspionagedienst CIC. Dabei hatte der spätere Leiter des Nachrichtendienstes des tschechoslowakischen Verteidigungsministeriums zuerst gar keine militärische Laufbahn eingeschlagen: Nach seinem Schulabschluss hatte er 1913 an der Karls-Universität in Prag ein Philologiestudium begonnen, wurde dann aber im Laufe des Ersten Weltkrieges zum Dienst in der k. u. k.-Armee eingezogen. Daraufhin besuchte er eine Offiziersschule und diente zuerst an der Front in Ungarn, später in Galizien. Dort geriet er in russische Kriegsgefangenschaft. Daraufhin wechselte er auf die Seite der Entente und kämpfte ab 1916 in der Serbischen Legion, ehe er 1918 zur Tschechoslowakischen Legion kam und in Frankreich eingesetzt wurde.

Nach dem Ende des Ersten Weltkrieges nahm er sein Studium nicht wieder auf, sondern blieb im Militärdienst und schloss 1928 die Militärhochschule in Prag ab. Ein Jahr später trat er in die Dienste des militärischen Nachrichtendienstes, war zuerst in der nachrichtendienstlichen Abteilung der Militärkommandantur in Plzeň und ab 1934 vor allem im Generalstab in Prag tätig. Dabei half er mit, in Deutschland und Österreich ein Nachrichtenzentrum mit einer eigenen Agentur und 16 Geheimdienst-Residenten auszubauen.[167] Von einem seiner Informanten vor der bevorstehenden „Zerschlagung der Rest-Tschechei" durch das Deutsche Reich gewarnt, floh er 1939 mit einigen seiner Mitarbeiter ins Exil nach London, wo er seine Tätigkeit in der Exilregierung unter Edvard Beneš fortsetzte. 1940 wurde er dort Leiter der nachrichtendienstlichen Abteilung des Verteidigungsministeriums. Im Rahmen dieser Funktion unterstützte er den Widerstand in der besetzten Tschechoslowakei und war unter anderem wesentlich an Planung und Durchführung des erfolgreichen Attentats auf Heydrich beteiligt. Der sowjetische Geheimdienst gab ihm den Decknamen „Baron".[168]

Amerikanisches OSS-Foto von Charles Katek. Quelle: USTR.

Im Zuge dieser Tätigkeiten hatte er auch erstmals Kontakt zu Charles Katek, einem Offizier des amerikanischen OSS, der den Widerstand in der besetzten Tschechoslowakei auf amerikanischer Seite unterstützte. Katek, 1910 in Chicago als Sohn tschechischer Einwanderer geboren, studierte nach seinem Schulabschluss an der Northwestern University in Evanston, Illinois, wo er 1942 mit einer Dissertation über die demokratische Tradition der Tschechoslowakei promovierte. Kurz darauf wurde er zur Armee einberufen und aufgrund seiner Sprach- und Fachkenntnisse für den OSS rekrutiert.

Nach Kriegsende 1945 war er Leiter der amerikanischen Militärmission in Prag und 1946 Militärattaché an der amerikanischen Botschaft, ehe er 1948 aufgrund des Drucks seitens des kommunistischen Regimes abgezogen wurde. Ab diesem Zeitpunkt war er von Frankfurt am Main aus für das CIC tätig. Sein Hauptaufgabengebiet blieb die Tschechoslowakei, bis er 1954 in die USA zurückkehrte.[169]

Moravec kehrte nach dem Ende des Krieges in die wiederhergestellte ČSR zurück. Seine weitere Karriere fiel aber dem bereits vor 1948 starken Einfluss der Kommunistischen Partei zum Opfer. Auch er ging, diesmal nach Deutschland, ins Exil. Sein nachrichtendienstliches Know-how, sein Wissen über die ČSR und seine Kontakte in der Heimat ließen Katek und den amerikanischen militärischen Geheimdienst auf ihn aufmerksam werden. So arbeitete er als „Arnold“ zuerst für das amerikanische OSS und anschließend für das CIC und bildete gemeinsam mit Katek Kuriere für illegale Grenzübertritte, Kurier- und Schlepperdienste sowie die geheimdienstliche Arbeit aus. Er war bis zu seinem Tod 1966 für die Amerikaner tätig.[170]

Im Rahmen seiner Tätigkeit für das amerikanische CIC lernte ihn auch Miloš Knorr kennen. Wie sich zeigen sollte, stand er im Laufe seiner weiteren Geheimdienstkarriere seinem Vorgesetzten nur um weniges nach. 1952, kaum 34 Jahre alt, absolvierte er die tschechoslowakische Militärakademie und diente der ČSR als Berufssoldat. Nach der Zerschlagung der Tschechoslowakei 1938/39 durch das „Dritte Reich“ ging Knorr, kaum 20-jährig, in den tschechischen Widerstand und kämpfte gegen den NS-Okkupator. Doch die Gestapo schlug zu und verhaftete ihn. Knorr gelang jedoch eine abenteuerliche Flucht aus dem Gestapo-Gefängnis in Brno. Von Bratislava kam er über Budapest und Belgrad bis nach Marseille, wo er in den französischen Untergrund ging. Nach der französischen Ka-

Foto von Miloš Knorr aus dem StB-Akt. Quelle: ABS.

pitulation im Frühjahr 1940 schiffte sich Knorr nach Plymouth ein, meldete sich freiwillig zur britischen Armee, nahm mit dem 43. Aufklärungsregiment 1944 an der Invasion in der Normandie teil und kam schließlich über Frankreich, Belgien und Holland nach Deutschland. Zu Kriegsende half er unter anderem mit, tschechische KZ-Häftlinge aus Bergen-Belsen zu befreien und in die Heimat zurückzubringen.

Nach Kriegsende 1945 schrieb er sich in der Prager Militärakademie ein, studierte und lehrte dort schließlich das Fach Taktik. Daneben stieg er in der demokratischen Phase des Landes schnell bis zum Kompanieführer und Major in der Sternberger 12. Panzerbrigade auf. Seine Karriere war 1948 jedoch mit einem Schlag zu Ende, als die Kommunisten ihre Macht auf allen Ebenen zementierten und eine stalinistische Diktatur errichteten. Es folgten Repressionen, Verhaftungen, Todesurteile und Schauprozesse gegen KP-Gegner.

Knorr, der wusste, dass auch ihm dieses Schicksal bevorstand, ließ es nicht so weit kommen. Bei Nacht und Nebel floh er am 1. Mai 1948 über die Grenze, kam nach Wien und heuerte umgehend beim amerikanischen CIC an, um bald auch für die Agenten-Kuriere unter Brigade-General František Moravec zu arbeiten. In dessen Organisation dockte Knorr an und übernahm von Wien aus die zentrale Verantwortung für die Führung des Netzwerkes der Agenten-Kuriere.

Mitte der 1950er-Jahre emigrierten Knorr und Moravec gemeinsam in die USA. Moravec arbeitete bis zu seinem Tod am 27. Juli 1966 offiziell für das US-Verteidigungsministerium im Pentagon in Washington, wo er auch verstarb. Allerdings, so der russische Auslandsgeheimdienst GRU, existieren in Moskau deutliche Hinweise, dass er in dieser Zeit auch für den sowjetischen Geheimdienst tätig war.[171] Knorr kam in einer Versicherung unter und verstarb 1989 in New York. 1995 verlieh Präsident Václav Havel

Knorr posthum den Ehrenrang eines Generalmajors. Knorr und Moravec hatten es geschafft, durch ihre Flucht den Prozessen in der Tschechoslowakei, die Anfang der 1950er-Jahre anliefen, zu entgehen.

Schauprozesse

Gruber und Bednář war dies nicht gelungen. Nach unzähligen Verhören und Folterungen wartete auf sie noch ein Schauprozess, dessen Ausgang politisch schon vorher bestimmt war und dessen Drehbuch im StB und in der KPČ, durchaus nach dem Muster der großen Moskauer Schauprozesse, geschrieben worden war.

Denn das Netz der Agenten-Kuriere war Anfang der 1950er-Jahre an der deutsch-tschechischen und an der österreichisch-tschechoslowakischen Grenze dichter und die technisch immer besser ausgebaute Staatsgrenze löchriger denn je geworden. Dem wollte die Tschechoslowakei einen entscheidenden Riegel vorschieben und holte zum Gegenschlag aus. Neben der Infiltration der Netzwerke durch zwangsverpflichtete Agenten setzte man unter anderem auf öffentliche Abschreckung und Angstmache durch brutale administrative Repression, häufige Festnahmen und die einschüchternde Wirkung von Schauprozessen. Auch gegen „Agenten-Kuriere“ und Spione, wie Gruber und Bednář, bereitete das Innenministerium einen Schauprozess vor. So hoffte man den antikommunistischen Widerstand zu brechen, die Propaganda zu stärken und die Widerständler als Verbrecher hinzustellen, die, so die offizielle Lesart, bezahlt vom amerikanischen Geheimdienst, gegen das eigene Volk arbeiteten und damit die KP-Ideologie und den eigenen Staat verrieten. Die gleichgeschalteten KP-Medien begannen reißerische Artikel zu schreiben und berichteten auch detailreich über den Prozess gegen Gruber und Bednář. Es sollte klargemacht werden, dass jeder Widerstand gegen den Staat und gegen das KP-Regime illegitim und zwecklos sei.

Unter den in den Geheim- und in Schauprozessen zum Tod durch den Strang Verurteilten war auch der 27-jährige ostslowakische Beamte Anton Kandráč. Nach seiner Desertion aus der slowakischen Armee kämpfte Kandráč während des Krieges noch bei den italienischen Partisanen, ehe er nach Kriegsende in die staatliche Kontrollverwaltung der ČSR eintrat. Sofort nach der Machtergreifung der Kommunisten wurde Kandráč 1949 im slowakischen Arbeitslager Rhonitz/Hronec interniert. Als Haftgrund wurde „Handel mit Lebensmittelkarten“ angegeben. Das Urteil des Kreisgerichtes Košice erfolgte am 5. Dezember 1949 und lautete auf elf Jahre Haft, zunächst im Uranbergbau Jáchymov. Er war einer von insgesamt rund 100.000 tschechoslowakischen politischen Häftlingen, die in den Joachimsthaler Gruben unter entsetzlichen Bedingungen das Uran für die sowjetischen Atombomben abbauen mussten.[172]

Kandráč versuchte bei jeder sich bietenden Gelegenheit zu fliehen, aus dem fahrenden Zug, in unbeobachteten Situationen. Stets wurde er wieder aufgegriffen. Letztlich gelang ihm die Flucht nach Iglau/Jihlava und von dort weiter nach Österreich. Kaum in Wien angekommen, wurde er zunächst vom CIC verhört und anschließend in ein Flüchtlingslager in Innsbruck geschickt. Hier wurde er vom französischen Geheimdienst als Kurier angeworben. Seine nachrichtendienstliche Karriere währte jedoch nicht lange, denn gleich bei seiner ersten „Reise" als Kurier wurde er von tschechoslowakischen Organen verhaftet und in Bratislava abermals verurteilt: diesmal zu 20 Jahren Haft. Abermals gelang ihm die Flucht nach Österreich – dank der Internationalen Flüchtlingsorganisation (IRO) der UNO emigrierte er diesmal 1951 nach Kanada, wo er bis 1953 als Gärtner und Kellner arbeitete.

In diesem Jahr kehrte er unter dem falschen Namen „Josef Medved" nach Europa zurück und versuchte, eine Gruppe Verwandter aus der Slowakei nach Österreich zu bringen. Die Gruppe wurde allerdings schon auf der tschechoslowakischen Seite des „Eisernen Vorhangs" von der Grenzwache gestellt. Es kam zu einer Schießerei, bei der Kandráč einen Hund der Grenzwache verletzt haben soll. Er wurde sofort verhaftet, verhört, gefoltert und schließlich für den schon erwähnten „Agenten-Kurier"-Schauprozess, neben anderen mit Gruber und Bednář, „präpariert". Seine Verurteilung zum Tod durch den Strang war eine beschlossene Sache. Er wurde am gleichen Tag wie Karel Gruber, am 29. Mai 1954, hingerichtet.

Entführungen aus Österreich in die Tschechoslowakei wie die von Gruber, Bednář oder Kandráč waren vor allem in der ersten Hälfte der 1950er-Jahre ein probates Mittel des StB, um gegen missliebige oder flüchtige eigene Staatsbürger vorzugehen. Aus der Sicht Prags rechtfertigte die „Gefahr", die von Dissidenten für das System in der Tschechoslowakei ausging, das Risiko dieser im Ausland stattfindenden geheimdienstlichen Aktionen, die zumeist natürlich auch mit diplomatischem Zwist verbunden waren und so den Konflikt zwischen Ost und West zusätzlich anheizten.[173]

Österreichische Zollbeamte arbeiten für den tschechoslowakischen Grenzschutz: Der Fall „Erich"

„Leopold Schreiner hat ein gutmütiges Wesen und ist ein freundlicher Mann, ist ausgelassenen Feiern aber auch nicht abgeneigt. Er ist sehr kommunikativ und seine große Leidenschaft ist das Fotografieren. Früher stellte er seine Amateurfotografien aus. Er benimmt sich intelligent und weiß sich in jeder Gesellschaft entsprechend zu bewegen. Er tritt für seine moralischen Prinzipien ein und ist diszipliniert. Er hat eine gute Allgemeinbildung und tritt gerne öffentlich auf."[174]

So charakterisierte der Personalakt den österreichischen Zollwachbeamten Leopold Schreiner. Allerdings stammt, wie man annehmen sollte, die Charakterisierung nicht von seinem österreichischen Vorgesetzten, sondern vom tschechoslowakischen Nachrichtendienstoffizier Leutnant Jaroslav Stránka, einem Spezialisten für die Anwerbung österreichischer Informanten und Spione. Er hatte offenbar gesteigertes Interesse an Schreiner, dem Kommandanten des Zollamtes im niederösterreichischen Schrattenberg. Und Schreiner war nicht der Einzige, der den Anwerbungsversuchen des StB erlag.

Die Zollwache unter Beobachtung

Schrattenberg, im äußersten Nordosten des Weinviertels gelegen, war 1919 Grenzort geworden. Der Friedensvertrag von Saint-Germain-en-Laye hatte die beiden Nachbargemeinden Valtice und Lednice von Österreich abgetrennt und der Tschechoslowakei zugeschlagen. Mit der Errichtung und dem Ausbau der Grenzbefestigungen wurde Schrattenberg 1948 unmittelbarer Grenzort am „Eisernen Vorhang". Hier verblieb einer der ganz wenigen Grenzübergänge zur Tschechoslowakei. Kein Wunder, dass diese Ortschaft unter besonderer Beobachtung jener Nachrichtendienste stand, die für die unmittelbare Sicherung des „Eisernen Vorhangs" zuständig waren: der Nachrichtendienstabteilung der für diesen Grenzabschnitt zuständigen 4. Grenzschutzbrigade. Alle Bewegungen von Fahrzeugen, von Grenzübertritten, ja selbst von landwirtschaftlichen Fuhren, wurden penibel registriert. Hier, an diesem kleinen „Schlupfloch", konnte man förmlich den Pulsschlag des „Kalten Krieges" spüren. Hier gab es einen beachtlichen illegalen Austausch von Informationen und Menschen.

Schon die lediglich zu Propagandazwecken behauptete und vorgeschobene Kernaufgabe des Nachrichtendienstes der 4. Grenzschutzbrigade – die Abwehr von Angriffen aus dem kapitalistischen Ausland – bedurfte großer Anstrengungen. Die Einheit musste sich dafür ein möglichst detailliertes Bild ihres Visavis', dem niederösterreichischen Grenzgebiet um Schrattenberg, verschaffen. An sich schon eine schwierige Aufgabe.

Weitaus schwieriger zu bewältigen war jedoch der eigentliche Hauptauftrag der Grenzschutzbrigade: die Unterbindung des Exodus der eigenen Staatsbürger beziehungsweise von Menschen aus anderen sozialistischen „Bruderstaaten". Dies führte klarerweise dazu, dass sich weder das Interesse noch die offizielle Zuständigkeit der Grenzschutzbrigaden mit der eigenen Staatsgrenze begrenzen ließen.

Denn während man den „Eisernen Vorhang" nach und nach technisch zu einer schier unüberwindlichen Barriere aufrüstete, galt es gleichzeitig, die wenigen verbliebenen Schlupflöcher zu identifizieren und jene Personen dingfest zu machen, die sich ihrer bedienten. Neben der allgemeinen Beobachtung der wirtschaftlichen, infrastrukturellen und politischen Entwicklung in den österreichischen Grenzgebieten beobachteten die Grenzbrigaden vor allem die österreichische Exekutive – also Gendarmerie, Zollwache und Bundesheer. Bedingt durch die ihr übertragenen Aufgaben, stand die Zollwache im Fokus der tschechischen Dienste, war sie ein besonders lohnendes Ziel geworden.

Schließlich überwachte eben die österreichische Zollwache den legalen Grenzverkehr. Mit dem illegalen Grenzverkehr war sie indirekt natürlich ebenso konfrontiert. Informationen über auf österreichischer Seite aufgegriffene Flüchtlinge, Schmuggler oder „Agenten" waren hier aus erster Hand zu erfahren – zumindest wenn es gelang, Informanten in die Hände zu bekommen und sie dann für die eigenen Zwecke zu rekrutieren. Die aktive Suche nach Informanten wurde insbesondere 1955 notwendig, als die sowjetischen Truppen aus Österreich abzogen. Bis dahin hatte die österreichische Zollwache an der Grenze aufgegriffene Personen der sowjetischen Kommandantur zu melden und in letzter Konsequenz auch an sie auszuliefern. Mit dem österreichischen Staatsvertrag 1955 verlor das tschechoslowakische Innenministerium aber diese unmittelbare Verlängerung seines Armes nach Ostösterreich und musste sich fortan selber um die direkten Kontakte zur österreichischen Zollwache bemühen.

Eine „zufällige“ Begegnung unter Kollegen am „Eisernen Vorhang“

Persönliche Kontakte zwischen Beamten des tschechoslowakischen Grenzschutzes und der österreichischen Zollwache boten die unmittelbarste

23

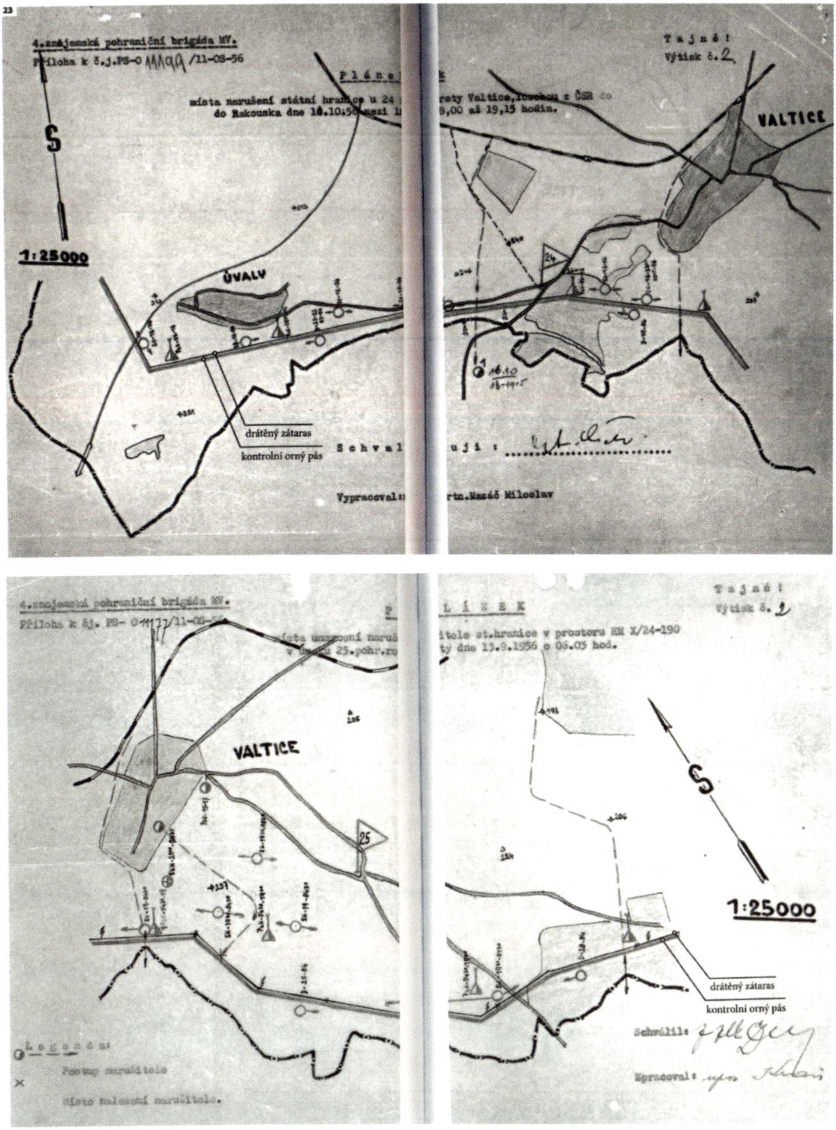

StB-Karten des Grenzgebietes nahe Valtice, in dem Leopold Schreiner alias „Der Alte“ aktiv war. Quelle. ABS.

Möglichkeit, an die erhofften Informationen zu gelangen. So geschehen etwa am 17. Oktober 1955 im Rahmen eines offiziellen Treffens österreichischer und tschechoslowakischer Grenzbeamter zur Reparatur und Sanierung von Grenzsteinen. Nachrichtendienstoffiziere der 4. Grenzschutzbrigade – natürlich als reguläre Grenzschutzbeamte getarnt – sprachen dabei den Kommandanten des Zollwachpostens Schrattenberg, Leopold Schreiner, an. Unbemerkt von den übrigen österreichischen Beamten erbat man sich ein persönliches Treffen, wozu Schreiner, laut den tschechoslowakischen Geheimdienst-Akten, auch bereit war.

Aus Sicht des tschechoslowakischen Nachrichtendienstes erfüllte Schreiner Voraussetzungen, die ihn als vielversprechenden Kandidaten für eine etwaige Zusammenarbeit empfahlen. Die Informationen der Grenzschutzbrigade schienen detailliert zu sein: Leopold Schreiner, geboren 1909 in Marchegg, war 1934 in die österreichische Zollwache eingetreten und versah seither seinen Dienst in Schrattenberg. Während der NS-Zeit wurde er als Beamter der nunmehr der Reichsfinanzverwaltung unterstellten Zollwache und – durch die abermalige Grenzverschiebung im Zuge des Einmarsches der Deutschen Wehrmacht in der Tschechoslowakei – zunächst 1939 nach Neu Hrosenkau/Nový Hrozenkov an die Grenze zur Slowakischen Republik versetzt, später aber wegen des „Abhörens von Feindsendern" aus der Zollwache entlassen und an die Front nach Frankreich verlegt.

Im März 1945 geriet Schreiner in amerikanische Kriegsgefangenschaft, kam bis 1946 in verschiedene Kriegsgefangenenlager in Colorado, Oklahoma, Kalifornien und Arkansas, ehe er nach Schrattenberg zurückkehren konnte und dort wieder in den Dienst der Zollwache trat. In den tschechoslowakischen Akten wird er als „überzeugter" Österreicher ohne eine besondere Abneigung gegen die Tschechoslowakei dargestellt. So notierte sich der Nachrichtendienst mehrere positive Aussagen Schreiners über die Tschechoslowakei.

Zudem war Schreiner seit 1941 mit Theresa/Terezia Kade aus Unter-Themenau/Poštorná bei Lundenburg/Břeclav verheiratet, die er in Valtice kennengelernt hatte, und man attestierte ihm ein gutes Familienleben mit vier Kindern im Alter zwischen 15 und 7 Jahren. Als Sudetendeutsche wurde seine Ehefrau in den tschechoslowakischen Akten zwar despektierlich und mit großer Vorsicht betrachtet, gleichzeitig aber der Umstand erwähnt, dass zu ihrem Bekanntenkreis auch viele Tschechen und Slowaken zählten. Schreiner hätte außerhalb des Dienstbetriebes kaum Bekannte oder Freunde in Schrattenberg gehabt und behauptete von sich selbst, Kontakt mit Bürgermeister Theodor Langer zu pflegen.

Aus Schreiner wird der „Alte"

Nach der ersten Unterredung am 17. Oktober 1955 kam es zu wiederholten Treffen zwischen Schreiner und Nachrichtendienstmännern der 4. Grenzschutzbrigade, über die er seine österreichischen Vorgesetzten nicht mehr unterrichtete – aus Sicht der Tschechoslowaken ein klarer Beleg für seine Verwertbarkeit als „Quelle". Am 23. Februar 1956 verfasste Leutnant Jaroslav Stránka, Nachrichtendienstoffizier der 4. Grenzschutzbrigade und Spezialist für die Anwerbung von Österreichern, in Znojmo einen Vorschlag zur Rekrutierung Schreiners als „geheimen Mitarbeiter" unter dem Decknamen „Dědek" – der „Alte" (eigentlich: Opa).[175] Derartige als „verbovka" (Werbungsakt) bezeichnete Rekrutierungsvorschläge mussten von einem der stellvertretenden Innenminister – in diesem Fall Jindřich Kotal – persönlich genehmigt werden.

In Schreiners „verbovka" wurden nicht nur die Umstände des Erstkontaktes ausgeführt, sondern auch das weitere Vorgehen bei seiner angepeilten Anwerbung beschrieben. Als Hauptmotiv für die erhoffte Kollaboration gibt Stránka die finanzielle Situation Schreiners an:

„Leopold Schreiner wird Schritt für Schritt unter laufender Intensivierung der Zusammenarbeit mit dem Grenzschutz angeworben. Gleichzeitig wird er mit Geld honoriert, denn obwohl sein monatliches Einkommen inklusive Kinderbeihilfe fast 3.000 Schilling beträgt, muss er auf jeden einzelnen Schilling schauen, da die Ausbildung seiner Tochter für ihn eine große finanzielle Belastung darstellt. Die Übergabe von Gütern, die ihm von Nutzen wären, wäre eine weitere Möglichkeit, ihn an unsere Nachrichtendienstoffiziere zu binden."[176]

Die für einen Beamten problematische Situation, in die sich Schreiner bereits durch seine ersten geheim gehaltenen Treffen mit den Grenzschutzbeamten gebracht hatte, wurde tschechischerseits ebenfalls als wichtiges Druckmittel angeführt:

„Weiters ist Leopold Schreiner teilweise durch den Umstand kompromittiert, dass er für jedes Treffen die Staatsgrenze zur ČSR überschreitet und bereits wichtige Informationen an unsere Nachrichtendienstoffiziere übermittelt hat, ohne seine Vorgesetzten zu informieren."[177]

Konkret soll Schreiner schon beim ersten geheimen Treffen für den Nachrichtendienst der Grenzbrigade verwertbare Informationen über die Zollwache und festgenommene Immigranten geliefert haben. Darüber hinaus soll der passionierte Hobbyfotograf auf tschechoslowakischen Wunsch hin in Österreich einen Belichtungsmesser organisiert und übergeben haben. Auch die familiären Kontakte Schreiners wurden dazu ausgenutzt, Druckmittel gegen den österreichischen Beamten in der Hand zu haben. So wäre Schreiner „[...] durch die Lieferung mehrerer goldener und silberner Gegenstände an Verwandte in Brünn durch unseren Nachrichtendienstoffizier kompromittiert worden."[178]

Der „Alte" wird aktiv

Aus Sicht der Grenzschutzbrigade meinte die tschechoslowakische Seite damit genügend Druckmittel in der Hand zu haben, um Schreiner als geheimen Informanten anzuwerben. Nun trachtete man danach, Schreiner in Unwissenheit darüber zu halten, dass er vom Nachrichtendienst geführt wurde. So verzichtete man explizit auf seine Unterschrift unter eine Kooperationszusage mit der Nachrichtendienstabteilung. Er sollte stattdessen im Glauben belassen werden, mit regulären Grenzschutzbeamten zusammenzuarbeiten. Als weitere Schritte schlug man im Februar 1956 vor, Schreiners Informationen mit Bargeld abzugelten, ihn in „konspirativen Maßnahmen" zu unterweisen und zu diesem Zweck Zeitpunkte und Wege für persönliche Treffen sowie Maßnahmen bei einer plötzlichen Unterbrechung des Kontaktes festzulegen.

Die von der Nachrichtendienstabteilung der Grenzschutzbrigade angeführten Informationen und Tätigkeiten, die man sich von Schreiner erhofft hatte, konzentrierten sich einerseits auf den näheren Dienstort des Zollwachbeamten (Organisation und Arbeitsabläufe im Zollwachabteilungsinspektorat Schrattenberg, Schreiners Kollegen in Schrattenberg und in Reintal bei Bernhardsthal, Gendarmeriebeamte, Befehle von Vorgesetzten, Kommanden oder „Veränderungen" in der Grenzregion) und andererseits auf von der Zollwache auf österreichischem Territorium festgenommene Personen, sowohl im Zuständigkeitsbereich des Zollwachabteilungsinspektorates Schrattenberg als auch der benachbarten Inspektorate. Darüber hinaus erhoffte man sich Informationen zu Personen, die von den österreichischen Behörden überwacht wurden, ohne den Personenkreis in den Akten näher zu definieren.

Nach der Genehmigung von Schreiners Rekrutierung durch das Innenministerium wurde dem „Alten“ Ende März 1956 der neue Deckname „Erich“ zugewiesen. Als nunmehr offiziell geführter Informant lieferte Schreiner vom 6. September 1956 bis zum 28. Dezember 1956 bei 19 verzeichneten Treffen 8 Berichte an den Nachrichtendienst der 4. Grenzschutzbrigade, wofür ihm jeweils zwischen 200 und 500 Schilling, in der Summe 2900 Schilling – also fast ein Monatsgehalt samt Kinderbeihilfe – ausbezahlt wurden. Keiner dieser Berichte hat sich bis heute erhalten, lediglich die Skartierungsvermerke.

Das Ende der Zusammenarbeit

Ende 1956 wurde Schreiner von Schrattenberg nach Marchegg, und damit in den Zuständigkeitsbereich der gegenüber gelegenen, 11. tschechoslowakischen Grenzschutzbrigade mit dem Kommando in Bratislava, versetzt. Sein Akt wurde ordnungsgemäß an deren Nachrichtendienstabteilung übergeben und auch von den neuen Führungsoffizieren danach getrachtet, Schreiner weiter als Quelle zu „pflegen“. Allerdings beklagte die Nachrichtendienstabteilung der 11. Brigade in einem Bericht vom 1. April 1957, dass

„[...] die Übergabe allein auf administrativem Wege erfolgte, da es uns nicht möglich war, ihn [Schreiner] persönlich bei einem geheimen Treffen zu kontaktieren, an dem sein Führungsoffizier von der 4. Grenzschutzbrigade aus Znojmo, Leutnant Stránka, zum Zwecke des Agententransfers anwesend hätte sein sollen.“ [179]

Andererseits wurde den Beamten aus Bratislava Säumigkeit im Fall „Erich“ vorgeworfen, denn „[...] keine effektive Maßnahme wurde getroffen, um nach dem Transfer rasch einen Kontakt herzustellen.“[180]

Offensichtlich war man sich der Bedeutung bewusst, die der persönliche Kontakt zum jeweiligen Informanten für dessen Vertrauen in die Zusammenarbeit hatte. Schreiner brach nach dem aus Sicht der Grenzbrigaden offensichtlich unglücklich verlaufenen Zuständigkeitstransfer den Kontakt ab, vermied Treffen, verweigerte jedweden Kontakt. Auf die Anwendung der so akribisch angeführten Druckmittel, von denen sich Leutnant Stránka versprochen hatte, Schreiner im Fall der Fälle zur Zusammenarbeit zu zwingen, wurde verzichtet. Mit der Bemerkung versehen, „die genannte Person ist für die Zusammenarbeit mit dem Nachrichtendienst der Grenzschutzbrigade ungeeignet", ersuchte Leutnant Josef Doubrava, Referent in der Nachrichtendienstabteilung der 11. Grenzschutzbrigade, am 12. November 1957 darum, den Fall Leopold Schreiner für zehn Jahre im Archiv des Innenministeriums aufzubewahren.

Der Grenzschirm hinter dem „Eisernen Vorhang“ Das Ehepaar Kouba

Rückblickend erscheint der Grenzstreifen, den die Tschechoslowakei und Ungarn an ihren Süd- und Westgrenzen während des „Kalten Krieges“ als „Eisernen Vorhang“ zu einem schier unüberwindbaren Hindernis ausbauten, als scharfe Trennung zwischen Ost und West, eine Barriere im ideologischen, politischen, wirtschaftlichen, militärischen und gesellschaftlichen Sinn. Bis zur Wiedererlangung der vollen Souveränität Österreichs mit dem Staatsvertrag von 1955 war das allerdings nicht ganz so. Denn der sowjetische Einfluss endete nicht an den Außengrenzen Ungarns und der Tschechoslowakei, sondern eigentlich erst an der innerösterreichischen Grenze der sowjetischen mit den westlichen Besatzungszonen, also entlang der Donau und Enns und der burgenländisch-steirisch-niederösterreichischen Grenze. Wien war zudem viergeteilt, wodurch die sowjetischen Einflussmöglichkeiten noch viel weiter gehen konnten.

Gelang es Flüchtlingen aus der ČSR, über die Grenze nach Österreich zu kommen, bedeutete dies daher noch lange nicht, dass sie sich in Sicherheit wähnen durften. Denn hinter dem „Eisernen Vorhang“ war für sie noch ein unsichtbarer Grenzschirm zu überwinden – gebildet aus sowjetischem Geheimdienst, österreichischen Gendarmen und Polizisten, tschechoslowakischen Diensten und österreichischen Zivilisten. Viele verfingen sich in diesem Grenzschirm. Auch die österreichische Zollwache, nicht selten im Verein mit den sowjetischen Besatzern, konnte das Fluchtvorhaben noch zum Scheitern bringen.

Wurden die Flüchtlinge nämlich von der österreichischen Zollwache oder der Gendarmerie aufgegriffen, bedeutete dies in der Regel, nach einem Verhör und einer kurzen Haft, eine Auslieferung an die sowjetischen Sicherheitsorgane des NKWD/MWD beziehungsweise anfänglich der Smersch[181] (Gegenspionage), die sie wiederum an die ČSR auslieferten. Zahlreiche Klagen über diese Praxis finden sich in der österreichischen „Arbeiter-Zeitung“, die regelmäßig über Grenzzwischenfälle berichtete.

Besonders eindringlich stellte ein Artikel der „Arbeiter-Zeitung“ vom 11. Juli 1950 die schwierige und diffizile Situation der österreichischen Exekutivbeamten dar:

„Seit Jahren herrschen an Österreichs Grenzen in der Ostzone bedenkliche Zustände. Die Gendarmen sind durch das österreichische Gesetz und die Anweisungen des Innenministers [Oskar Helmer, Anm. d. V.] verpflichtet, politischen Flüchtlingen Schutz zu gewähren, die Kommandanturen verlangen jedoch von ihnen, jeden Flüchtling festzunehmen und an sie auszuliefern. Das führte dazu, daß Flüchtlinge aus der Tschechoslowakei, durch hunderte böse Beispiele gewarnt, bewaffnet über die Grenze kommen, um sich, wenn es ihnen gelingt, bis in die westlichen Besatzungszonen durchzuschlagen."[182]

Am 23. Februar 1951 findet sich in derselben Zeitung ein weiterer Artikel über die heikle Position der österreichischen Gendarmerie an der Grenze. Dort heißt es:

„Die österreichischen Gendarmen stehen wieder vor einem bedrückenden Dilemma, weil der Befehl der russischen Bezirkskommandanturen, alle Flüchtlinge der Besatzungsmacht zu übergeben, dem Auftrag des österreichischen Innenministers, den politischen Flüchtlingen Asylrecht zu gewähren, direkt entgegensteht."[183]

Die Besatzungsmacht bestimmt

Juristisch waren diese Auslieferungen durch die Österreicher im Zweiten alliierten Kontrollabkommen über Österreich vom 28. Juni 1946 durch die vier Besatzungsmächte geregelt und völkerrechtlich gedeckt. Dieses von den Vertretern des Alliierten Rates J. S. Steele (Großbritannien), M. W. Clark (USA), L. V. Kurassow (Sowjetunion) und M. E. Béthouart (Frankreich) unterzeichnete Dokument gab der österreichischen Bundesregierung (unter Leopold Figl) zwar „uneingeschränkte Autorität über ganz Österreich"[184], doch musste sie und „alle untergeordneten österreichischen Behörden die Anweisungen, die sie von der Alliierten Kommission empfangen", ausführen.[185]

Die Einräumung hoheitlicher Rechte an die österreichische Regierung und Verwaltung durch die Alliierten erfolgte nur sehr partiell und hatte vielfach spezielle Ausnahmeregelungen. So sollten bei der Verfolgung von Straftaten die alliierten Besatzer zwar immer nur in Absprache mit österreichischen Behörden agieren, diese legten aber gleichzeitig zahlreiche Ausnahmen fest, in denen sie direkt und ohne Beiziehung der österreichischen Behörden handeln konnten. Für die nach Österreich geflüchteten

Tschechen und Slowaken konnten gleich zwei dieser Ausnahmen angewendet werden: „Schutz und Sicherheit der alliierten Streitkräfte in Österreich“ und besonders „Die Kontrolle des Ein- und Ausreiseverkehrs in Österreich, bis österreichische Reisekontrollen errichtet werden können“.[186]

Mit diesen beiden Ausnahmeregelungen konnten Flüchtlinge allein wegen des illegalen Grenzübertritts oder wenn sie, wie oft behauptet, Waffen bei sich trugen, durch die Alliierten in Gewahrsam genommen werden. Auf diese beiden Artikel konnten sich die Organe aller vier Alliierten berufen. Insbesondere berief sich in der Praxis die sowjetische Besatzungsmacht darauf, wenn sie von österreichischen Organen aufgegriffenen Flüchtlingen habhaft werden und deren Übergabe in die eigene Jurisdiktion erwirken wollte.

Trotz des Artikels 14 der „Allgemeinen Erklärung der Menschenrechte“ von 1948, wonach jedem in der Heimat verfolgten Menschen das Recht zustand, in einem anderen Land Asyl zu suchen und Schutz zu genießen, oblag die Behandlung von Flüchtlingsfragen in Österreich bis in die 1950er-Jahre der jeweils zuständigen Besatzungsmacht. Dies änderte sich erst 1955, als die von Österreich am 28. Juli 1951 unterzeichnete „Genfer Flüchtlingskonvention“ auf dem gesamten Bundesgebiet in Kraft trat.

Zellentüren im sowjetischen Durchgangsgefängnis in Neunkirchen in Niederösterreich. Für viele von den Sowjets der „Spionage“ bezichtigten Personen eine der letzten Stationen vor ihrer Verbringung in die Sowjetunion. Foto: Karner.

Aus Sicht der internationalen Gesetzgebung verstieß also die Auslieferung politischer Flüchtlinge zwar ab 1948 gegen die „Allgemeine Erklärung der Menschenrechte", juristisch konnte aber durch die in Österreich gültige Gesetzgebung bis 1955 dagegen nichts unternommen werden.[187]

Ganz im Gegenteil: Die österreichischen Behörden mussten auf Weisung der sowjetischen Besatzungsmacht alle aufgegriffenen Flüchtlinge ausliefern.

Auch der Lagebericht der burgenländischen Sicherheitsdirektion vom 3. Juni 1949, der auf den ansteigenden „Flüchtlingszug von Volksdeutschen und Ausländern aus Oststaaten nach Österreich" hinwies,[188] bezog sich auf die entsprechende Weisung:

„Die Ausländer sind über Weisung der sowjetruss.[ischen] Besatzungsmacht den zuständigen Bezirkskommandanturen, die im Bezirke Neusiedl am See Aufgegriffenen der Bezirkshauptmannschaft Bruck a.d.L. [an der Leitha] vorzuführen, welche als Hauptmannschaft die Überstellung an die sowjetruss.[ische] Bezirkskommandantur Bruck a.d.L. [an der Leitha] durchzuführen hat."[189]

Andererseits erfüllte die österreichische Exekutive entsprechende Ersuchen der Sowjets auch selber und schob Flüchtlinge in ihre Herkunftsländer ab. Es war zumindest ein juristischer Graubereich, wenn nicht ein glatter Gesetzesbruch, den die österreichische Exekutive dabei beging. Klartext sprach der burgenländische Sicherheitsdirektor:

„Es ist in einzelnen Fällen [...] vorgekommen, dass sowjetruss.[ische] Bezirkskommandanturen die österr.[eichische] Gendarmerie aufgefordert haben, die Ausländer in ihren Herkunftsstaat gegen Bestätigung zu überstellen. [Da aber] [...] solche Aufträge vom österreichischen Standpunkt aus rechts- und gesetzwidrig sind, wurde beim Bevollmächtigten des Herrn Hochkommissars Österreichs im Burgenland in Eisenstadt [mit Erfolg interveniert]".[190]

Tatsächlich mussten die burgenländischen Sicherheitsorgane danach keine Flüchtlinge mehr selber abschieben, sondern sie eben weiterhin an die Sowjets abliefern. Wegen des Schicksals der Flüchtlinge wollte man auch keinen Streit mit den Besatzern riskieren, im Gegenteil, die Burgenländer waren bestrebt, die sowjetischen Organe bei Laune zu halten, was ihnen auch erstaunlich gut gelang. So meldete etwa die Landessicherheitsdirektion im Dezember 1949:

„Das Verhältnis zur sowjetischen Besatzungsmacht hat keine Änderungen erfahren. Das gute Einvernehmen und die Zusammenarbeit blieben auch im Berichtsmonat gewahrt.“ [191]

Der vom Bundespolizeikommissariat zunehmend festgestellte „erhöhte [...] Einfluß auf die internen Dienstverhältnisse“ wurde heruntergespielt.[192] Die Republik blieb bis 1955 eben „bevormundet“.[193]

Abgesehen von den Möglichkeiten des Kontrollabkommens und den entsprechenden Weisungen hatten die Sowjets noch andere, viel direktere Möglichkeiten, politische Flüchtlinge aus Osteuropa gefangen zu nehmen. Man bediente sich vor allem der, insbesondere in Ostösterreich und Wien, stark von Kommunisten durchsetzten Polizei und Gendarmerie. So wurden KPÖ-Mitglieder dazu angehalten, verdächtige Personen zu verhaften und diese unmittelbar nach der Verhaftung an sowjetische Geheimdienst-Organe beziehungsweise Kommandanturen zu übergeben, was ganz besonders oft in „Spionage“-Verdachtsfällen vorkam. Die Zusammenarbeit sowjetischer Organe mit den ČSR-Geheimdiensten in Ostösterreich ermöglichte eine weitgehende Kooperation bei geflüchteten Tschechen und Slowaken.[194]

Das Gefängnis der Gegenspionage der sowjetischen Armee in Baden bei Wien. Hier wurden zahlreiche der „Spionage gegen die Sowjetunion“ verdächtige Personen, darunter österreichische Mitarbeiter des CIC und des FS, nach ihrer Verhaftung gefangen gesetzt und von der sowjetischen Spionageabwehr verhört und gefoltert. Quelle: AdBIK.

Die Dramatik der Abschiebungen

Demgemäß waren sich auch die Flüchtlinge aus der ČSR zunehmend bewusst, dass ein erfolgreiches Überwinden der tschechoslowakisch-österreichischen Grenze noch keine endgültig erfolgreiche Flucht bedeutete. Eine Verhaftung in der sowjetischen Besatzungszone, also in Niederösterreich, im Burgenland, im Mühlviertel Oberösterreichs und in den sowjetischen Sektoren Wiens, musste daher von den Flüchtlingen in jedem Fall vermieden werden. Das führte zu vielen kritischen Situationen und offenen Zusammenstößen zwischen österreichischen Zollwachbeam-

Immer wieder gab der tschechoslowakische Grenzschutz an, bei Flüchtlingen und „Agenten" Waffen sichergestellt zu haben. Quelle: ABS.

ten beziehungsweise Gendarmen und bereits in Österreich befindlichen tschechoslowakischen Flüchtlingen. Wie am 9. Juli 1950 im Waldviertel, als der 19-jährige Slowake Dušan Simsky bei Steinfeld von einer österreichischen Gendarmerie-Patrouille gestellt wurde.

Als sich ihm die österreichischen Gendarmen näherten, entsicherte Simsky seine Maschinenpistole und schoss auf die Beamten, die das Feuer sofort erwiderten und Simsky erschossen. Kurze Zeit später stellte es sich heraus, dass Simsky nicht allein, sondern gemeinsam mit fünf weiteren schwer bewaffneten Flüchtlingen über die Grenze gekommen war. Die anderen fünf ließen sich jedoch widerstandslos von den Gendarmen festnehmen und wurden sofort verhört. Dabei gaben sie an, dass sie sich – wenn nötig – nicht nur am „Eisernen Vorhang" den Weg freischießen wollten, sondern beabsichtigten, sich auch durch die sowjetische Besatzungszone in Österreich durchzukämpfen. Sie wollten sich in jedem Fall wehren können. Zu Recht hatten alle bei einer Ergreifung durch österreichische Beamte ihre Auslieferung an die ČSR befürchtet. Die verbliebene Gruppe wurde daraufhin in die ČSR abgeschoben.[195]

Arglosigkeit von Flüchtlingen

Die meisten Ergreifungen von Flüchtlingen durch österreichische Beamte verliefen freilich weniger gefährlich. So auch die Anhaltung des Ehepaares Kouba Anfang Dezember 1949 nahe Gmünd.[196] Der damals 46-jährige Bohumír Kouba lebte mit seiner um 12 Jahre jüngeren Ehefrau Jiřina Koubová in Neuhaus/Jindřichův Hradec. Sie war Lehrerin, er Inhaber einer Autowerkstatt.

Nach dem Regimewechsel zu den Kommunisten im Februar 1948 sahen sie für sich keine Zukunft mehr in ihrem Heimatland, fühlten sich eingesperrt und entschlossen sich zur Emigration. Ursprünglich wollten sie legal in Richtung Australien ausreisen – Bohumír Kouba hatte einen bis 1949 gültigen Reisepass und war zudem schon im Besitz einer australischen „Landing Permit". Allerdings war es dem Ehepaar unmöglich, in der Tschechoslowakei gültige Visa zu erhalten. In Österreich rechneten sie damit, eher Visa für Australien zu bekommen, sodass das Ehepaar kurzerhand beschloss, das hohe Risiko eines illegalen Grenzübertritts nach Österreich auf sich zu nehmen.

In Stankau/Staňkov u Třeboně, nicht einmal zwei Kilometer von der tschechoslowakisch-österreichischen Grenze nordwestlich von Litschau entfernt, besaß das Ehepaar ein Wochenendhaus und konnte sich bei seinem Vorhaben auf eine gute Ortskenntnis verlassen. Nachdem beide am 9. Dezember 1949 die Grenzen nahe Litschau, etwa 20 Kilometer nördlich von Gmünd, erfolgreich überschritten hatten, liefen sie österreichischen Zollwachbeamten in die Hände. Die zwei wurden ohne Gegenwehr sofort festgenommen.

Nach der Verhaftung wurde das Ehepaar Kouba sogleich verhört. Dabei schilderte Bohumír Kouba die Flucht:

„Am 9. Dezember 1949 verließ ich mit meiner Frau unsere Wohnung in Jindřichův Hradec mit der Absicht, illegal ins Ausland auszureisen, und deswegen sind wir zu Fuß zum Teich in Staňkov gegangen, wo wir ein Wochenendhaus besitzen [...] Da kamen wir gegen 15 Uhr an und blieben bis 17 Uhr, dann haben wir die Grenze überschritten. Zirka 200 Meter nach der Staatsgrenze wurden wir von der österreichischen Finanzwache verhaftet [...]"

Anschließend brachte man die Koubas nach Litschau im Bezirk Gmünd. Dort angekommen, mussten sie auf dem Gendarmerieposten alle persönlichen Gegenstände und Wertsachen abliefern. Verzeichnet wurden eine goldene Uhr, 37 US-Dollar, eine goldene Kette und Ohrringe, vier goldene Ringe und 100 Schilling. Danach wurden sie auf die Polizeistation in Gmünd verlegt und von Bezirkshauptmann Dr. Helmut Kleinert[197] verhört. Vor allem wollte Kleinert wissen, warum sie trotz der hohen Gefahr und der Gesetzeswidrigkeit, von der sie wussten, die Grenze dennoch überquert hatten.

Laut den tschechoslowakischen Akten wurden sie aufgrund dieses Passvergehens für sieben Tage in Haft genommen. Im Anschluss daran wurden ihnen von den Österreichern die konfiszierten Gegenstände – bis auf das Bargeld – wieder ausgehändigt, ehe man sie umgehend an die sowjetische Besatzungsmacht auslieferte. Am 22. Dezember 1949 wurden sie wieder in die Tschechoslowakei überstellt und dort für über einen Monat in U-Haft gesetzt.

Am 27. Jänner 1950 kam es schlussendlich zu einem Gerichtsverfahren gegen das Ehepaar. Es wurde vom Bezirksgericht in Jindřichův Hardec zu mehreren Monaten Gefängnis verurteilt – Jiřina musste vier Monate, Bohumír sechs Monate Haft verbüßen. Das geringere Strafmaß für Jiřina erklärt sich daraus, dass sie aussagte, die Tat unter dem Einfluss ihres Mannes begangen zu haben. So heißt es im Gerichtsurteil:

„Die Angeklagte hat gestanden, dass sie selbst nie auf die Idee gekommen wäre, illegal auszureisen, dabei jedoch völlig unter dem Einfluss ihres Ehemannes gestanden war. Sie wollte ihn nicht verlassen, seine Sehnsucht nach dieser Reise war ihr bekannt und sie konnte ihn auch von seiner Entscheidung nicht mehr abbringen [...]“

Mit den verhängten Urteilen hatten die Koubas noch Glück. Denn kurze Zeit später wurde das tschechoslowakische Strafgesetz in Bezug auf den illegalen Grenzübertritt drastisch verschärft. Dies war die tschechoslowakische Reaktion auf die massive Flüchtlingswelle, die nach dem Februar 1948 eingesetzt hatte. Damit galt ein illegaler Grenzübertritt als Hochverrat, der mit der Todesstrafe geahndet werden konnte.

Am Tag der Flucht Koubas gab es ganz in der Nähe, südlich von Gmünd bei Pyhrabruck, einen weiteren Grenzalarm: Knapp, aber doch noch auf österreichischem Staatsgebiet wurden der 21-jährige landwirtschaftliche Hilfsarbeiter Adolf Wagner und sein Dienstgeber, der Landwirt Wilhelm Kaindl aus Ober-Wielands, bei Waldarbeiten von tschechoslowakischen Grenzsoldaten unter Beschuss genommen und mehr als hundert Meter auf österreichisches Gebiet verfolgt. 24 Schüsse feuerten die Grenzer auf

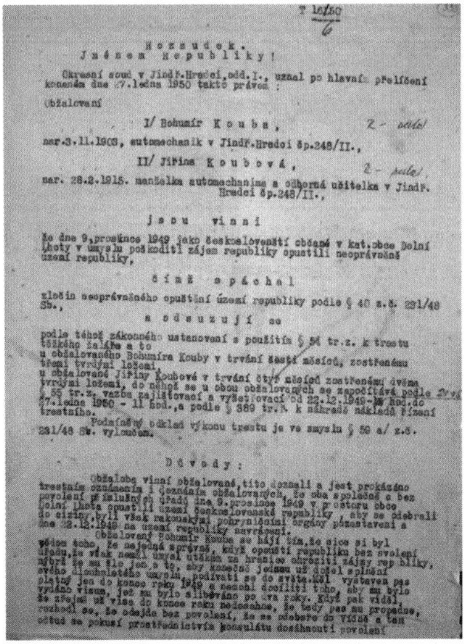

T 16/50
6

Rozsudek.
Jménem Republiky!

Okresní soud v Jindř.Hradci,odd.I., uznal po hlavním přelíčení konaném dne 27.ledna 1950 takto právem :

Obžalovaní

I/ Bohumír K o u b a , 2 - [illegible]

nar.3.11.1903, automechanik v Jindř.Hradci čp.248/II.,

II/ Jiřina K o u b o v á , 2 - [illegible]

nar. 28.2.1915. manželka automechanika a odborná učitelka v Jindř. Hradci čp.248/II.,

j s o u v i n n i

že dne 9.prosince 1949 jako českoslovenští občané v kat.obce Dolní Lhoty v úmyslu poškoditi zájem republiky opustili neoprávněně území republiky,

čímž spáchal

zločin neoprávněného opuštění území republiky podle § 40 z.č. 231/48 Sb.,

a odsuzují se

podle téhož zákonného ustanovení s použitím § 54 tr.z. k trestu těžkého žaláře a to
u obžalovaného Bohumíra Kouby v trvání šesti měsíců, zostřenému třemi tvrdými loži,
u obžalované Jiřiny Koubové v trvání čtyř měsíců zostřenému dvěma tvrdými loži, do něhož se u obou obžalovaných se započítává podle § 55 tr.z. vazba zajišťovací a vyšetřovací od 22.12.1949-[illegible] hod.do 27.ledna 1950 - 11 hod.,a podle § 389 tr.ř. k náhradě nákladů řízení trestního.
Podmíněný odklad výkonu trestu je ve smyslu § 59 a/ z.č. 231/48 Sb. vyloučen.

D ů v o d y :

Obžaloba viní obžalované,tito doznali a jest prokázáno trestním oznámením i doznáním obžalovaných, že oba společně a bez povolení příslušných úřadů dne 9.prosince 1949 v prostoru obce Dolní Lhota opustili území československé republiky , aby se odebrali do ciziny,byli však rakouskými pohraničními orgány pozastaveni a dne 22.12.1949 na území republiky navráceni.
Obžalovaný Bohumír Kouba se hájí tím,že sice si byl vědom toho, že nejedná správně, když opouští republiku bez svolení úřadu,že však neměl úmysl útěkem za hranice ohroziti zájmy republiky, nýbrž že mu šlo jen o to, aby konečně jednou už došel splnění svého dlouholetého úmyslu, podívati se do světa.[illegible] vystaven pas platný jen do konce roku 1949 a nemohl docíliti toho, aby mu bylo vydáno visum, jež mu bylo slibováno po dva roky. Když pak viděl, že zřejmě už visa do konce roku nedostane, že tedy pas mu propadne, rozhodl se, že odejde bez povolení, že se odebere do Vídně a tam odtud se pokusí prostřednictvím konsulátu dosáhnouti povolení

„Die Anklage befindet die Angeklagten für schuldig, diese bekannten sich schuldig und gestanden ihre kriminellen Handlungen ein". Erste Seite des schriftlichen Urteils gegen das Ehepaar Kouba. Quelle: SOkA Jindřichův Hradec.

die beiden, die den Tschechen nur mit großem Glück entkamen. Allerdings traf ein Schuss den Ellenbogen des Holzknechtes. Er wurde in das Spital von Gmünd eingeliefert.[198]

Die Arglosigkeit zahlreicher tschechoslowakischer Flüchtlinge und die meist unabsichtlich tragische Rolle, die neben den österreichischen Gendarmen auch der österreichischen Zivilbevölkerung zukam, belegen zwei weitere Beispiele.

Auch ein Tscheche namens Jaroslav Borkovec wurde nach zunächst erfolgreicher Flucht über den „Eisernen Vorhang", aufgrund von Hinweisen aus der Zivilbevölkerung, von Gendarmen verhaftet. Schon 1948 war Jaroslav Borkovec in der Nähe von Hohenfurth/Vyšší Brod über die damals noch relativ grüne Grenze nach Bad Leonfelden in Österreich geflohen. Mit dem Ziel, die US-Besatzungszone zu erreichen, marschierte er zu Fuß bis zirka 14 Kilometer vor Linz und vermied dabei jeden Kontakt zu Menschen. Im Glauben, sich bereits einigermaßen in Sicherheit zu befinden, kehrte er dann jedoch in ein Wirtshaus ein und bat um eine Übernachtung.

Weil es sich bei Borkovec um einen Ausländer handelte, musste er sich in ein Evidenzbuch für Ausländer eintragen. Zudem gab er auf Nachfrage der Wirtin, woher er denn käme und wohin er wolle, freimütig darüber Auskunft, dass er gerade aus der Tschechoslowakei gekommen sei und in Linz bei den Amerikanern als Mechaniker arbeiten wolle. Tags darauf wurde er direkt aus dem Gästezimmer heraus verhaftet – ob die Verhaftung durch die österreichische Gendarmerie oder durch sowjetische Besatzungssoldaten erfolgte, kann nicht mehr nachvollzogen werden. Bereits in Gewahrsam und auf dem Weg zur Abschiebung in die Tschechoslowakei wollte Borkovec noch für seine Übernachtung und einen Kaffee mit 500 tschechoslowakischen Kronen bezahlen, was die Wirtin allerdings nicht annahm. Dafür überließ er ihr ein Paar Socken.[199]

Der 1930 ebenfalls im heutigen Tschechien geborene Josef Švec hatte am 3. April 1951 die Grenze bei Haugschlag überschritten. Dazu musste er keinen sonderlich weiten Weg zurücklegen, schließlich stammte er aus einem kleinen Dorf auf der gegenüberliegenden Seite des „Eisernen Vorhangs“, aus Artholz/Artolec. Nur einen Tag lang konnte er sich in Österreich in Sicherheit wähnen, nachdem er, seinen Aussagen nach, von einem österreichischen Wirt in Großschönau an die österreichische Gendarmerie „verraten“ wurde. Nach einer kurzen Einvernahme, bei der man seine tschechoslowakische Staatsbürgerschaft feststellte, wurde er den sowjetischen Besatzungstruppen übergeben und am 25. Mai 1951 bei Gmünd an die Tschechoslowakei ausgeliefert. Die Konsequenz seiner missglückten Flucht: ein Jahr Gefängnis und 5000 Kronen Geldstrafe.[200]

„Schlagt ihn einfach bewusstlos und bringt ihn über die Grenze!“ Agent „Alberts“ Tod beim Fischen in der Thaya

Am 10. November 1955 schrieb Leutnant Jaroslav Stránka, Mitglied der Spionageabteilung der nachrichtendienstlichen Abteilung der 4. Grenzbrigade des SNB in Znojmo und ein erfahrener Geheimdienstoffizier, einen Antrag auf Anwerbung eines Ausländers als „Informant“ für den Geheimdienst der ČSR. So steht es auf Seite 13 des tschechoslowakischen Geheimdienstaktes. Eine heikle Angelegenheit, die viel Fingerspitzengefühl und Erfahrung erforderte. Stránka hätte es nie gewagt, einen derartigen Antrag zu stellen, wäre ihm da nicht ein geeigneter Mann aufgefallen, den er vorschlagen konnte.

Stránkas Wahl war auf den Niederösterreicher Walter Wawra gefallen, einen Weinviertler, geboren am 23. Juni 1927 in Rabensburg, wohnhaft keine zwei Kilometer von der österreichisch-slowakischen Grenze entfernt. Sein Tarnname sollte „Albert“ sein. Stránka hatte im Vorfeld seines Gesuches genaue Informationen zur Biografie seines „Anwärters“ eingeholt, hatte ihn beschattet, seine Zuverlässigkeit und Verschwiegenheit geprüft, soweit es ihm eben möglich gewesen war, und gesehen, dass Wawra dunkle Punkte in seinem Leben hatte, unangenehme, sodass er nötigenfalls auch erpressbar war.

Wawra hatte in Poštorná, einem kleinen Dorf im Bezirk Břeclav, die Grundschule und anschließend die Hauptschule besucht. Nach Abschluss der Schule war Wawra im Herbst 1941 zur Waffen-SS in Wien eingerückt, wo er eine Schlosserlehre absolvierte. Danach diente er laut Stránkas Bericht in mechanisierten Einheiten der Waffen-SS in der besetzten Tschechoslowakei. Während dieses Dienstes sei er auch als Gefängniswache in Břeclav im Einsatz

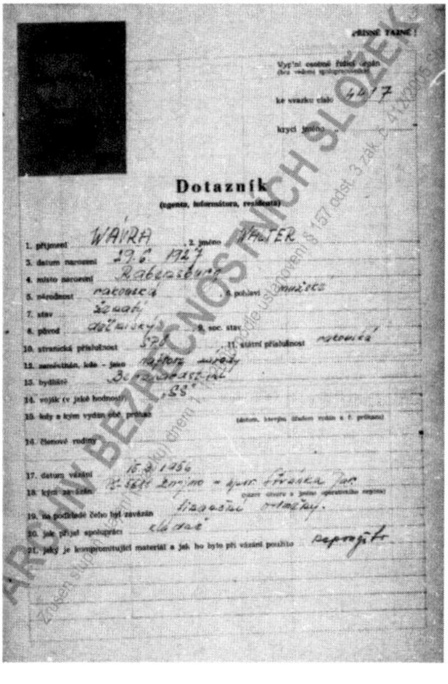
PŘÍSNĚ TAJNÉ!

ke svazku čísl. 4417

krycí jméno

Dotazník

1. příjmení WAWRA 2. jméno WALTER
3. datum narození 29.6. 1927
4. místo narození Rabensburg
5. národnost rakouská 6. pohlaví mužské
7. stav ženatý
8. původ 9. soc. stav
10. stranická příslušnost 11. státní příslušnost rakouská
12. zaměstnán, kde – jako
13. bydliště
14. voják (v jaké hodnosti) „SS“
15. kdy a kým vydán obč. průkaz
16. členové rodiny
17. datum vázání 15.2.1956
18. kým získán
19. na podkladě čeho byl získán
20. jak přijal spolupráci
21. jaký je kompromitující materiál a jak ho bylo při vázání použito nepoužito

Das StB-Personalblatt zu Walter Wawra alias „Albert“. Quelle: ABS.

gewesen. Einen Umstand betonte Stránka in seinem Bericht besonders: In dieser Zeit hatte Wawra bereits seine Fähigkeiten im Schmuggeln von Gegenständen und Informationen bewiesen. Entgegen seinen Dienstanweisungen hatte er Gefangenen der Haftanstalt Essen gebracht und zudem Nachrichten an ihre Verwandten aus dem Gefängnis geschmuggelt. Dies brachte ihm 1944 eine Verhaftung und eine Internierung im Konzentrationslager Buchenwald ein.

Zu Kriegsende 1945 kehrte er zu seinen Eltern nach Bernhardsthal zurück. Ende des Jahres wurde Wawra Parteimitglied der KPÖ. Stránka wertete dies allerdings eher als trockenes Kalkül denn als einen ideologischen Pluspunkt: Laut den tschechoslowakischen Informationen dürfte er sich vor allem deshalb um die Mitgliedschaft beworben haben, um eine Arbeitsstelle in der Sowjetischen Mineralölverwaltung (SMV)[201] zu bekommen.

Keine ganz ungewöhnliche Vorgangsweise. Ebenso war Wawra nicht der einzige Österreicher, der als KPÖ-Mitglied in den Nachkriegsjahren von einem ausländischen Geheimdienst als „Agent" angeworben wurde, denn die KPÖ war für die östlichen und westlichen Dienste zu einem interessanten Mitarbeiterreservoir geworden. Die sowjetischen Geheimdienste sahen die Parteimitglieder der KPÖ aufgrund der ideologischen Nähe und der guten Parteikontakte zur Geheimdienstszene als loyale Informationssammler und „Handlanger" der sowjetischen Spionageabwehr an. So wurden einige Fälle bekannt, in denen Personen, die man sowjetischerseits der Spionage verdächtigte, von österreichischen Polizisten, Mitgliedern der KPÖ, verhaftet und unmittelbar darauf den sowjetischen Besatzern übergeben wurden.[202]

Den westlichen Diensten blieben diese Aktivitäten nicht verborgen. Darum wurde die KPÖ von ihnen auch als eine nicht unwesentliche Bedrohung angesehen. Die amerikanische Spionageabwehr betrachtete daher das Sammeln von Informationen über die Aktivitäten der KPÖ in den 1950er-Jahren sogar als eine ihrer Hauptaufgaben, versuchte das CIC, Parteimitglieder anzuwerben – man erhoffte sich von ihnen Informationen über die „geheimen" Aktivitäten der Parteimitglieder.[203]

Für Wawra schien der Beitritt zur KPÖ allerdings tatsächlich berufliche Gründe gehabt zu haben. Als die SMV im August 1955 an die Republik Österreich übergeben und damit zu einem staatlichen Unternehmen, der „Österreichischen Mineralölverwaltung" (ÖMV) wurde,[204] trat Wawra wieder aus der Kommunistischen Partei aus. Er sah offensichtlich seine berufliche Zukunft durch eine weitere KPÖ-Mitgliedschaft gefährdet.

Wahlwerbung der KPÖ in Wien anlässlich der ersten Wahlen der Zweiten Republik 1945.
Quelle: AdBIK, Foto: Zajcev.

Stránka hielt eine Rekrutierung Wawras aus mehreren Gründen für sinnvoll: So hatte Wawra seit seinem Schulbesuch sehr gute private Kontakte im Bezirk Břeclav (er heiratete 1952 sogar eine in Rakwitz/Rakvice im Bezirk Břeclav geborene Tschechin[205]). Hinzu kam sein privates Umfeld jenseits der Grenze, in Bernhardsthal. Dadurch hatte Wawra gute Kontakte in diesem Abschnitt, beiderseits der Grenze. Dies erleichterte ihm das Sammeln von Informationen sowohl in der ČSR als auch in Österreich. Gleichzeitig stufte Stránka „Albert" als einen Mann mit hohem Potenzial ein, wie er dies auch in seinem Bericht festhielt:

„Walter Wawra hat nicht nur die Möglichkeit, Informationen zum Dienst der österreichischen Gendarmerie und der Zollwache zu sammeln, sondern kann uns auch mit Informationen zu Personen versorgen, die im Verdacht stehen, für ausländische Nachrichtendienste Transporte durchzuführen, wie zum Beispiel Fojtíková und Bártek aus Bernhardsthal oder Pav Jan aus Rabensburg. Diese Personen haben nach 1945 auf illegalem Wege die Tschechoslowakei verlassen und haben sich nahe der Grenze angesiedelt. Fojtíková war etwa an der Aktion ‚Tuček' beteiligt, wo sie als ‚Schleuser' für den CIC-Agenten Jiří Gajda agierte, der 1949/50 illegal Emigranten über die Grenze schmuggelte."[206]

Für die Geheimdienstoffiziere der tschechoslowakischen Grenzwache bot die Rekrutierung Wawras offenbar eine Möglichkeit, diese Aktivitäten unter Kontrolle zu bekommen. Wawra arbeitete als Schlosser bei einer Pumpstation der ÖMV, die sich direkt am Grenzabschnitt nahe der Doubravka-Straße befand. Dadurch hatte er einen guten Überblick über die Vorgänge vor Ort an der Staatsgrenze und konnte so Angaben über Personen machen, die in diesem Grenzgebiet immer wieder auftauchten.

Das Sammeln von Informationen war für ihn ein Leichtes: Aufgrund seines Arbeitsortes hatte er viele Bekannte in der Gendarmerie und der Zollwache in diesem Gebiet. So kannte er den Gendarmeriekommandanten in Bernhardsthal, Karl Svacina. Dieser war, so zeigen es jedenfalls die Geheimdienstpapiere, seinem Bekannten gegenüber immer sehr mitteilsam und verriet ihm immer wieder Dienstgeheimnisse. Unter den Beamten der Zollwache hatte Wawra wiederholt Kontakt zu František Hornák, der ebenfalls in Bernhardsthal stationiert war und sich regelmäßig mit Wawra traf.[207]

Leutnant Stránka war sich aber auch bewusst, dass die geplante Rekrutierung mit gewissen Risiken verbunden war. So gab es in der Biografie Wawras Hinweise auf eine Zusammenarbeit mit dem amerikanischen CIC, im Zuge derer er sich als wankelmütig und von schwankender Loyalität erwiesen hatte. So hatte ihn, den Informationen des tschechoslowakischen Nachrichtendienstes zufolge, das CIC schon 1949 beauftragt, Hilfestellung bei der Flucht von Personen über die Grenze nach Österreich zu leisten. Zwei Fälle solcher „Hilfestellung" führt Stránka in seinem Bericht an: Sein „erster" Fall betraf eine fünfköpfige jüdische Familie mit Kindern. Der zweite bekannt gewordene Fall betraf eine Drei-Personen-Gruppe, die er bei ihrer Flucht aus der Tschechoslowakei tatkräftig unterstützte.[208]

Natürlich machten eben diese Kontakte Wawra zu einer für die tschechoslowakische Seite umso interessanteren Auskunftsperson. Schon vor dem Ansuchen Stránkas war der StB an ihn mit ähnlichen Avancen herangetreten. So arbeitete Wawra zum ersten Mal 1951 für die tschechoslowakische Grenzwache, als er einen potenziellen CIC-Agenten über die Grenze schaffen sollte. Im Bericht Stránkas finden sich nur sehr rudimentäre Angaben zur „geschleppten" Zielperson. Diese wird immer nur mit dem Namen „Jurík" bezeichnet. Procházka, ein Offizier des tschechoslowakischen Geheimdienstes, der den Decknamen „Šipra" trug, hatte ihm dafür ein Honorar von 1000 Schilling versprochen, dieses aber nie ausbezahlt. Wawra brach daraufhin den Kontakt zur Grenzwache ab.

Im Juni 1953 nahm ein anderer Geheimdienstoffizier der Grenzwache namens Hejkal neuerlich Kontakt zu Wawra auf. Auch diese Zusammenarbeit hielt nur rund ein Jahr.[209] Der Grund für den neuerlichen Abbruch: die innenpolitisch angespannte Situation in der Tschechoslowakei. Denn nach Stalins Tod Anfang März 1953 und den vorangegangenen politischen Prozessen im Land reduzierte und beschnitt die Kommunistische Partei der Tschechoslowakei den Einfluss der Organe der Staatssicherheit und des Geheimdienstes. Tatsächlich hatte sich dieser bis 1953 ständig vergrößert und ausgeweitet. Die Reduktion der Dienste bedeutete auch eine Kürzung der Geldmittel, sodass zahlreiche Operationen, darunter auch jene von Wawra, abgebrochen werden mussten.

Der Bericht Stránkas, der nun Ende 1955 die abermalige „Reaktivierung" Wawras empfahl, verfehlte seine Wirkung nicht. Er erhielt die Erlaubnis, selbst mit Wawra in Kontakt zu treten. Rund vier Monate später, am 15. März 1956, fand ein Treffen der beiden auf tschechoslowakischem Gebiet in einer konspirativen Wohnung mit dem Decknamen „Museum" statt. Wawra wurde bei diesem Treffen gefragt, ob er abermals dazu bereit wäre, mit dem tschechoslowakischen Geheimdienst zusammenzuarbeiten.

Die Entführung des CIC-Agenten Jurík

Wawra ging auf das neuerliche Angebot ein, obwohl er in der Vergangenheit bereits schlechte Erfahrungen mit dem StB gemacht hatte. Stránka hielt in seinem Bericht fest:

„Auf die Frage, ob er zu einer Zusammenarbeit bereit sei, antwortete er mit ‚Ja', obwohl er bereits seit 1950 mit uns zusammengearbeitet hatte, ihm

wiederholt gedroht wurde und zahlreiche Versprechen, die wir ihm gegeben hatten, nicht eingehalten wurden.“ [210]

Im Gespräch begann er über die Vorfälle rund um den CIC-Agenten Jurík zu erzählen: Er sagte, er habe gemeinsam mit Leoš Wilde, der ebenfalls bei der Pumpstation arbeitete, von Šipra und einem weiteren Geheimdienstmann mit dem Decknamen „Olda“[211] den Auftrag erhalten, Jurík um jeden Preis auf die tschechoslowakische Seite des Flusses zu schaffen. Šipra gab ihnen dafür ein Schlafpulver, das sie gegen Jurík einsetzen sollten.

Gemäß dem Bericht gelang es ihnen auch, Jurík unter dem Vorwand, sie hätten ein lohnenswertes Geschäft in Aussicht, im Zuge dessen ein paar Leute über die Grenze zu schmuggeln seien, nach Bernhardsthal zu locken. Dort luden sie ihn in eine Bar ein, machten ihn betrunken und flößten ihm ein Schlafpulver ein. Als Jurík schon völlig betrunken war, verließen sie, ihn stützend, die Bar und wankten zu dritt an die Thaya zur „Verbrannten Brücke“ (Spálený most)[212], wo sie mit Šipra einen Treffpunkt vereinbart hatten. Dort sollte Šipra nun den Agenten Jurík übernehmen.

Da trat ein unvorhergesehenes Problem auf: Das Jurík eingeflößte Schlafmittel wirkte noch nicht, der Mann war noch wach. Daher überquerte Wawra die Thaya über eine nahe gelegene Furt und bedeutete Šipra erregt, Jurík sei noch immer wach, und fragte, was zu tun sei. Šipra gab ihm den Auftrag, mit Jurík zur Pumpstation zu gehen, in der Hoffnung, er würde auf dem Weg dorthin einschlafen. Dem war aber nicht so. Der Mann war immer noch wach, das Schlafmittel entweder wirkungslos oder bereits erbrochen worden. In der Aufregung überquerte Wawra die Thaya ein weiteres Mal und erbat von Šipra weitere Instruktionen.

Die Anweisung Šipras war klar und brutal: „Schlagt Jurík einfach mit einem Stock bewusstlos und bringt ihn dann über die Grenze!“ Kurz entschlossen suchte Wawra in der Nähe der Pumpstation einen geeigneten Stock, verdeckte ihn und ging zu Jurík zurück. Dieser war zwar stark betrunken, doch das Schlafmittel schien keinerlei Wirkung auf ihn zu haben.

Wawra beratschlagte sich mit Wilde, wer von ihnen beiden Jurík bewusstlos schlagen sollte. Letztlich entschieden sie: keiner von beiden. Sie wollten ihn nicht verletzen. Sie schleppten ihn an das Flussufer der Thaya. Wawra ging zu Šipra auf der tschechoslowakischen Seite und sagte ihm, er solle so viele Offiziere wie möglich hinzuholen, um Jurík über die Grenze zu bringen. Olda geriet in Rage. Er brüllte Wawra an, sollte ihnen im Zuge dieser Aktion irgendein Gendarm in die Quere kommen, würde er umgehend das Feuer eröffnen. Und die erste Patrone würde Wawra gelten.

Wawra willigte ein, obwohl er wusste, dass das Risiko, in diesem Bereich auf österreichische Gendarmen zu treffen, relativ hoch war. Aber ihm blieb keine Wahl, er musste die Sache nun zu Ende bringen. Wawra begab sich zu Jurík zurück, und sie setzten ihn in einem kleinen Boot über den Fluss.

Šipra und Olda hatten indessen für die Gruppe bereits ein kleines „Schauspiel" vorbereitet. Jurík sollte den Eindruck gewinnen, dass es sich bei der „Übergabe" um ein Versehen Wawras und eine Verhaftung durch die tschechoslowakische Grenzwache handle. Sobald das Boot auf der anderen Seite angekommen war, mimten sie Soldaten der Grenzwache, sprangen aus dem Dunkel hervor und forderten Jurík lautstark und mit vorgehaltener Waffe auf, sich zu ergeben. Wawra und Wilde hoben die Hände, und Jurík tat es ihnen nach. Alle drei wurden von der Grenzwache „verhaftet", Jurík gefesselt und weggebracht. Šipra versprach Wawra und Wilde für den erfolgreichen Abschluss der Operation eine Belohnung von mehreren tausend Schilling. Von diesen sollten sie aber nie auch nur einen Groschen zu Gesicht bekommen.[213]

Erschossen an der Thaya

Trotz dieser Erfahrungen trat Walter Wawra alias Agent „Albert" abermals in tschechoslowakische Dienste. Diesmal jedoch sollte sein Engagement tragisch enden. Am 3. August 1956 abends fuhren sein Freund Karl Benedikt und er mit ihren Motorrädern nahe dem Dorf Rabensburg an die Thaya, um zu fischen. Ursprünglich wollte sie auch der Schwager Wawras, Wladimir Rosinger, begleiten. Wegen technischer Probleme, sein Motorrad sprang wieder einmal nicht an, musste er dann aber zurückbleiben.

Wawra kannte den dortigen Grenzabschnitt sehr gut, nicht zuletzt aufgrund seiner Tätigkeit für das CIC und die tschechoslowakische Staatssicherheit. Außerdem war er dort bereits mehrere Male fischen gewesen, und nie war ihm etwas zugestoßen. Als begeisterter Fischer wusste er auch, dass die Gewässer der Kyjovka, die dort auf damals tschechoslowakischer Seite in die Thaya mündete, sehr fischreich waren.

Dass dieser Abschnitt, genauso wie die gesamte Staatsgrenze zwischen Österreich und der Tschechoslowakei, streng bewacht wurde und die Grenzsoldaten bei Aufgriffen nicht zimperlich vorgingen, war Wawra zweifellos bekannt und bewusst, schien ihn aber nicht zu beunruhigen. Er war jedenfalls bereit, für sein Hobby das Risiko einzugehen. Auch Benedikt

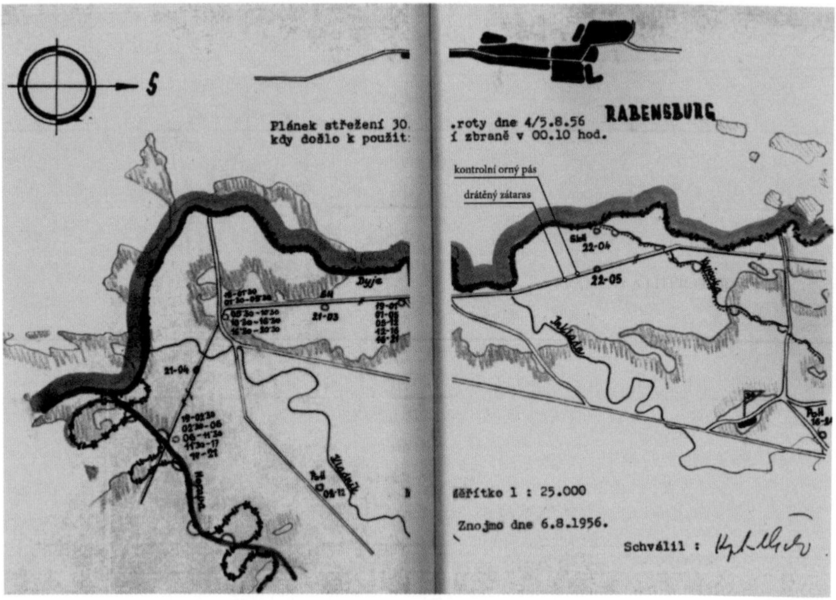

StB-Karte des Grenzabschnittes nahe Rabensburg in Niederösterreich. Quelle: ABS.

schien die Gefahr zu unterschätzen. Möglich ist, dass sich Wawra aufgrund seiner Tätigkeit für den StB sicher fühlte. Was auch immer seine Gründe für diese Einschätzung gewesen waren, er verkalkulierte sich gewaltig.

Als die beiden Männer am Ufer der Thaya ankamen, war es bereits dunkel geworden. Das Wetter war aber immer noch trocken und warm. Wawra und Benedikt stellten ihre Motorräder am Ufer ab, entledigten sich ihrer Jacken und Hemden und schwammen mit ihrer Fischerausrüstung durch die Thaya. Auf einer Sandbank nahe dem gegenüberliegenden Ufer angekommen, warfen sie in der Kyjovka ihre Handdaubeln (kleine, auf einen Rahmen aufgespannte Wurfnetze) aus.

Etwa 50 Meter von der Mündung des Baches in die Thaya entfernt versahen an diesem Abend in einem Bunker die Grenzsoldaten der 4. Grenzschutzbrigade aus Znojmo, Milan Grajko und Emil Vanek, ihren Dienst. Gegen Mitternacht bemerkten sie Geräusche nahe der Bachmündung, verließen den Bunker und liefen in die Richtung der verdächtigen Geräusche. Schon nach wenigen Metern bemerkten sie die beiden Fischer.

Ihre weitere Vorgehensweise hielt der Kommandant der Grenzwache in diesem Bereich, Miroslav Duda, in seinem Bericht an das tschechoslowa-

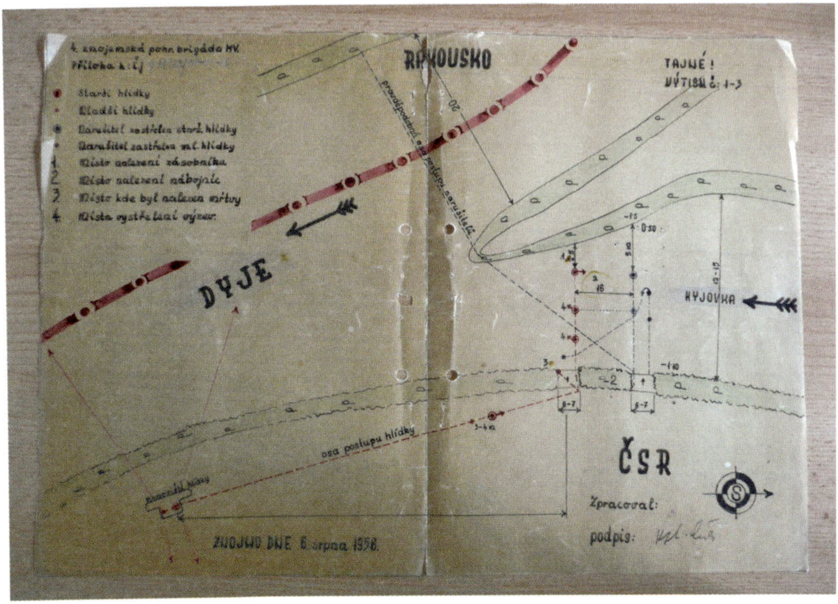

StB-Detailkarte des Einsatzgebietes an der Thaya, wo Wawra und Benedikt erschossen wurden. Quelle: ABS.

kische Innenministerium im Jahr 1956 fest. Duda berichtete, dass die beiden Soldaten, als sie die Männer auf der Sandbank entdeckten, diese anriefen und Warnschüsse abgaben. Ganz offensichtlich hielten sie Wawra und Benedikt für Flüchtlinge, die sich gerade bereitmachten, die Thaya und

Foto des Tatortes mit eingezeichneter Staatsgrenze, angefertigt von der ČSR-Grenzwache. Quelle: ABS.

damit die Grenze zu Österreich zu überqueren. Sie wussten nichts von Wawras Kontakten zur Staatssicherheit. Wawra und Benedikt sprangen auf und wollten durch die Thaya zurück auf die österreichische Seite flüchten.

Die Soldaten feuerten abermals, aber diesmal gezielt. Sie waren noch rund zwölf Meter von den Flüchtenden entfernt, hatten freies Schussfeld, und noch dazu war das Zielgebiet durch eine in der Nähe befindliche Bohranlage schwach beleuchtet. Wawra und Benedikt hatten keine Chance. Wawra wurde am Kopf getroffen und war auf der Stelle tot. Benedikt schaffte es noch, in die Thaya zu springen, wurde aber im Wasser von mehreren Schüssen getroffen, verlor das Bewusstsein und ertrank. Erst nach 30 Minuten holten ihn die Soldaten aus dem Wasser. Da war auch er schon tot.[214]

Leugnen und Vertuschen

Die Auswertung der tschechoslowakischen Geheimdienstakten zu Walter Wawra lässt darauf schließen, dass die Tötung Wawras kein gezieltes Kommandounternehmen war und es sich um ein leider tödliches „Versehen" gehandelt haben könnte.[215] Auch die österreichische „Arbeiter-Zeitung" berichtete vom Verschwinden der beiden Männer, vermutete aber eine Verhaftung durch tschechoslowakische Grenztruppen. Im selben Bericht wird auch von einem „illegalen Grenzübertritt" zweier Österreicher berichtet, die am selben Tag in der March badeten, zum gegenüberliegenden Ufer schwammen und dort ebenfalls von Soldaten der Grenzwache aufgegriffen wurden. Sie hatten im Vergleich zu Wawra und Benedikt Glück – nach mehrstündigem Gewahrsam ließ man sie frei und nach Österreich zurück.[216] Eine tschechische Übersetzung dieses Zeitungsartikels findet sich auch im StB-Akt zu Wawra – die Staatssicherheit wollte genau wissen, was auf österreichischer Seite bekannt war und wie dort auf das Verschwinden der beiden Männer reagiert wurde.[217]

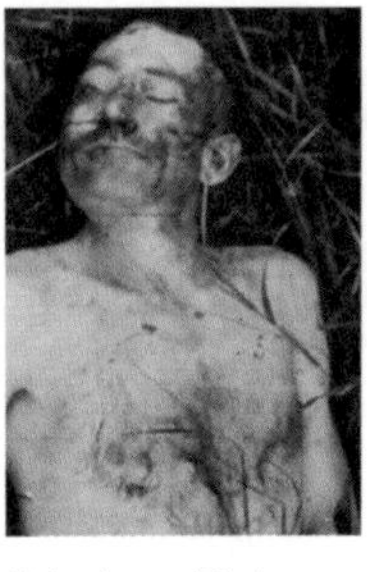

Foto des getöteten Karl Benedikt. Quelle: ABS.

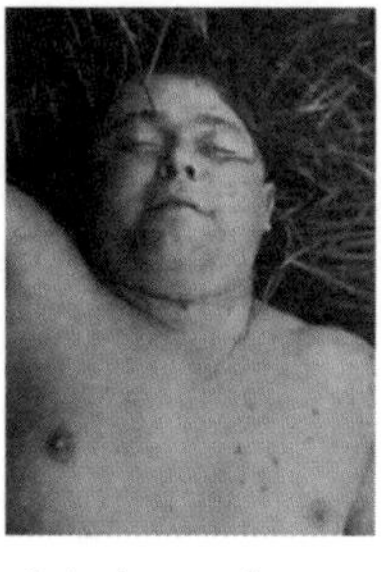

Foto des von der Grenzwache getöteten Walter Wawra. Quelle: ABS.

Der Tod Wawras und Benedikts wurde von den tschechoslowakischen Stellen geheim gehalten. Noch 1960 wandte sich das „Österreichische Rote Kreuz" an das „Tschechoslowakische Rote Kreuz"

„Spione" in der Badehose

Festnahmen an flüssigen Grenzen

In den letzten Tagen wurden neuerlich vier Österreicher von tschechischen Grenzorganen festgenommen. Die Männer hatten beim Fischen und Schwimmen versehentlich die Grenzen in der March und in der Thaya überschritten.

Freitag abend gingen zwei Erdölarbeiter, der 43jährige Karl Benedikt und der 28jährige Walter Wawra aus Rabensburg, zur Thaya fischen. Als sie bis zum Morgen nicht nach Hause zurückkehrten, gingen ihre Angehörigen nachschauen. Sie fanden am Ufer des Flusses die Fahrzeuge der Verschwundenen, ein Fahr- und ein Motorrad. Die Männer dürften beim Fischen die Grenze überschritten haben und von den tschechischen Grenzern verhaftet worden sein. Die beiden Männer sind in ihrem Heimatort als Kommunisten bekannt.

Dienstag wurden am tschechischen Marchufer zwei junge Österreicher festgenommen. Die beiden trugen nichts am Leib als ihre Badehosen. Sie waren in die March schwimmen gegangen. Da sie nicht wußten, daß das gegenüberliegende Marchufer bereits tschechisches Gebiet ist, schwammen sie hinüber. Anscheinend schienen die beiden frierenden Jünglinge sogar den Tschechen harmlos. Sie ließen sie nach einigen bangen Stunden wieder zurückschwimmen.

„‚Spione' in der Badehose": Artikel in der „Arbeiter-Zeitung" zum Verschwinden von Walter Wawra und Karl Benedikt vom 9. August 1956. Quelle: Arbeiter-Zeitung.

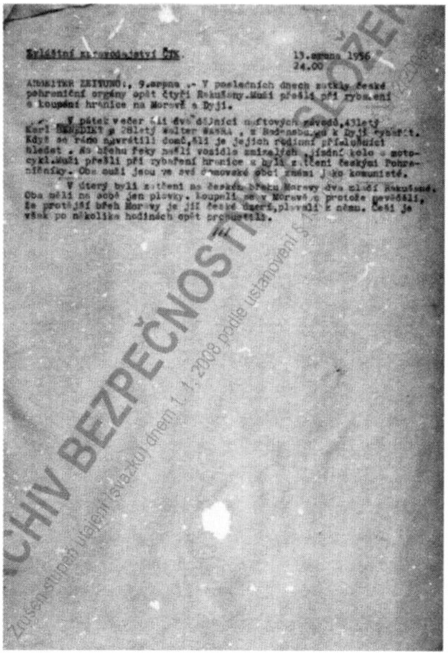

Zvláštní zpravodajství ČTK. 13. srpna 1956 24.00

ARBEITER ZEITUNG:, 9. srpna .- V posledních dnech zatkly české pohraniční orgány opět čtyři Rakušany. Muži přešli při rybaření a koupání hranice na Moravě a Dyji.

V pátek večer šli dva dělníci naftových závodů, 43letý Karl BENEDIKT a 28letý Walter WAWRA, z Rabensburgu k Dyji rybařit. Když se ráno nevrátili domů, šli je jejich rodinní příslušníci hledat. Na břehu řeky našli vozidla zmizelých, jízdní kolo a motocykl. Muži přešli při rybaření hranice a byli zatčeni českými pohraničníky. Oba muži jsou ve své domovské obci známi jako komunisté.

V úterý byli zatčeni na českém břehu Moravy dva mladí Rakušané. Oba měli na sobě jen plavky. Koupali se v Moravě a protože nevěděli, že protější břeh Moravy je již české území, plavali k němu. Češi je však po několika hodinách opět propustili.

Tschechische Übersetzung des Artikels der „Arbeiter-Zeitung" aus dem StB-Akt zu Walter Wawra alias „Albert". Quelle: ABS.

mit der Bitte, nach Hinweisen zum Schicksal von Karl Benedikt und Walter Wawra zu suchen. Der Kommandant der Hauptverwaltung für die Grenzwache, Generalmajor Miroslav Duda, teilte am 1. September 1960 der Rechtsabteilung über den stv. Minister Ludvík Hlavačka[218] mit, dass das „Tschechoslowakische Rote Kreuz" zu informieren ist, wonach das Innenministerium über keinerlei Angaben zu Karl Benedikt und Walter Wawra verfüge. Er wiederholte damit die bereits zuvor gegebenen, negativen Berichte Nr. 12.024/A/1956 vom 27. August 1956 und Nr. 654-A/57 vom 2. Februar 1957. Über der eigenhändigen Unterschrift des Kommandanten am Entwurf zur Antwort an das „Österreichische Rote Kreuz" findet sich der handschriftliche Vermerk: „Auf Dauer gültig!"[219] Dieser Vermerk sollte bis zum Fall des kommunistischen Regimes in der Tschechoslowakei im Jahre 1989 auch gültig bleiben.

Wawra und Benedikt wurden, wie in solchen Fällen üblich, in namenlosen Gräbern am Friedhof in Břeclav bestattet. Selbst eine Kennzeichnung der Gräber ohne Vermerk des Namens wurde, wie bereits ausgeführt, dem

Totengräber strikt verboten. Zur Bestattung selbst wurde kein Bericht angelegt, es wurde lediglich eine Rechnung über zwei Holzsärge ausgestellt.[220]

Auch die Familien der Opfer (zum Zeitpunkt seines Todes hatte Wawra eine Ehefrau und einen dreijährigen Sohn, Benedikt eine Gattin und zwei Kinder) erfuhren nichts über das Schicksal ihrer Ehemänner und Väter. Wawras Ehefrau, die aufgrund ihrer Herkunft aus Rakvice natürlich Tschechisch sprach, wandte sich sogar selbst direkt an das Außenministerium in Prag – vergeblich. Vonseiten Prags kam keinerlei Auskunft zu diesem Vorfall. Die Familien hofften noch Jahre später, dass beide in dieser Augustnacht verhaftet wurden und eines Tages entlassen würden. Sie hofften vergebens.[221]

Erst Recherchen des österreichischen Zollbeamten Franz Huber und seines tschechischen Kollegen Milan Vojta im Jahre 2009 sollten Licht in die Sache bringen. Huber erzählte Vojta vom Verschwinden der beiden Männer, und Vojta stellte daraufhin Nachforschungen im Archiv der Sicherheitsdienste in Brno an. In einer Opferliste stieß er auf zwei Einträge, die auf Wawra und Benedikt zutrafen. Auch fand er die Rechnung über die Holzsärge und damit auch die letzte Ruhestätte der Verschwundenen. Die Familien von Wawra und Benedikt erlangten schlussendlich, 53 Jahre nach dem Vorfall, traurige Gewissheit über das Schicksal ihrer Angehörigen.[222] In der Folge widmeten der slowakische Historiker Lubomír Morbacher, der neben Vojta an den Nachforschungen in Brno beteiligt gewesen war, und die tschechische Dokumentarfilmerin Tereza Mašková diesem Vorfall am „Eisernen Vorhang" ein Forschungsprojekt und einen Dokumentarfilm.[223]

An jener Stelle am Ufer der Thaya, wo die tödlichen Schüsse fielen, ließen die Familien der Opfer gemeinsam mit Vojta und Huber am 10. Oktober 2009 ein Gedenkkreuz errichten.

Ein 2009 aufgestelltes Kreuz erinnert an den feigen Mord. Im Vordergrund: Der Sohn des Getöteten. Quelle: Bürgervereinigung PAMĚŤ.

Das Ende eines Doppelagenten: Karel Dufek

In der Nacht des 2. Dezembers 1950 zerreißen 22 peitschende Schüsse die Waldviertler Stille am „Eisernen Vorhang" bei Schaffa/Šafov. Ein später als anonymer, illegaler Grenzgänger bezeichneter Mann ist tot, neun Angehörige des tschechoslowakischen Nachrichtendienstes und des Grenzschutzes stolz auf ihre „nationale Tat".

Foto von Karel Dufek aus seinem StB-Akt. Quelle: ABS.

Drei Jahre vorher: Karel Dufek, Jahrgang 1928, war ein sogenannter „Repatriierter", also einer jener „Tschechoslowaken", die nach Kriegsende freiwillig aus dem Ausland in die Tschechoslowakei zurückkehrten.[224] Dufek hatte bis zum Jahr 1945 mit seinen Eltern und seiner Schwester in Wien gelebt und nahm nach Kriegsende den umgekehrten Weg der vertriebenen Deutschen des Landes – aus Österreich in die Tschechoslowakei. Dort wohnte er an verschiedenen Orten, zuletzt in Riegerschlag/Lodhéřov im Bezirk Jindřichův Hradec. Nach der kommunistischen Machtübernahme im Februar 1948 wurde er als Mitarbeiter vom tschechoslowakischen Militärgeheimdienst angeworben. Seine Aufgabe war klar definiert: das Sammeln von Informationen über tschechoslowakische Emigranten im kapitalistischen Ausland. Über seine Beweggründe, mit dem Geheimdienst zu kooperieren, schweigen sich die Akten aus. Da er aber laut den Akten wenig vermögend war und seit 1947 sein Einkommen aus dem Schmuggel mit Zigaretten über die Grenze bezog, könnte der finanzielle Aspekt der Hauptgrund gewesen sein. Allerdings wird er in den Akten auch als „ideologischer Agent" geführt, der seine Aufgaben gewissenhaft erfüllte.

Flüchtlingslager als zentrales Ziel der Nachrichtendienste – das Beispiel „Valka"

Seine ersten Missionen führten ihn 1948 nach Deutschland. Zur Tarnung wurde die Geschichte verbreitet, er hätte sein Studium an der Realschule in Prachatitz/Prachatice in Südböhmen unterbrechen müssen und wäre daher nach Deutschland geflohen, während er seinen Eltern gegenüber vermutlich behauptete, er hätte eine bezahlte Funktion beim Tschechoslowakischen Jugendverband („Československý svaz mládeže", „ČSM")[225] bekommen und könne deswegen nicht weiter studieren. In Deutschland ging er seinem Auftrag in den verschiedenen Flüchtlingslagern mit großem Eifer nach, vor allem im Lager „Valka" in Nürnberg-Langwasser.

Dieses 1946 von der UNRRA auf dem Gelände eines ehemaligen Kriegsgefangenenlagers eingerichtete Auffanglager für Displaced Persons (DPs) – staatenlose Ausländer – war mit zeitweise bis zu 4000 Insassen aus 30 Nationen die größte Einrichtung jener Art in Bayern. 1947 übergab die UNRRA das Lager in die Verwaltung der IRO. Ursprünglich waren die Baracken des Lagers auf dem Nürnberger Parteitagsgelände der NSDAP für ein Lager des Reichsarbeitsdienstes errichtet worden, das nach Kriegsbeginn von der Wehrmacht als Kriegsgefangenenlager (Stalag XIII-D) requiriert wurde (Maximalbelegung 30.000).[226] Der Name des späteren DP-Lagers geht auf die 1920 geteilte lettisch-estnische Grenzstadt Walk/Valka zurück. Der Grund dafür waren die hier ursprünglich in großer Zahl internierten Letten und Esten, die zum größten Teil weiter nach Übersee emigrierten.

Ab 1947 stellten Menschen aus der Tschechoslowakei die größte Gruppe unter den Internierten, was ein besonderes Interesse der tschechoslowakischen Nachrichtendienste an diesem Lager hervorrief. Schließlich trafen hier Flüchtlinge mit den verschiedensten Hintergründen aufeinander, wie vertriebene Sudetendeutsche auf Tschechen und Slowaken, die nach der kommunistischen Machtübernahme ihr Heimatland verließen.

Einer der berühmtesten Insassen, der die besonderen Umstände dieses Lagers gewissermaßen verkörperte, war Přemysl Pitter. Pitter war durch seine Erlebnisse im Ersten Weltkrieg zum überzeugten Pazifisten geworden und setzte sich während der ersten Tschechischen Republik mit seinem „Milíčův dům" (Milíč-Haus) in Prag-Žižkov für Kinder in sozialen Notlagen ein. 1938 war Pitter an der Gründung eines Sanatoriums in Mauth/Mýto v Čechách bei Rokitzan/Rokycany in Westböhmen beteiligt und setzte sich in beiden Einrichtungen während der deutschen Besatzung unter großem persönlichen Risiko für jüdische Kinder ein – heute findet sich ein ihm gewidmeter Baum in der „Allee der Gerechten“ in Jerusalem. Nach dem Krieg führte er sein Engagement für tschechoslowakische, jüdische und deutsche Waisenkinder mit der „Aktion Schlösser“ konsequent weiter. In vier Schlössern rund um Prag nahm er die teilweise extrem unterernährten jüdischen Kinder aus dem ehemaligen Konzentrationslager Theresienstadt auf, dazu aber auch die als Nazi-Kinder diffamierten deutschen Kinder aus den verschiedenen tschechoslowakischen Internierungslagern und versorgte sie medizinisch und mit Lebensmitteln. Nach der kommunistischen Machtübernahme wurden seine Heime verstaatlicht und Pitter selbst drohte die Verhaftung. Dieserart zur Emigration gezwungen, erreichte er Anfang der 1950er-Jahre das Flüchtlingslager „Valka“. Hier kümmerte er sich zehn Jahre lang als Laienpriester um die Emigranten, wobei er auch Kontakte zu den vertriebenen „Sudetendeutschen“ knüpfte. Přemysl Pitters Stimme war in dieser Zeit oft in den Sendungen von „Radio Freies Europa“ zu hören.

Ein doppeltes Spiel?

Dass Karel Dufek das Lager „Valka“ und seine oftmals antikommunistischen Insassen observieren sollte, lag daher nahe. Während der Zeit seiner Tätigkeit in diesem Lager traf Dufek seinen Führungsoffizier Hauptmann Vasil Valo zwei- bis dreimal pro Monat im äußersten Westen der Tschechoslowakei, in einer Wohnung im grenznahen Eger/Cheb, wo sie Informationen, Geld und neue Aufträge austauschten. Dufeks Operationsgebiet beschränkte sich aber nicht nur auf deutsche Flüchtlingslager, sondern auch auf solche in Österreich. So reiste er am 6. Juni 1948 illegal aus Deutschland in Österreich ein. Sein Ziel: das Flüchtlingslager Asten bei Linz in der US-amerikanischen Besatzungszone.

Dieses Lager war bereits 1941 als „Heinrichsdorf“ (zu Ehren Heinrich Himmlers) für „volksdeutsche“ Umsiedler errichtet und 1945 zum DP-Lager umfunktioniert worden. Als „Wohnsiedlung 117“ diente das Lager bis 1963 nicht nur zur Aufnahme von DPs des Weltkrieges, nach dem Februar 1948 kamen Flüchtlinge aus der Tschechoslowakei, aus Jugoslawien und Ungarn hinzu. Man zählte bis zu 26 verschiedene Nationalitäten. Da die Behörden in diesem Lager all jene Flüchtlinge zusammenzogen, die zu einer weiteren Auswanderung bereit waren, schwankten die Belegungszahlen stets zwischen 2000 und 3000 Personen.[227]

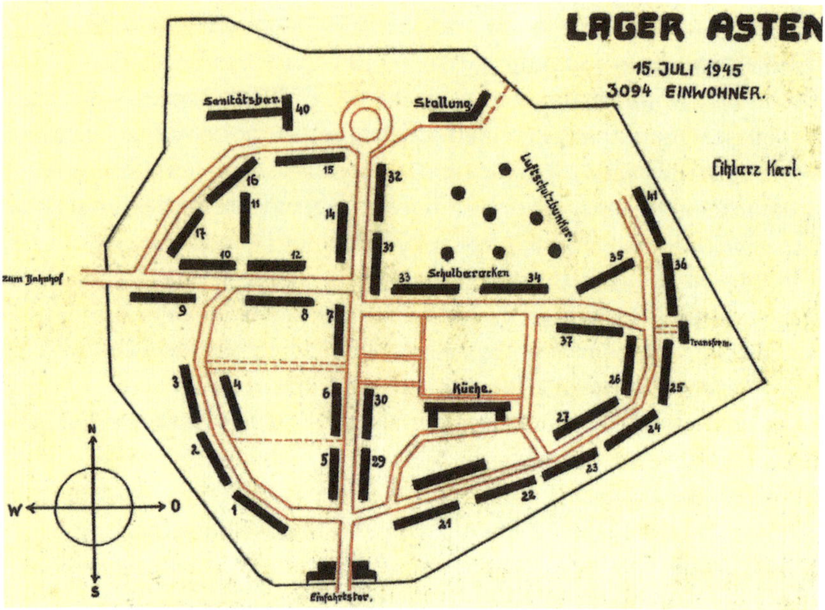

Schematischer Plan des Flüchtlingslagers Asten bei Linz von Juni 1945. Quelle: Gendarmerie Enns.

Dufek besorgte sich hier gefälschte Papiere und setzte seine Reise nach Wien fort, wo er jedoch am 13. Februar 1949 aufgrund eben dieser gefälschten Papiere von den österreichischen Behörden festgenommen und nach St. Pölten überstellt wurde. Nach einer Verurteilung wegen seines Verge-

Eingang zum Flüchtlingslager Asten bei Linz. Quelle: Amt der OÖ Landesregierung (Landesarchiv), Linz.

hens musste er einen Monat in Haft verbüßen. Während der Monate in Österreich begann er – so mutmaßen die tschechoslowakischen Akten – eine Karriere als Doppelagent im Dienste des CIC.

Diese schien zunächst nur kurz zu währen, denn der tschechoslowakischen „Rozvědka" wurde von einem Spitzel aus den Reihen der österreichischen Exekutive die Information zugetragen, es wären beim inhaftierten Dufek Unterlagen gefunden worden, die seine Zusammenarbeit mit dem US-amerikanischen CIC beweisen würden. Auf Basis dieser Informationen vermutete die „Rozvědka", dass er Nachrichten über die militärische, wirtschaftliche und politische Situation in der Tschechoslowakei liefern sollte. Auch der sich bereits in tschechoslowakischer Haft befindliche CIC-Agent Drahomír Lustig, der Dufek im Lager Asten kennengelernt hatte, belastete ihn damit.

Sofort nach Dufeks Entlassung aus dem Gefängnis in St. Pölten, am 16. oder 17. April 1948, wurde er daher aus Österreich in die Tschechoslowakei abgeschoben und an das Verteidigungsministerium übergeben. Inwiefern die sowjetische Besatzungsmacht bei seiner Auslieferung aus Österreich involviert war – wie bei vielen anderen Fällen –, geht aus den Akten nicht hervor. Seltsamerweise dürfte ihm seine mutmaßliche Zusammenarbeit mit dem CIC kaum geschadet haben, denn nach kurzer Haft beim Generalstab der Armee wurde er wieder nach Deutschland entsandt. In seiner wiedererlangten Funktion warb er weitere Mitarbeiter für den Militärnachrichtendienst an, etwa seine damalige Geliebte Hanna Proksch sowie Jan Nosek. Gemeinsam mit Nosek wandte er bei der Entführung eines mutmaßlichen CIC-Agenten namens Gustav Pahlus aus dem Flüchtlingslager „Valka" auch aggressivere Methoden an, ganz im Gegensatz zu seinem bislang eher verdeckten Vorgehen. Diese Entführung und die damit einhergehende Enttarnung machten ihn jedoch für weitere Einsätze in Deutschland unbrauchbar, und er wurde in die Tschechoslowakei abgezogen. Im September 1949 erreichte er gemeinsam mit seiner Geliebten Cheb.

Zurück in Österreich

Rund ein Jahr später, im Herbst 1950, wurde ihm von seinem neuen Führungsoffizier, Oberleutnant Bohuslav Horka, als nächstes Operationsgebiet abermals Österreich zugewiesen. Wiederum mit dem Auftrag, Emigranten zu überwachen beziehungsweise auszukundschaften, sollte er gemeinsam mit Hanna Proksch im Strom der politischen Flüchtlinge nach Österreich gehen. Nachdem das Paar im September 1950 von Horka über die Grenze nach Österreich geschleust worden war, operierte es erneut im Flüchtlingslager Asten, mit dem Ziel, Informationen über dort befindliche tschechoslowakische Flüchtlinge zu sammeln. Besonders ging es dabei auch um die Identifizierung mutmaßlicher CIC-Agenten. Noch im gleichen Monat überquerten Dufek und Proksch abermals den „Eisernen Vorhang“, um einen ersten Bericht abzuliefern, der von Horka als sehr brauchbar eingestuft wurde. Mit frischem Geld und weiteren Aufgaben ausgestattet, kehrten beide umgehend nach Asten zurück.

Die Zufriedenheit mit der Leistung Dufeks hielt aber nicht lange an, denn schon bei der nächsten Informationsübergabe, an der neben Horka auch Oberleutnant Oldřich Hájek teilnahm, kamen den Führungsoffizieren Zweifel an der „Redlichkeit“ seiner Tätigkeit in den österreichischen Flüchtlingslagern. Bevor man ihn wieder nach Österreich zurückschickte, erinnerte man Dufek mit Nachdruck an seine Aufträge, die er bis zum nächsten vereinbarten Treffen am 1. Dezember 1950 zu erfüllen hätte. So sollte er das nächste Mal einen gewissen Jaromír Borek mit zum Treffen bringen, um diesen im Rahmen einer „instruktáž“ (Schulung) als Mitarbeiter auszubilden. Dufek sollte weiters Informationen zu einem aus tschechoslowakischer Sicht ungeklärten Grenzübertritt liefern, mehrere Adressen in Wien überprüfen und verschiedene, in den Akten nicht näher spezifizierte Personen in Wien kontaktieren. Darunter befand sich auch eine Person aus dem Exilantenkreis der tschechoslowakischen Sozialdemokratie in Österreich, die mutmaßlich im Kontakt zur im Sommer 1950 mit der KPČ zwangsvereinigten Brünner Sozialdemokratie stand.

Das letzte Treffen

Als Ort für das Treffen am 1. Dezember wurde Dufek die Ortschaft Šafov, direkt am „Eisernen Vorhang“ bei Znojmo, befohlen. Getarnt als Crew des Unternehmens „Krátký-Film“ reisten zu diesem Termin die beiden Führungsoffiziere Horka und Hájek mit dem Auto aus Prag an, chauffiert von Karel Valenta. Um sich der Unterstützung der vor Ort zuständigen Kompanie des Grenzschutzes zu versichern, besprach man sich am 1. Dezember vorab mit Miroslav Zezula, dem Kommandanten dieser Einheit, die ihr Hauptquartier in Stallek/Stálky bei Znojmo hatte. Zezula wies den Beamten des Militärnachrichtendienstes, Wachtmeister Karel Mikoláš, zu, der sie zum Treffen begleiten und auch beim geplanten Verhör Dufeks im ehemaligen Zollamt von Šafov anwesend sein sollte. Als Dufek zum vereinbarten Zeitpunkt nicht erschienen war, übernachteten Horka, Hájek und Valenta in einer Unterkunft in Stálky und überließen es dem Grenzschutz, Dufek an der Grenze abzufangen und festzusetzen, bis man zurückgekehrt sei. Als die drei Militär-Nachrichtendienstler am folgenden Morgen bei der Grenzschutzkompanie eintrafen, konnte ihnen Mikoláš tatsächlich den in der Nacht aufgegriffenen Dufek vorführen. Dazu händigte er ihnen bei Dufek sichergestellte Dokumente aus, die er als „verdächtig" bezeichnete. Vor allem eine Straßenkarte von Salzburg, das eigentlich außerhalb seines Aufgabenbereichs lag, erregte das Misstrauen der Nachrichtendienstmänner. Dufek wurde daraufhin in das verlassene Zollamt Šafov verbracht und einem Verhör unterzogen. Im späteren Gerichtsverfahren sagte Horka über dieses Verhör:

„Damals waren wir vollkommen enttäuscht, da wir sahen, dass die Aufträge nicht ausgeführt worden waren und wir mit leeren Händen nach Prag zurückkehren würden. Daher würde uns Oberleutnant Lepší vorwerfen, dass wir nur Geld und Benzin vergeuden [... Dufek] war ein Klassenfeind, den wir der Zusammenarbeit mit den Amerikanern verdächtigten, und wir erkannten bei dem Treffen, dass er nichts für uns machte und uns nur mit dem Versprechen hinhielt, das nächste Mal etwas zu liefern [...]"[228]

Eine „nationale Tat"

Horka und Hájek waren nunmehr davon überzeugt, dass Dufek für beide Seiten arbeitete. Nach dem Verhör, am Nachmittag des 2. Dezember, teilten Hájek und Horka diese Einschätzung Mikoláš und seinem anwesenden Kameraden Wachtmeister Ladislav Panáček mit. Auf die Aussage hin, dass man Dufek wohl nach Prag mitnehmen würde, es aber eigentlich besser sei, ihn sofort zu liquidieren, boten Mikuláš und Panáček an, diese „Angelegenheit" gleich vor Ort zu erledigen. Als die Militärnachrichtendienstmänner tatsächlich darauf eingingen, ruderten die Grenzsoldaten allerdings zurück und verwiesen darauf, dass so eine Aktion zunächst vom zuständigen „Organ des Präventionsdienstes" („Orgán preventivní služby", „OPS") der Nachrichtendienstabteilung des Grenzschutzes, Vlastimil Procházka, aus Znojmo bewilligt werden müsste. Als Konsequenz wurde der gesamte Dienstweg des zuständigen Grenzschutzbataillons bemüht: Als Vlastimil Procházka nach Rücksprache mit dem Operationsoffizier des Bataillons,

Vojtěch Kadlčík, unter der Bedingung in die Durchführung der „Aktion" einwilligte, der Mord hätte wie ein „regulärer" Grenzzwischenfall auszusehen, erstattete Mikuláš noch Meldung bei seinem direkten Vorgesetzten, dem Kompaniekommandanten Miroslav Zezula. Begleitet von seinem Stellvertreter Jiří Šubrt, der für politische Angelegenheiten zuständig war, kam Zezula persönlich zu einer Unterredung mit den Offizieren des Militärnachrichtendienstes, die ihm Dufek als Doppelagenten beschrieben. Damit war sein Schicksal besiegelt: Zezula und Šubrt willigten ebenfalls in den Mord an Dufek ein und rechtfertigten diesen gegenüber Mikuláš und Panáček als „notwendige Sache" und „nationale Tat".

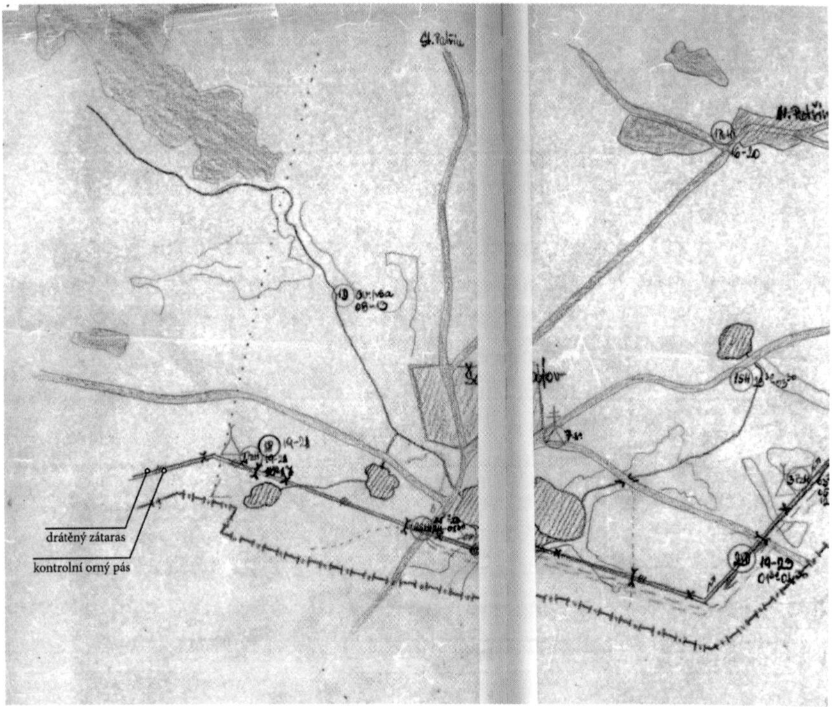

StB-Karte des Grenzabschnitts bei Šafov, an dem Dufek sterben musste. Quelle: ABS.

Der nach wie vor festgesetzte Dufek ahnte von diesen Vorgängen freilich nichts. Als er schließlich freigelassen wurde, um, wie auch in der Vergangenheit, wieder nach Österreich zurückzukehren, bekam er noch seine Geldprämie in der Höhe von 1000 Schilling ausbezahlt – Blutgeld, das ihm nach dem Mord gleich wieder abgenommen wurde. In Begleitung von Horka und Hájek und den beiden Grenzsoldaten Mikuláš und Panáček machte er sich auf den Rückweg nach Österreich. Kurz vor der österreichischen Grenze wurde er mit 22 Schüssen aus den Waffen der beiden Grenzsoldaten aus nächster Nähe hingerichtet. Dufek war auf der Stelle tot. Horka soll unmittelbar nach dem Mord die Tat gegenüber seinem Komplizen gerechtfertigt haben: „[...] wir [haben] das gut gemacht [...], denn sonst hätte später Dufek gemeinsam mit jemandem uns auflauern und erschießen können [...]“[229]

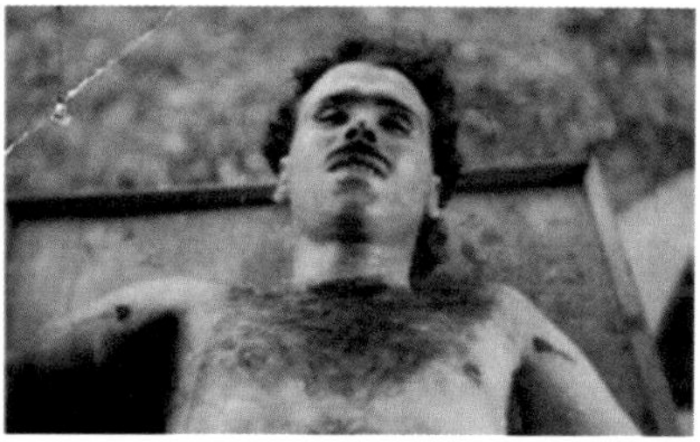

Erschossen an der Grenze: Karel Dufek. Quelle: ABS.

Vom liquidierten Doppelagenten zum anonymen illegalen Grenzgänger

Die am Mord Beteiligten vernichteten umgehend sämtliche Personaldokumente Dufeks und verfassten einen offiziellen Bericht über einen unbekannten Mann, der beim Versuch, die Grenze nach Österreich illegal zu überschreiten, von Grenzwachesoldaten erschossen worden war. Dieses Schriftstück wurde unter anderem auch dem Kommandanten eines der Grenzschutzbataillone der 4. Brigade in Znojmo, František Štěch, zur Bestätigung vorgelegt. Laut den Akten soll er seine Unterschrift mit dem Kommentar geleistet haben:

„[...] das nächste Mal werden wir eine solche Hurraaktion nicht machen, und wenn die Prager Organe so was wollen, dann sollen sie sich an das Kommando der Grenzwache in Prag wenden, die uns dann informieren müssen.“[230]

Der offizielle Bericht wurde in Prag zunächst nicht akzeptiert und zur Überarbeitung zurückgeschickt. Vor allem kritisierte man die im weitergeleiteten Bericht enthaltene Behauptung,

„[...] dass es zum Waffengebrauch kam, als sich der Unbekannte umdrehte und zu fliehen versuchte. Denn aus dem Obduktionsbericht geht hervor, dass die meisten Schüsse aus nächster Nähe von vorne abgefeuert worden waren [...]

das bedeutet, dass er nicht bei der Flucht von hinten erschossen worden sein konnte. Ich vermute, dass die Wachmänner ihre Waffen entsprechend den Vorschriften benutzt hatten und nur aus Versehen falsche Gründe für den Waffengebrauch angaben [...]" [231]

In der Folge wurde der Bericht dahingehend gefälscht, dass die Grenzwachebeamten mit Waffengewalt gegen den Unbekannten vorgingen, als er versuchte, sie zu attackieren.[232]

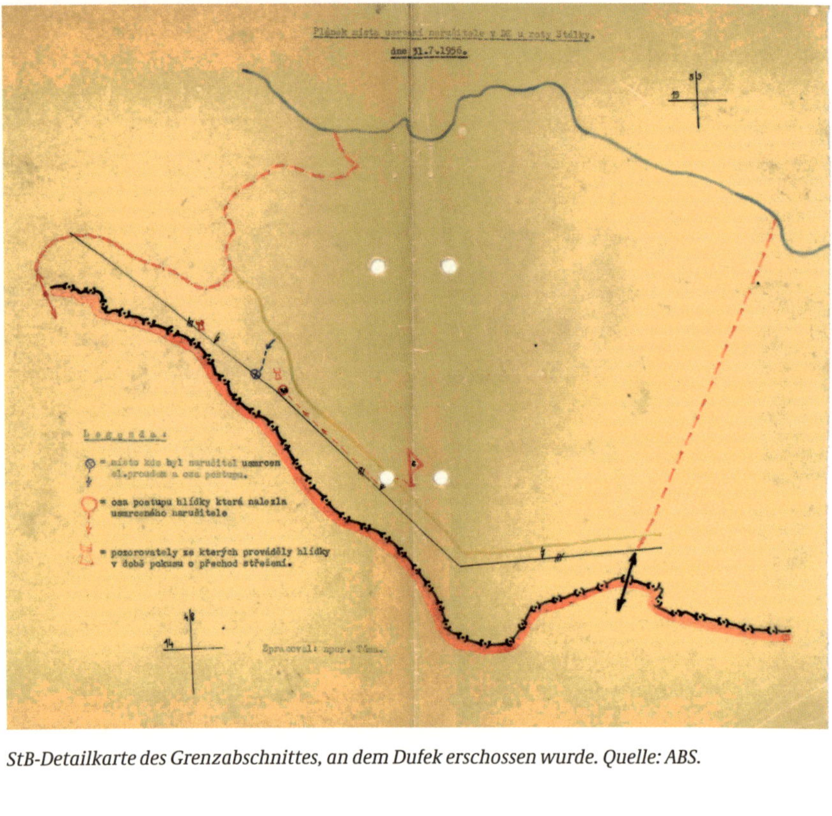

StB-Detailkarte des Grenzabschnittes, an dem Dufek erschossen wurde. Quelle: ABS.

Nach mehreren Monaten der Ruhe um den Fall Dufek begannen seine Geliebte Hanna Proksch und der Agent Jaromír Borek nach dem seit dem 2. Dezember spurlos verschwundenen Dufek zu suchen. Fragen wurden gestellt, auch innerhalb des Militärnachrichtendienstes. Anscheinend ging dieser kurzfristig angeordnete und von Prag nicht befohlene Mord an einem eigenen Agenten, dessen Kooperation mit dem CIC unter Umständen sogar im Wissen seiner Prager Vorgesetzten im militärischen Nachrichtendienst erfolgte, sogar für das damalige Regime zu weit. Schlussendlich wurden im Oktober 1951 neun Männer verhaftet und am 28. Mai 1952 von einem Prager Militärgericht in erster Instanz für den Mord an Karel Dufek verurteilt: die Nachrichtendienstmänner Bohuslav Horka und Oldřich Hájek, der Chauffeur Karel Valenta und sechs Grenzwachsoldaten – die beiden Todesschützen Karel Mikoláš und Ladislav Panáček, der verantwortliche Kompaniekommandant Miroslav Zezula, dessen Stellvertreter Jiří Šubrt, der Operationsoffizier des übergeordneten Bataillons Vojtěch Kadlčík und der Bataillonskommandant František Štěch. Diesem Gerichtsverfahren sind die Informationen zu den Hintergründen der Umstände zu verdanken, die zum Mord an Karel Dufek führten. Ohne dieses wäre er bis heute einer jener anonymen Toten, die als „illegale Grenzgänger" dem „Eisernen Vorhang" zum Opfer fielen.

Im Zuge des Gerichtsverfahrens sagte der Angeklagte Karel Mikoláš aus:

„Heute gestehe ich ein, dass ich einen Mord verübt habe. Damals war mir das aber nicht klar. Ich war der Meinung, dass es sich bei ihm [Dufek] um einen schlechten Menschen handelte, dass er für das genommene Geld keine richtigen Nachrichten lieferte und für die andere Seite arbeitete. Ich habe ihn als einen Herumtreiber betrachtet, der den Tod verdiente."[233]

Der Todesschütze Mikoláš wurde wegen Mordes zu fünf Jahren Haft verurteilt. Die Urteile der übrigen Verurteilten: gegen den zweiten Todesschützen Ladislav Panáček – fünf Jahre Haft wegen Mordes; Bohuslav Horka – zehn Jahre Haft wegen des „Verstoßes gegen die Pflichten einer Person des öffentlichen Lebens" und wegen Anstiftung zum Mord; Oldřich Hájek – sieben Jahre Haft wegen Beihilfe zum Mord; Miroslav Zezula und Jiří Šubrt – jeweils fünf Jahre Haft wegen des „Verstoßes gegen die Pflichten einer Person des öffentliches Lebens und wegen Beihilfe zum Mord"; Vojtěch Kadlčík – fünf Jahre Haft wegen des „Verstoßes gegen die Pflichten einer Person des öffentlichen Lebens"; František Štěch – sechs Monate Haft wegen des „Verstoßes gegen die Pflichten einer Person des öffentlichen Lebens"; und schließlich der Lenker des Fahrzeuges, Karel Valenta – drei Monate Haft wegen der unterlassenen Anzeige einer kriminellen Tat.

Der Krieg im Äther und das Geschäft mit der Grenze

Kaum auf der Straße, verlor Jozef Vicen das Bewusstsein, brach zusammen. Seine letzte Erinnerung war die Frage seines „Begleiters“: „Joschi, was ist mit dir?“ Natürlich kam rein zufällig ein Krankenwagen und leistete „Erste Hilfe“:

„[...] sie legten mich auf die Trage, hievten mich so in den Krankenwagen. Dieser fuhr jedoch nicht ins Krankenhaus, sondern zur tschechoslowakischen Grenze an einen bestimmten Platz, wo sie mich auf der Trage über die Grenze schleppten und in ein Grenzwachhaus brachten. Dort gaben sie mir eine weitere Injektion, damit ich bis Prag bewusstlos bleibe [...]“[234]

Als er wieder erwachte, fühlte er sich elend, konnte kaum seine Arme und Beine bewegen. Laufend flößte man ihm Betäubungsmittel ein, sodass er sich in einem steten Dämmerzustand befand oder schlief. Das Ende der Reise war das Prager Gefängnis in Ruzyně.

Mit Jozef Vicens Entführung nach Prag hatte der tschechoslowakische Geheimdienst einen Volltreffer gelandet. Wie kaum ein anderer Fall machte gerade dieses Kidnapping klar, wie nahe oft ideologischer Widerstand, staatliche Geheimdienst-Aktivitäten und profitorientierter Schmuggel waren.

Die Entführung des slowakischen Nationalisten Vicen gehört nicht nur zu den spektakulärsten Operationen an der österreichisch-tschechoslowakischen Grenze, der Fall Vicen gleicht einem Stich in ein Wespennest von großteils geheimen und illegalen Verbindungen und Netzwerken, die im Umfeld der Grenze operier-

Jozef Vicen vor seiner Entführung in die ČSR. Quelle: ABS.

ten, teilweise voneinander wussten, sich beäugten, teilweise miteinander kooperierten, um unliebsam gewordene Menschen, ehemalige Partner, aus dem Weg zu räumen.

Jozef Vicen – ein slowakischer Nationalist

Geboren am 14. Dezember 1921 im westslowakischen Horná Streda, verbrachte Jozef Vicen seine Kindheit und Jugend in der slowakisch-ungarischen Grenzstadt Komárno. 1938 übersiedelte er, gerade 17-jährig, mit seiner Familie in das westslowakische Neutra/Nitra, weil Komárno im Ersten Wiener Schiedsspruch am 2. November 1938 Ungarn zugesprochen wurde. In der neuen Slowakischen Republik, einem Marionettenstaat Hitler-Deutschlands, begann Vicen 1940 ein Maschinenbaustudium an der TH Bratislava, trat der faschistischen Hlinka-Jugend[235] bei und absolvierte 1944 auch deren Höhere Führerschule.

Während dieser Zeit zählte Jozef Vicen auch zu den Anhängern des Kroaten Tomislav Kolakovič, den er 1943 kennengelernt hatte. Kolakovičs sogenannte „Rodina" („Familie") war eine christliche Organisation, die sowohl antikommunistisch als auch antifaschistisch ausgerichtet war und von der in der Slowakei vorherrschenden politischen Richtung stark abwich. Viele ihrer Mitglieder kämpften im slowakischen Widerstand gegen das NS-Regime.[236]

Im Exil

Unmittelbar vor dem Einmarsch der Roten Armee war der mittlerweile überzeugte Nationalist Vicen[237] zum Mitbegründer des „Slovenská tajná ochrana" („Slowakischer Geheimschutz", STO), einer als Spezialgeheimdienst angelegten Institution, geworden. Der STO sollte als operativer Arm der slowakischen Regierung Jozef Tiso, die sich bereits auf das Exil eingestellt hatte, dienen. In erster Linie sammelte der STO allerdings Informationen über Gegner der ersten Slowakischen Republik, darunter über slowakisch-nationale Widerstandskämpfer gegen die NS-Besatzer und somit auch über Anhänger von Kolakovič.

Vor den Panzerspitzen der Roten Armee floh Vicen Anfang April 1945 nach Westen, den US-Truppen entgegen, bis nach Kremsmünster. Nicht zufällig. Hier im Stift waren bereits Räume als Zufluchtsort für die slowakische Regierung, Mitglieder der Volkspartei Hlinkas und führende Köpfe des Tiso-Regimes vorbereitet worden. Für die Hlinka-Jugend selbst war

Bad Hall, unweit von Kremsmünster, als Exil vorgesehen, ebenso wie für zahlreiche slowakisch-nationalistische Künstler.

Als Mitglied des STO erhielt Vicen bald nach Kriegsende den Auftrag, mit einer Gruppe slowakischer halbwüchsiger Jugendlicher in die Slowakei zurückzukehren. Doch man kam nicht weit. In Olmütz/Olomouc war Stopp. Die Jugendlichen wurden von der Roten Armee verhaftet und in einem Lager im polnischen Ratibor/Racibórz drei Monate lang interniert.

Nach der Entlassung begann Vicen umgehend wieder für den STO zu arbeiten. Seine neue Aufgabe war allerdings ungleich schwieriger: Im September 1945 hatte er Jozef Tiso, der in Garmisch-Partenkirchen interniert war, auf direktem Wege und geheim mit Informationen und Lebensmitteln zu versorgen. Vicen:

„Ich kontaktierte einen Priester, der Zugang zum Internierungslager hatte [in dem Tiso interniert war]. Diesem diktierte ich eine Nachricht über die aktuelle Situation in der Slowakei, und er brachte sie ins Lager und las sie dort Dr. Tiso vor. [...] Der Präsident hat sich mündlich für die Information bedankt [...]“ [238]

Der „Vodca a prezident“ („Führer und Präsident“) der Slowakischen Republik, Jozef Tiso, wurde schlussendlich von den US-Truppen an die Tschechoslowakei ausgeliefert, in einem Prozess in Bratislava als Kriegsverbrecher zum Tode verurteilt und am 18. April 1947 gehängt.[239]

Obwohl dem STO nach dem Ende der slowakischen Exilregierung Tiso der eigentliche Kernauftrag, Informationen für diese zu sammeln, abhandengekommen war, setzte man die Tätigkeiten fort. Man erstellte Flugblätter und verteilte sie. Ihr Inhalt: Agitation gegen die neu errichtete Tschechoslowakei und Werbung für die schon nicht mehr existierende erste Slowakische Republik. Gegen diese fortgesetzte Untergrund-Tätigkeit trat der tschechoslowakische Staat massiv auf, ging gegen STO-Aktivisten vor, verhaftete und internierte viele von ihnen.

Auch Vicen drohte eine Verhaftung. Um seine Zukunftsperspektiven in der Nachkriegs-Tschechoslowakei stand es schlecht. Sein mögliches Strafausmaß war breit und reichte vom Studienverbot bis zur Aburteilung in einem Nachkriegs-Schauprozess. In nüchterner Abwägung dieser Perspektiven entschied sich Vicen für die Emigration nach Rom, wohin er ohne spezielle Dokumente über Ungarn und Österreich gelangte. Doch Rom war für ihn eine herbe Enttäuschung. Die slowakischen Exilanten in Rom waren heillos zerstritten. Daher kehrte Vicen sehr rasch nach Österreich zurück und knüpfte schnell gute Kontakte zum Abwehrdienst CIC der US-Armee.

Der Krieg im Äther

Nach der kommunistischen Machtübernahme in der Tschechoslowakei bekämpfte Vicen ab 1948 nun nicht mehr nur den tschechoslowakischen Staat, sondern auch das KP-Regime. Sofort betätigte sich Vicen bei der „Weißen Legion", einer dezidiert antikommunistischen, christlichen sowie slowakisch-nationalistischen Organisation. Ihr Name war schon ihr Programm:[240] Er bezog sich auf die antibolschewistischen Weißgardisten des russischen Bürgerkrieges und die antihabsburgische Tschechoslowakische Legion des Ersten Weltkrieges. Selber definierte sich die „Weiße Legion" als „Selbsthilfebewegung der Bevölkerung für den Schutz der Menschenrechte gegen die kommunistische Diktatur".[241] Eine der Haupttätigkeiten dieser Organisation war die Fluchthilfe für mehrere hundert slowakische Emigranten. Aus den Reihen der „Weißen Legion" war Jozef Macek der aktivste Schlepper und wurde gar als slowakischer „König des Böhmerwaldes" bezeichnet. Dutzende Male durchdrang er den „Eisernen Vorhang" mit hunderten Flüchtlingen, die damit eine neue Lebensperspektive erhielten oder gar vor Verhaftung und Verurteilung gerettet wurden. 1955 wurde Macek am „Eisernen Vorhang" festgenommen und zu einer langjährigen Haft verurteilt. Kurz nach seiner vorzeitigen Entlassung aus gesundheitlichen Gründen verstarb er Mitte der 1960er-Jahre.

Weil das Durchqueren des „Eisernen Vorhangs" am Boden und Operationen in der Tschechoslowakei selbst immer schwieriger wurden, organisierte die Gruppe einen eigenen Sender. Er sollte den „Eisernen Vorhang" per Äther überspringen. Seine inhaltliche Aufgabe: Senden eigener Botschaften und Meldungen direkt in die Tschechoslowakei. Unmittelbarer Anlass für die Installation eines eigenen Senders war 1948 ein gezielter und harter Schlag des ČSR-Geheimdienstes in das Herz der „Weißen Legion". Im Umfeld des Studenten Anton Tunega, den man nach einer Wien-Reise festgenommen hatte, wurden 70 Personen verhaftet. Mit schweren Folterungen erpresste der Geheimdienst von ihnen umfangreiche Geständnisse, ehe 63 von ihnen zu hohen Strafen verurteilt wurden und für viele Jahre in den tschechoslowakischen Gefängnissen verschwanden. Bei dreien von ihnen, darunter auch Tunega, wurden die Haftstrafen nachträglich in Todesstrafen umgewandelt und exekutiert. Auch Vicen stand auf der Liste

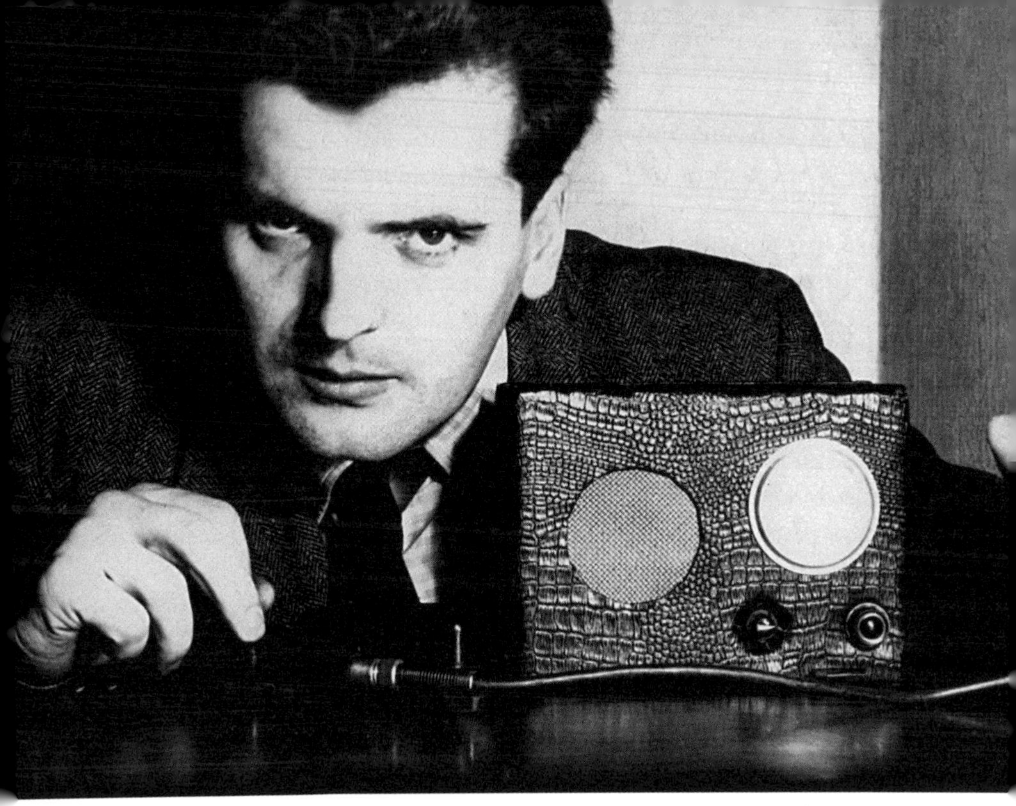

Jozef Vicen mit einem Radioempfänger. Quelle: ABS.

des tschechoslowakischen Geheimdienstes. Seine Entführung 1949 durch den StB und den sowjetischen Geheimdienst MGB scheiterte allerdings.[242]

In Zusammenarbeit und mit Unterstützung der US-Besatzer ging im April 1950 schließlich der Sender „Weiße Legion" in Betrieb. Man sendete live aus einem Studio der „Villa Mayer" im oberösterreichischen Ried/Innkreis, die von CIC-Mitarbeitern bewohnt wurde. Die Reichweite des Senders auf Kurzwelle betrug immerhin rund 300 Kilometer, sodass man einen großen Teil der Slowakei und Mährens erreichen konnte. Freilich musste der Standort bis 1955 aus Sicherheitsgründen viermal verlegt werden: von Ried 1951 nach Grieskirchen, 1952 nach Weißenbach am Attersee und 1953 ins steirische Bad Mitterndorf, also in die britische Besatzungszone. Damit entging man mehrfach dem Zugriff des StB, der bis zuletzt annahm, dass sich der Sender auf tschechoslowakischem Staatsgebiet befand.

Trotz des ständigen Ortswechsels und den damit verbundenen Behinderungen war der Sender äußerst erfolgreich. In der Slowakei hatte die „Weiße Legion" einen derart hohen Bekanntheitsgrad erreicht, dass sich spontan zahlreiche Gruppen formierten und in den antikommunistischen Widerstand gingen. Für den StB bestand deshalb ein gewaltiger Druck, den Sender unter seine Kontrolle zu bringen. In den letzten zwei Jahren wurden die Sendungen von Karol Šumichrast (1911–2003), einem katholischen Priester und Vorsitzenden des Slowakischen Sozialausschusses in Österreich, geleitet.

Mit der Wiedererlangung der vollen Souveränität Österreichs im Mai 1955 und dem Abzug der Besatzungsmächte verlor jedoch auch der Sender seinen besonderen Schutz durch die Westalliierten und musste aufgrund der Neutralität Österreichs seinen Betrieb einstellen.

Damit hatte auch Vicen sein Betätigungsfeld zu ändern und verlegte sich auf das, was er schon kannte: Personennetzwerke. Mit ihnen hoffte er, seine antikommunistisch-nationalistische Mission weiter verfolgen zu können. Dazu brauchte er ein Netz von Agenten und grenzkundigen Schleppern, die sich der Sache verschrieben und keine Mühen und Risiken scheuten, um Menschen über die hermetisch abgeriegelte Grenze zu schmuggeln.

Eine riskante Methode, das wusste Vicen. Zu viele Leute würden zu viel wissen. Die Gefahr könnte steigen, vom StB infiltriert zu werden.

Zunächst schien auch alles glatt zu gehen. Besonders die Anwerbung von Hubert S., einem ehemaligen ÖBB-Bediensteten, im Jahr 1955 schien dies zu bestätigen. Schließlich handelte es sich bei S. um einen mit allen Wassern gewaschenen Schmuggler, der auf entsprechende Erfahrungen im illegalen Handel zwischen Ost und West verweisen konnte. Er sollte für Vicen beziehungsweise für das CIC in Ungarn und in der Tschechoslowakei vielfältige Informationen sammeln.

Ein Schmuggler namens „Puskas"

Doch längst vor Vicen hatte der StB seine Hand nach S. ausgestreckt und den Eisenbahner für seine geheimdienstlichen Arbeiten angeworben. Wie wichtig S. den Tschechen und Slowaken war, zeigt sich allein dadurch, dass er umfangreiche Spuren in den Akten der tschechoslowakischen Nachrichtendienste hinterlassen hatte. In seinem Geheimdienstakt findet sich auch eine detaillierte Beurteilung des Österreichers als StB-Agent aus dem Jahre 1968.[243] Obwohl von subjektiven Einschätzungen der Analytiker des Nachrichtendienstes gefärbt, lässt sich daraus die schier unglaubliche Karriere eines waschechten Profiteurs des „Kalten Krieges" nachvollziehen.

Hubert S. war Sohn eines Tiroler Schmiedes und bereits als 15-Jähriger 1943 bei der „Organisation Todt", jener militärisch organisierten NS-Bautruppe, die – nach dem Tod von „Rüstungsminister" Fritz Todt – unter Führung von Albert Speer stand. Zu Kriegsende kämpfte S. in der Waffen-SS in Italien, kam jedoch schnell nach Österreich zurück und fand eine Anstellung bei den ÖBB. Seine Karriere wies steil nach oben: vom Zugbegleiter bis zum Bahnhofsvorstand in Innsbruck. Laut den späteren Einschätzungen des StB nutzte er seine Anstellung und die damit verbundene Möglichkeit zu reisen, um seine nächste Karriere als Schmuggler zu beginnen. Mit wenig Erfolg.

Seine illegale Schmuggler-Nebentätigkeit kostete ihn den Staatsdienst. 1953 wurde S. in Italien verhaftet. Haftgrund: Schmuggelaktivitäten zwischen Italien und Österreich. Allerdings gelang es dem findigen Tiroler, sich mithilfe seiner Ehefrau nach Österreich abzusetzen und so einer Verurteilung zu entgehen. Freilich: Auch in Österreich erwarteten ihn Konsequenzen – seitens seines Arbeitgebers, den ÖBB. Diese stellten ihn vor die Wahl: entweder ein Disziplinarverfahren samt Versetzung in ein ÖBB-Lager oder Kündigung. Er entschied sich für Letzteres und trat aus dem österreichischen Staatsdienst aus.

Sein erworbenes Know-how half ihm jedoch, seiner illegalen Zweitbeschäftigung, dem Schmuggel, nun noch intensiver nachzugehen. Und wieder verfing er sich im Netz der Fahnder, diesmal 1954 in Jugoslawien. Doch auch diese zweite Verhaftung änderte seine Pläne, einer der ganz großen Schmuggler und Schieber zu werden, nicht. Er schien geradezu in seinem riskanten Geschäftsmodell eine Berufung gefunden zu haben. Er verlegte lediglich sein Einsatzgebiet ab 1955 nach Ungarn. Sein neuer Partner wurde Hans Dürka, der über enge Kontakte zum amerikanischen CIC verfügte und Jozef Vicen auf den umtriebigen Tiroler aufmerksam gemacht hatte.

Vicen war es auch, der S. nach Ungarn und in die Tschechoslowakei entsandte. Dass die östlichen Geheimdienste alles andere als unaufmerksam gegenüber derartigen Infiltrationsversuchen waren, belegt die rasche Aufdeckung von S., der bereits bei einer seiner ersten Reisen nach Ungarn von Kurt Timko, einem Komplizen aus dem Schmugglermilieu, an den ungarischen Staatssicherheitsdienst „Államvédelmi Hatóság" („ÁVH")[244] verraten wurde. Was S. nicht ahnen konnte: Timko war ein Spitzel der Ungarn und wurde später als Agent „Alfons" auch Mitarbeiter des tschechoslowakischen StB.

Nach seiner Verhaftung durch den ÁVH ließ sich S. – wohl um einer Verurteilung als Spion, was ihn den Kopf kosten konnte, zu entgehen – auf eine Zusammenarbeit als Doppelagent ein.

Als ungarischer Agent „Puskas" wieder auf freien Fuß gesetzt, konnte er gemeinsam mit Kurt Timko weiter umfangreiche Mengen von nicht näher definierter „Mangelware" über die Grenze schmuggeln und daraus einen respektablen Gewinn erwirtschaften. Bezogen auf den Nutzen, den „Puskas" als Doppelagent für die ungarische Staatssicherheit hatte, meinte der StB kurz und lakonisch, er hätte dabei geholfen, „das Netz der amerikanischen Agenten [in Ungarn] zu liquidieren".

Aus „Puskas" wird „Arno"

Die ungarische „Revolution" vom Herbst 1956, die schließlich mit dem Niederwalzen des Aufstandes durch sowjetische Truppen und der Etablierung eines stalinistischen KP-Systems unter János Kádár endete, unterbrach die Verbindung zwischen „Puskas" und seinen ungarischen Führungsoffizieren während des Jahres 1956. Ungeklärt bleibt, wie und warum S. gemeinsam mit seinem Kompagnon Kurt Timko in der Folge vom tschechoslowakischen StB (II. Verwaltung des Innenministeriums) übernommen wurde.

Rückblickend stellten sich die StB-Analysten 1968 die Frage, ob wirklich die Ereignisse in Ungarn der Grund für den Wechsel von S. waren, da ihm der StB schon 19 Tage vor Beginn der Revolution eine Mitarbeit angeboten hatte. Darüber hinaus hegte man den Verdacht, dass S. die Kontakte zum StB im Auftrag des amerikanischen CIC geknüpft hatte – für den er ja nach wie vor tätig war.

Von der Staatssicherheit wurde S. 1956 jedenfalls der Deckname „Arno" zugeteilt. Im Gegensatz zu Timko, der nach der Niederschlagung des ungarischen Aufstandes wieder in sein ursprüngliches Operationsgebiet zurückgeschickt wurde – aber weiterhin mit S. kooperierte und mit ihm und seiner Frau gemeinsame „Dienstreisen" unternahm –, verblieb „Arno" unter tschechoslowakischer Führung im Operationsgebiet Österreich–Tschechoslowakei. Mit einem klaren StB-Auftrag: Beschattung und Überwachung der Aktivitäten seines eigenen CIC-Kontaktmannes Jozef Vicen samt Vorbereitung seiner schon damals geplanten Entführung aus Österreich in die Tschechoslowakei. Ziel des StB war es, Vicen in der Tschechoslowakei den Prozess zu machen.

Eine ungarisch-tschechoslowakische Kooperation

Trotz der Abschaltung des Senders der „Weißen Legion“ blieb ihr prominentester Exponent, Jozef Vicen, für den tschechoslowakischen Staatssicherheitsdienst ein Ziel höchster Priorität. Schon im Laufe des Jahres 1955 schmiedeten die Staatssicherheit und auch der ungarische ÁVH Pläne für die Entführung Jozef Vicens. In beiden Einsatzplänen, die zwischen den Geheimdiensten der sozialistischen Bruderstaaten auch mehrfach abgesprochen wurden, sollten jene Agenten eine wichtige Rolle spielen, die mit Vicen einen freundschaftlichen Kontakt hatten. Während der StB dazu auf Hubert S. alias „Arno“ setzte, schlug der ungarische Staatssicherheitsdienst zunächst den Agenten „Budavári“ vor.

Nach den Verhandlungen zwischen den beiden Geheimdiensten war der StB mit dem ungarischen Plan einverstanden:

„Nach unserer Meinung handelt es sich um einen zuverlässigen und erprobten Agenten, dem man eine solche Aufgabe zutrauen kann [...] Deren Agent Budavári hat die Möglichkeit, [... Vicen] zu sich in die Wohnung einzuladen [...] dort mit ihm etwas Wein zu trinken, in das Getränk ein Betäubungsmittel zu mischen und ihn zum vorbereiteten Wagen zu bringen [...]“[245]

Der Durchführung dieses ersten, ungarischen Plans kam jedoch die Revolution im eigenen Land zuvor, sodass die Staatssicherheit das Heft selber in die Hand nahm und einen eigenen Agenten einsetzen musste. Erst Monate später, am 2. Mai 1957 war es so weit.

„Arno“ schlägt zu

In seiner Autobiografie erinnert sich Jozef Vicen detailliert an seine Entführung. Damals wohnte er in Wien, in der Alser Straße 32 – in einschlägiger Nachbarschaft. Denn bereits Wochen vor dem Einzug der westalliierten Besatzungstruppen in Wien im August 1945 hatte das OSS Büros im „Allianz“-Gebäude in der Alser Straße 33, nahe dem späteren Hauptquartier der USFA, eingerichtet. Auch die Unterkünfte der Offiziere befanden sich im selben zweistöckigen Biedermeierhaus, im Hotel „Zum Goldenen Hirsch“ – übrigens einem Stammlokal des Schauspielers Hans Moser. Neben dem OSS unterhielten die SSU und das CIC seit 1945 ebenfalls Büros in der Alser Straße 33.[246]

Als Vicen am Abend des 2. Mai 1957, einem Donnerstag, nach Hause ging, rollte plötzlich ein Auto von hinten auf seine Höhe und hupte kurz. Vicen drehte sich um und erkannte seinen Bekannten Hubert S. Dies überraschte ihn, weil er nach seinem Kenntnisstand meinen durfte, S. befände sich, wie beim CIC gemeldet, seit 23. April in der Tschechoslowakei und würde erst am 4. Mai zurückkehren. Noch auf der Straße bat S. darum, Vicen möge sich mit ihm und einem Kontaktmann aus Bratislava treffen. Dieser Mann würde im slowakischen Betrieb „Závod míru" („Fabrik des Friedens", Übers. d. V.) arbeiten und er, S., würde sich von diesem Gespräch wertvolle Informationen versprechen. S. behauptete weiter, der Informant wäre gerade in Wien, wo ein Teil seiner Familie wohne, und schlug ein Treffen in einem Gasthaus vor.

Vicen stieg darauf sofort zu S. ins Auto:

„[...] ich dachte, dass ich in der Debatte mit einem intelligenten Menschen aus Bratislava mehr über die Reaktionen der slowakischen Bevölkerung auf die Ereignisse in Ungarn erfahren kann [...]"[247]

Gemeinsam fuhr man nach Floridsdorf, ins „Gasthaus zur Wegscheide" – vom Informanten fehlte dort freilich jede Spur. Hier, in der einstmals sowjetischen Zone, war Vicen überhaupt nicht ortskundig. Bei Cognac und Wasser begann S. eine allgemeine Unterhaltung und berichtete ausführlich von seiner letzten Reise in die Tschechoslowakei. Vicen wusste, dass S. Silber aus der Tschechoslowakei über die Grenze via Österreich in die Schweiz verschob, und auch, dass dies von den tschechoslowakischen Behörden gedeckt wurde. Schließlich rapportierte ihm der Doppelagent seit zwei Jahren über seine Reisen. Vicen hatte ihn bei jeder dieser Reisen um ein paar „zufällige" Informationen gebeten, die er selber als „nicht gezielte Spionage" bezeichnete.

Nachdem der erwartete Slowake auch nach dem dritten gemeinsam geleerten Cognac nicht erschienen war, bezahlte Vicen die Zeche und man verließ gemeinsam die Gaststätte. Kaum auf der Straße, verlor Vicen das Bewusstsein und wachte, wie eingangs geschildert, erst wieder in einem Auto auf. Doch da war man mit ihm bereits über die Grenze gefahren und in der Tschechoslowakei.[248] Sofort im Auto auf der Rückbank wieder niedergespritzt, brachte man ihn schließlich in das Prager Gefängnis Ruzyně.

In der Haft und während der zahllosen Verhöre entschied sich Vicen, auszupacken. Der Handel mit den tschechischen Staatsanwälten war simpel: Informationen gegen Leben. Damit rettete er sicher seine eigene Haut, allerdings wurden aufgrund seiner Aussagen mindestens 180 Personen verhaftet. Im anschließend inszenierten Prozess wurde Jozef Vicen zu 25 Jahren Haft verurteilt und entging der Todesstrafe.

Seine Entführung wurde zu einem bilateralen Problem. Österreich protestierte formell in Prag. Und die Affäre Vicen wurde für die Tschechoslowakei diplomatisch brisant. Am 30. November 1957 berichtete etwa der österreichische Gesandte Paul Wilhelm-Heininger[249] aus Prag von den merklichen Bemühungen der tschechoslowakischen Presse, mithilfe verstärkter Propaganda gegen den Nachbarstaat „den vor der Welt doch peinlichen Eindruck in der Vicen-Affäre etwas zu vertuschen“. Vicen saß die folgenden elf Jahre in tschechoslowakischen Gefängnissen, wurde aber, wie die meisten politischen Häftlinge, im Zuge des „Prager Frühlings“ 1968 vorzeitig entlassen.

„Arno“ kehrt zurück – das Ende als Doppelagent

Anders Hubert S. Um jeden Verdacht von sich abzulenken, kehrte der Tiroler nach der erfolgreichen Entführung Vicens am Ende seines dem CIC bekannten Aufenthaltes in der Tschechoslowakei pünktlich am 4. Mai 1957 nach Österreich zurück. Nach seiner Rückkehr wurde er routinemäßig zweimal, am 6. Mai in Wien und am 14. Mai in Garmisch-Partenkirchen, von seinem amerikanischen Führungsoffizier Hensbourough über die Ergebnisse und Beobachtungen während seines Aufenthaltes in der Tschechoslowakei befragt. Im Nachhinein wunderten sich die Analysten des StB darüber, dass diese Befragungen eher oberflächlich, gar ohne die damals ihrer Meinung nach bei den US-Diensten obligatorische polygraphische Überwachung (= Lügendetektor) durchgeführt worden waren.

Insgesamt soll es nach der Entführung Vicens noch zu neun Treffen zwischen S. und Hensbourough gekommen sein, bei denen über Einzelheiten und Modalitäten der künftigen Zusammenarbeit gesprochen worden sein soll. Das letzte dieser Treffen fand am 5. November 1957 statt. Danach kam es vorerst zu keinen weiteren Kontakten zwischen dem CIC und Hubert S. Erst Ende 1958 trafen S. und Hensbourough wieder zufällig in Wien aufeinander. Auf die Frage von S., warum das CIC denn nicht mehr mit ihm zusammenarbeiten wolle, soll Hensbourough geantwortet haben, seine amerikanischen Vorgesetzten hätten entschieden, Kontakte zu Personen, die etwas mit Vicen zu tun hatten, abzubrechen. Auch für S. endete damit seine Karriere in amerikanischen Diensten – ohne jemals offiziell seines doppelten Spiels verdächtigt worden zu sein.

Eine „Bilderbuchkarriere"

Nach der erfolgreichen Entführung Jozef Vicens hatte sich S. als einer der besten Agenten des StB in Österreich profiliert. Als besonders geeignet wurden auch die Charaktereigenschaften des später als „Karel" geführten Agenten beschrieben:

> *„Als Person ist Karel wirklich sympathisch und kann schnell Vertrauen und Sympathie gewinnen. Er wirkt als solider und ehrlicher Mensch, er ist intelligent, scharfsinnig und hat besondere Kombinationsfähigkeiten. Er orientiert sich gut und kann sich schnell entscheiden, ist furchtlos und handelt ohne Skrupel [...] Zu Beginn unserer Zusammenarbeit konnte er seine mangelhafte Ausbildung und seine Angewohnheiten aus der ‚Halbwelt' nicht immer unterdrücken."*

Eine der wichtigsten „Waffen" eines Agenten – ausreichend verfügbare Devisen. Quelle: AdBIK.

Schon während der Vorbereitungen zur Entführung Vicens hatte er den Auftrag, Informationen zu den verschiedensten Objekten in Österreich zu liefern, vor allem aber Personenrecherchen durchzuführen. So lieferte er Namen und Details zu 143 mutmaßlichen Schmugglern, auf deren Basis es dem StB (II. správa MV) gelang, mindestens zwei weitere Mitarbeiter – „Máj“ und „Erika“ – zu gewinnen, deren Identitäten bis heute nicht aufgeklärt werden konnten. Auch war es S., der im Rahmen der Operation „Solux“ (1957–1963) den Informanten „Fux“ im Swarovski-Betrieb in Wattens, Tirol, platzieren konnte.

Die unglaubliche Produktivität von S. zeigen allein schon die nüchternen Zahlen, die seine Zusammenarbeit mit dem StB zwischen 1956 und Ende des Jahres 1967 dokumentieren: Es fanden 124 Treffen zwischen ihm und Mitarbeitern des StB statt, vorwiegend auf tschechoslowakischem Territorium, 15 bis 18 in der DDR, 2 in Österreich und weitere in München; 90 Mal reiste er illegal in die Tschechoslowakei ein; er verfasste und übermittelte 844 Nachrichten, die meisten davon schriftlich und von tschechoslowakischer Seite als „verwertbar“ eingestuft. Um ihn sicher über die Grenze zu schleusen, wurden mit ihm insgesamt zehn verschiedene, mit Decknamen versehene Stellen vereinbart, an denen er sich mit seinen Kontaktmännern am „Eisernen Vorhang“ treffen beziehungsweise diesen durchqueren konnte.

Während der StB stets (unbegründet) vermutete, seine Grenzübertritte würden von der österreichischen Zollwache beobachtet, brachte sich S. bei zumindest einem seiner „Ausflüge“ über den „Eisernen Vorhang“ hinweg aus eigenem Verschulden in Probleme: Nach seiner illegalen Einreise in die Tschechoslowakei am 1. August 1958 baute er mit seinem in Österreich entlehnten Motorrad einen Unfall und verletzte sich dabei schwer. Später als geplant, dazu noch verletzt und per Krankenwagen, schaffte man ihn zurück über die Grenze nach Österreich, was dem StB wegen seiner illegalen Einreise in die ČSR allerdings alles andere als angenehm war.

Zwischen 1956 und 1962 absolvierte S. eine ganze Bandbreite von Schulungen, die ihn neben Unterweisungen in allgemeinen operativen Grundsätzen der Geheimdienstarbeit dazu befähigten, mit Funkgeräten umzugehen oder tote Briefkästen anzulegen. Bei Bedarf wurde sein Operationsgebiet auch auf die Bundesrepublik Deutschland ausgeweitet, wie etwa im Fall der Entführung des ukrainischen Nationalisten Nikifor Horbanjuk. Horbanjuk, geboren 1891, wählte in der Zwischenkriegszeit die erste Tschechoslowakische Republik als Exil, wo er die ukrainische Universität in Prag besuchte und sich in der ukrainischen nationalistischen Bewegung engagierte. Im Auftrag des KGB[250] wurde er 1958 im Rahmen der Aktion „Gomez"[251] von Hubert S. und dem Agenten „Hotárek"[252] aus seinem nunmehrigen Exil in München entführt. Zur Vorbereitung durchliefen beide Agenten eine besondere Schulung mit verschiedenen chemischen Substanzen sowie technischen Hilfsmitteln und erhielten gefälschte Dokumente. In der Tschechoslowakei wurde Horbanjuk in einem politischen Prozess zu 20 Jahren Haft verurteilt und nach seiner Begnadigung 1966 in ein Altersheim in Hermannstädtel/Heřmanův Městec überstellt, wo er 1972 verstarb.

Hubert S. hatte sich zu einem echten Spezialisten für Entführungen aus dem Westen entwickelt und wurde 1962 unter dem Decknamen „Leo" auch auf den antikommunistischen Widerstandskämpfer Josef Mašín angesetzt, der 1953 mit seinem Bruder aus der Tschechoslowakei geflohen war und zwischen Deutschland und Österreich pendelte. Als die geplante Entführung aus Wien bis zum „Prager Frühling" nicht umgesetzt werden konnte, wurden die Pläne verworfen und auch nach seiner Niederschlagung nicht mehr reaktiviert.[253]

Spionage zahlt sich aus

Diese Erfolge sollten sich für Hubert S. durchaus auch pekuniär „auszahlen". Laut den Geheimdienst-Akten aus 1968 erhielt er allein für die Aktionen „Eva" und „Gomez" vom StB 260.000 Schilling an Belohnung (was etwa dem Neuwert von sechs VW-„Käfern" entsprach). Insgesamt berechnete man die zwischen 1956 und 1967 an S. geflossenen Gelder – abgesehen von den Spesen – auf mindestens 160.601 tschechoslowakische Kronen, 265.652 Schilling, 35.758 Deutsche Mark und 1355 Mark der DDR. Als viel bedeutender stellte sich für S. jedoch eine ihm von der Tschechoslowakei gewährte vierjährige Schmuggel-Amnestie dar, auf deren Basis der Tiroler seinen illegalen Handel über den „Eisernen Vorhang" hinweg massiv forcieren konnte. Auch die Analytiker des StB vermuteten den Schmuggel als die wahre Triebfeder hinter seiner Zusammenarbeit mit den verschiedenen Nachrichtendiensten:

„Die Möglichkeit, wesentlich einfacher Güter zu schmuggeln, brachte ihn zur Mitarbeit mit dem amerikanischen Geheimdienst. Er hat keine klaren

politischen Positionen und die Reichen hasste er nur instinktiv. Ohne Skrupel nahm er auch die Zusammenarbeit mit den ungarischen Organen in Angriff und genauso bot er sich auch uns in der Zeit der ungarischen Konterrevolution an, als seine Geschäfte eingeschränkt waren. Dank dieser Zusammenarbeit hat er sich versichert, dass er bei Schieberei und Schmuggelei gedeckt ist, und deswegen hat er auch seine Aufgaben [für den StB] mit Freude und Einsatz geleistet."[254]

Den Umsatz, den S. aus dem „Im- und Export" von Waren aus/nach der Tschechoslowakei generiert hatte, schätzte der StB für den Zeitraum von 1956 bis 1968 – mit Schwerpunkt auf den ersten vier Jahren – auf mehrere Millionen Schilling. Dabei wurden als „dovoz", importierte Güter, angeführt: 201,91 Kilogramm Gold (im Wert von rund 8.8 Millionen tschechoslowakischer Kronen), 1962 Kilogramm Nickel (im Wert von knapp 19.000 Schilling), zwei Autos für das tschechoslowakische Innenministerium (im Wert von 26.000 Schilling), ein Kleinbus für das tschechoslowakische Innenministerium (im Wert von 3000 Deutschen Mark) und dazu mehrere Güter, deren Wert nicht angegeben wurde, wie 1560 Armbanduhren, ein Auto für das tschechoslowakische Verteidigungsministerium oder ein Auto für eine seiner zahlreichen mutmaßlichen Liebhaberinnen in der Tschechoslowakei. Als „vývoz", exportierte Güter, wurden angegeben: Brillanten im Wert von über 64.000 Schilling sowie von über 83.000 Deutschen Mark; Schmuck, Alkohol, Kameras, Textilien, Silber; Kunstwerke im Wert von rund 7 Millionen tschechoslowakischer Kronen; ein Gemälde im Wert von 1000 Schilling; etwas über 1 Million tschechoslowakischer Kronen in bar; 6500 Dosen russische „Chatka" Kamtschatkakrabben; und 5000 Stück tschechoslowakischer Zigaretten. Unter den Mitarbeitern des StB fand S. dabei zwei engagierte „Geschäftspartner", die ihn eigentlich kontrollieren sollten – seine Führungsoffiziere Hauptmann Jiří Novický und Major Jiří Fišer. Nachdem er durch „kleine Geschenke" deren Vertrauen gewonnen hatte, konnte er die beiden Offiziere regelmäßig in sein Geschäftsmodell einbauen.

Rückblickend sah es der StB als großen Fehler an, den beiden Führungsoffizieren derart viel Spielraum gelassen zu haben, da sich deren Zusammenarbeit mit S. schlussendlich kaum noch auf nachrichtendienstliche Notwendigkeiten, sondern allein auf die wirtschaftlichen Aspekte konzentriert hatte. Dazu vertrauten sie S. noch brisante Informationen über ihre eigenen Personen – nicht zuletzt außereheliche Beziehungen –, aber auch über die allgemeine Arbeit des StB an. Während sich S. aus dieser Quelle eine gute Kenntnis über die Struktur des StB aneignen konnte, wurden Novický und Fišer 1960 verhaftet und aufgrund ihrer dienstlichen Verfehlungen verurteilt.

Ein gemachter Mann

Die Erlöse aus seiner Zusammenarbeit mit dem tschechoslowakischen Geheimdienst und dem Schmuggel investierte S. nach Meinung des StB in legale Unternehmen in Österreich, wie in eine Pension, in ein Hotel in den Tiroler Alpen und in eine Firma für Heizungsanlagen, deren Geschäftswert auf eine halbe Million Deutsche Mark geschätzt wurde. 1968 lebte er zudem mit seiner Ehefrau und seinen vier Kindern in einer Villa in Österreich – der Standort wird nicht genau angegeben – mit einem vom StB geschätzten Wert von einer Million Schilling.

Trotz seines Auftretens als erfolgreicher Geschäftsmann sahen ihn die tschechoslowakischen Analytiker weiterhin als zwielichtigen Charakter an:

„Auch wenn er sich in den letzten Jahren in einen ‚seriösen' Geschäftsmann verwandelt hat, bleibt er immer noch teilweise Schmuggler und Hehler. Er hatte und hat noch immer eine eigene Vorstellung von Moral, Ehre, Treue, Verhalten in der Öffentlichkeit, Kleidergeschmack etc. Sein größtes Lebensziel war, großen Gewinn ohne großen Aufwand zu machen. Ohne Rücksicht auf gesetzliche Normen oder seinen Ruf [...]"

Dazu vermutete man, er hätte eine Vielzahl von Prostituierten und generell eine besondere Schwäche für „leichte" Damen gehabt. Vor allem seine Verbindung mit der Pragerin Milena Pronold-Chudobová bereitete den StB-Analytikern Sorgen, für die er gar eine Scheinehe mit einem Bundesdeutschen und damit die Ausreise in die BRD organisiert hatte. Ihr hätte er sich auch als Nachrichtendienstmitarbeiter vorgestellt.

Auch in seiner eigentlichen Heimat Österreich war S. ein bunter „Vogel", der bisweilen die Aufmerksamkeit der österreichischen Exekutive auf sich zog. So wurde er etwa 1958 wegen des Verdachts auf Alkoholschmuggel vorübergehend verhaftet. Ernstere Ermittlungen setzten laut den Informationen des StB aber erst 1961 gegen ihn ein. Zumindest wurde er damals von der mutmaßlichen Ex-Geliebten Herta Planková davor gewarnt, dass ein österreichischer Staatspolizist in Innsbruck namens Bodem Interesse am seinem Fall zeigen würde. Tatsächlich wurde S. in der Folge von der Staatspolizei dazu befragt, wie er seinen Besitz erworben hätte, auch das Thema Spionage wäre angesprochen worden. Laut StB-Akten hätte S. den Beamten „Bodem" allerdings vorerst bestechen können. Trotzdem wurde ihm 1962 der Reisepass abgenommen und er musste sich in einem „Schmuggler-Prozess" in Wien, im Zuge dessen er von der Presse den Spitznamen „König der Schmuggler" erhielt, wegen Steuerhinterziehung vor Gericht verantworten.

Dennoch: Letztlich blieb er auch über den Tod im Jahr 1991 hinaus als Spion „Puskas", alias „Arno", alias „Leo", alias „Karel", der mutmaßlich bis Mitte der 1980er-Jahre mit dem StB zusammenarbeitete, unentdeckt.

Zusammenfassung

Fast 25 Jahre nach der Wende in Ost- und Ostmitteleuropa, dem Zusammenbruch der kommunistischen Regime und der EU-Erweiterung auf ehemalige Staaten des „Ostblocks“, verblasst auch langsam die Erinnerung an den „Kalten Krieg“ und an den „Eisernen Vorhang“, der Europa gänzlich teilte. Österreich, insbesondere aber Ober- und Niederösterreich sowie das Burgenland, lagen direkt an der Grenze zu den kommunistischen Staaten, Ungarn und Tschechoslowakei.

Die Grenze wurde zum Seismografen der Weltpolitik. Jede Krise zwischen den Supermächten schlug sich hier deutlicher nieder als im Binnenland. Selbst die Diskussionen um und schließlich die Abschiebung von Solschenizyn 1974 aus der UdSSR beantworteten die Organe der Warschauer-Pakt-Staaten mit verschärften Grenzkontrollen.

Der Abbau der Grenzbefestigungen, das Räumen der Minengürtel, die Bepflanzung der Todeszonen, das Abtragen der Wachtürme und militärischen Grenzobjekte können freilich die Dramen nicht auslöschen, die sich gerade in diesem Abschnitt des „Eisernen Vorhangs“ zutrugen. Dass entlang der österreichisch-tschechoslowakischen Grenze mehr Tote zu beklagen waren als an der Berliner Mauer oder dass der letzte Flüchtende, M. Dlabač, im Juli 1989 starb, als er versuchte, bei Bratislava die Donau zu durchschwimmen.

Von den tausenden erfassten oder auch nicht aktenkundig gewordenen Fluchtversuchen und Grenzverletzungen konnte nur ein verschwindend kleiner Bruchteil im Buch vorgestellt werden – selbst von den dramatischen Grenzzwischenfällen, bei denen Menschen ihre Freiheit verloren, konnten nur wenige Beispiele dargestellt werden; nicht nur, weil der Betrachtungszeitraum auf die zehn Jahre nach dem Kriegsende 1945 eingeschränkt wurde. Doch es sind Beispiele typischer Grenzverletzer: Flüchtende, Menschenschlepper, Schmuggler, Agenten, Spione und Journalisten. Hier bleibt der Forschung noch ein weites Betätigungsfeld, vor allem aus der deutschsprachigen, österreichischen Quellen- und Interpretationsperspektive. Erst Folgestudien werden das Phänomen der Grenzverletzungen unter den sich während des Kalten Krieges laufend ändernden Rahmenbedingungen analysieren können.

Anhand der für diesen Band ausgewählten Beispiele wurde versucht, das breite Spektrum an Motivationen aufzuzeigen, mit denen

Menschen das unglaublich große Risiko auf sich nahmen, den österreichisch-tschechoslowakischen Abschnitt des „Eisernen Vorhangs“ zu überqueren. Zum einen waren es Flüchtlinge aus der Tschechoslowakei, die ihre persönliche Lebenssituation verbessern wollten und/oder keine persönliche Zukunft im stalinistischen KP-Regime sahen. Zum anderen Menschen, die gewissermaßen als „Kanonenfutter“ im „Kalten Krieg“ gegen den ideologischen Feind ausgesandt wurden. Erstere agierten zwar oft sehr naiv ob der immensen Gefahren, die allein schon der Versuch, den „Eisernen Vorhang“ zu überschreiten, für sie bedeuten könnte, hatten aber immer ein klares, weil selbst gewähltes Ziel vor Augen und eine sehr persönliche Motivation. Dass den Flüchtlingen aus der Tschechoslowakei vor 1955 absolut klar war, dass ein Erreichen ostösterreichischen Territoriums bei Weitem noch nicht Sicherheit und Asyl bedeutete, belegen die extremen Beispiele von bewaffneten Flüchtlingen, die sich lieber mit österreichischen Zollwachbeamten und Gendarmen Feuergefechte lieferten, als sich von diesen festnehmen zu lassen, weil sie damit rechneten, von den Österreichern festgenommen und an die sowjetischen Besatzer ausgeliefert zu werden – mit der Konsequenz des Abschubs in die Tschechoslowakei samt drakonischer Bestrafung.

Die zweite Gruppe, die sich prinzipiell im Dunstkreis der zahlreichen östlichen und westlichen Nachrichtendienste bewegte, riskierte Leib und Leben aus den verschiedensten Gründen, wobei es eine ideologische Motivation nur in den seltensten Fällen gab. Auch waren es kaum soziale Notsituationen, die Menschen zur Zusammenarbeit mit den Nachrichtendiensten brachten. Viel mehr scheint es zumeist eine Mischung aus (durchaus intendierter) Unwissenheit über den eigentlichen Hintergrund der gestellten Aufgaben und pekuniären Anreizen gewesen zu sein, die Tschechoslowaken und Österreicher dazu motivierte, die Systemgrenze absichtlich zu überschreiten. Die Bandbreite der von dieser Personengruppe im Schatten des „Eisernen Vorhangs“ durchgeführten Aktivitäten reichte von der Aufklärung und Propaganda bis hin zu gezielten Entführungen und oftmals auch rein (wirtschafts)kriminellen Aktivitäten.

Die Aufarbeitung des Vermächtnisses des „Eisernen Vorhangs“ befindet sich in Tschechien noch in einem frühen Stadium, in Österreich ist davon noch kaum die Rede.

Nach dem Abbau des realen „Eisernen Vorhangs“ muss auch der „Eiserne Vorhang“ des Erinnerns durchtrennt, dem Vergessen entrissen werden.

Anhang

Abkürzungsverzeichnis

A ÚPN	Archiv Ústava pamäti národa (slowak.) = Archiv des Instituts des Nationalen Gedächtnisses, Bratislava
ABS	Archiv bezpečnostích složek (tschech.) = Archiv der Sicherheitsdienste, Brno
Abs.	Absatz
AdBIK	Archiv des Ludwig Boltzmann-Instituts für Kriegsfolgen-Forschung, Graz
Art.	Artikel
ÁVH	„Államvédelmi Hatóság" (ungar.) = „Abteilung für politisches Polizeiwesen", ungarische Staatssicherheit von 1948 bis 1957
AZ	Arbeiter-Zeitung
Bd.	Band
BRD	Bundesrepublik Deutschland
BVT	Bundesamt für Verfassungsschutz und Terrorismusbekämpfung
CI	Counter Intelligence Section (engl.) = Sektion für Gegenspionage
CIA	Central Intelligence Agency (engl.)
CIC	Counter Intelligence Corps (engl.) = Gegenspionagekorps
CIG	Central Intelligence Group (engl.) = Zentrale Gruppe für Nachrichtenwesen
CIO	Czechoslovak Intelligence Office (engl.) = Tschechoslowakisches Geheimdienstbüro
CIS	Czechoslovakian Intelligence Service (engl.) = Tschechoslowakischer Geheimdienst (US-amerikanische Bezeichnung)
ČSM	Československý svaz mládeže (tschech.) = „Tschechoslowakischer Jugendverband"
ČSR	Československá republika (tschech.) = Tschechoslowakische Republik
ČSSR	Československá socialistická republika (tschech.) = Tschechoslowakische Sozialistische Republik
ČTK	Česká tisková kancelář (tschech.) = Tschechische Presseagentur
DDR	Deutsche Demokratische Republik
DDSG	Donaudampfschifffahrtsgesellschaft
ders.	derselbe
DGER	Direction générale des études et recherches (frz.) = Generaldirektion für Studien und Ermittlungen
Dipl. Arb.	Diplomarbeit
DPs	Displaced persons (engl.) = Flüchtlinge
DRA	Direction des Recherches en Autriche (frz.) = Direktion für Nachforschungen in Österreich
DV	Deserter Volunteer (engl.) = freiwilliger Deserteur
DZ	Drôtený Zátaras (tschech.) = Stacheldrahtbarriere
Ebd.	Ebenda
EGKS	Europäische Gemeinschaft für Kohle und Stahl
EU	Europäische Union
EURATOM	Europäische Atomgemeinschaft
EWG	Europäische Wirtschaftsgemeinschaft
FS	Field Security (engl.) = Sicherheitsdienst im Felde
FSS	Field Security Section (engl.) = Sektion des Sicherheitsdienstes im Felde
G-2	General Staff – Section 2 (Intelligence) (engl.) = Sektion 2 (Geheimdienst) des Generalstabs

geb.	geboren
gest.	gestorben
Gestapo	Geheime Staatspolizei
GFK	Genfer Flüchtlingskonvention
GÖS	Generaldirektor für die öffentliche Sicherheit, Österreich
GRU	Glawnoe raswedywatelnoe uprawlenie (russ.) = Hauptverwaltung Aufklärung (des Generalstabes der Roten/Sowjetischen Armee), UdSSR
GUKR	Glawnoe Uprawlenie Kontrraswedki (russ.) = Hauptverwaltung für Gegenspionage
GULAG	Glawnoe Uprawlenie isprawitel'no-trudowych lagerej i kolonij (russ.) = Hauptverwaltung der Besserungsarbeitslager und -kolonien
GUPWI	Glawnoe uprawlenie woennoplennych i internirowannych (russ.) = Hauptverwaltung für Kriegsgefangene und Internierte
GUSchosDor	Glavwoe uprawlenie doroschno-schossejnogo strojtelstwa (russ.) = Hauptverwaltung für den Bau von Fernstraßen
Hg.	Herausgeber
HK	Hraniční kámen (tschech.) = Grenzstein
ICB	Intelligence Coordination Branch (engl.) = Abteilung für Koordination der nachrichtendienstlichen Aktivitäten
IM	Inoffizieller Mitarbeiter
Intorg.	Intelligence Organization (engl.) = Organisation für nachrichtendienstliche Tätigkeiten
IRO	International Refugee Organization (engl.) = Internationale Flüchtlingsorganisation
JIC	Joint Intelligence Committee (engl.) = Vereinigtes Komitee der Geheimdienste
JICS	Joint Intelligence Coordination Staff (engl.) = Vereinigter leitender Geheimdienststab
k. u. k.	kaiserlich und königlich, Österreich
Kfz	Kraftfahrzeug
KGB	Komitet gosudarstwennoj besopasnosti (russ.) = Komitee für Staatssicherheit
KP	Kommunistische Partei
KPČ	Kommunistische Partei der Tschechoslowakei
KPÖ	Kommunistische Partei Österreichs
KSČ	Komunistická strana Československa (tschech.) = Kommunistische Partei der Tschechoslowakei
Lkw	Lastkraftwagen
LSSAH	Leibstandarte SS Adolf Hitler
MGB	Ministerstwo gosudarstwennoj besopasnosti (russ.) = Ministerium für Staatssicherheit
MI6	Military Intelligence, Section 6 (engl.)
MID	Ministerstwo inostrannych del (russ.) = Außenministerium
MIS	Military Intelligence Service (engl.) = Militärischer Nachrichtendienst
Mj.	Major
MNB	Ministerstvo národni bezpečnosti (tschech.) = Ministerium für Nationale Sicherheit, ČSSR
MV	Ministerstvo vnitra ČSR (tschech.) = Innenministerium der ČSR
MWD	Ministerstwo wnutrennych del (russ.) = Ministerium für Innere Angelegenheiten

NARA	National Archives and Records Administration (engl.) = Nationale Verwaltung für Archivwesen, Washington D. C.
NATO	North Atlantic Treaty Organization (engl.)
NKGB	Narodnyj kommissariat gosudarstwennoi Besopasnosti (russ.) = „Volkskommissariat für Staatssicherheit“
NKO	Narodnyj kommissariat oborony (russ.) = Volkskommissariat für Verteidigung
NKWD	Narodnyj kommissariat wnutrennych del (russ.) = Volkskommissariat für Innere Angelegenheiten
NS	Nationalsozialismus
NSA	National Security Agency (engl.)
NSDAP	Nationalsozialistische Deutsche Arbeiterpartei
ÖBB	Österreichische Bundesbahnen
OPS	Orgán preventivní služby (tschech.) = „Organ des Präventionsdienstes“
OSS	Office of Strategic Services (engl.) = Büro für strategische Maßnahmen
ÖStA	Österreichisches Staatsarchiv, Wien
PS	Pohraniční stráž (tschech.) = Grenzschutz, Grenzwache
RG	Record Group (engl.) = Archivbestand
RGW	Rat für gegenseitige Wirtschaftshilfe
RGWA	Rossijskij gosudarstwennyj woennyj archiw (russ.) = Russisch-staatliches Militärarchiv, Moskau
RSHA	Reichssicherheitshauptamt
S.	Seite
SBZ	Sowjetische Besatzungszone Deutschlands
SDECE	Service Documentation Extérieure et de Contre-Espionnage (frz.) = Nachrichtendienst für Dokumentation und Gegenspionage
SIS	Secret Intelligence Service (engl.)
SM	Sécurité Militaire (frz.) = Militärische Sicherheit
Smersch	Smert schpionam (russ.) = Tod den Spionen, sowjetische Spionageabwehr
SMV	Sowjetische Mineralölverwaltung
SNA	Slovenský národný archív (slowak.) = Slowakisches Staatsarchiv, Bratislava
SNB	Sbor národní bezpečnosti (tschech.) = Korps für nationale Sicherheit
SOE	Special Operations Executive (engl.) = Abteilung für Spezialoperationen
SOkA	Státní okresní archiv (tschech.) = Staatliches Bezirksarchiv
Sonderbd.	Sonderband
SR	Service de renseignements (frz.) = Informationsdienst
SS	Schutzstaffel
SSU	Strategic Services Unit (engl.) = Einheit für strategische Aufgaben
Stalag	Stammlager
StB	Státní bezpečnost (tschech.) = Staatssicherheit der ČSR/ČSSR
STO	Slovenská tajná ochrana (slowak.) = Slowakische Geheimpolizei
stv.	stellvertretende(r)
TH	Technische Hochschule
TOF	Ticho-okeanskij flot (russ.) = sowjetische Pazifikflotte
UdSSR	Union der Sozialistischen Sowjetrepubliken
ÚDV	Úřad dokumentace a vyšetřování zločinů komunismu (tschech.) = Amt für die Dokumentation und Ermittlung kommunistischer Verbrechen
UKR	Uprawlenie kontrrazwedki (russ.) = Verwaltung für Gegenspionage
UKR MGB ZGW	Uprawlenie kontrrazwedki ministerstwa gosudarstwennoj besopasnosti zentralnoj gruppi wojsk (russ.) = Verwaltung für Gegenspionage des Ministeriums für Staatssicherheit der Zentralen Gruppe der Streitkräfte

UNO	United Nations Organization (engl.) = Vereinte Nationen
UNRRA	United Nations Relief and Rehabilitation Administration (engl.) = Nothilfe- und Wiederaufbauverwaltung der Vereinten Nationen
ÚPN	Ústav pamäti národa (slowak.) = Institut des Nationalen Gedächtnisses, Bratislava
US	United States (engl.), Abkürzung für „US-amerikanisch"
USA	United States of America (engl.) = Vereinigte Staaten von Amerika
USACA	United States Allied Commission for Austria (engl.) = Alliierte Kommission für Österreich – US-Element
Vol.	Volume (engl.) = Band
VVP	Vyšší vojenská prokuratura (tschech.) = Militärgeneralstaatsanwaltschaft
WChA	Woennaja Chimitscheskaja Akademija (russ.) = Militärakademie für Chemie
z. B.	zum Beispiel
ZGW	Zentralnaja gruppa wojsk (russ.) = Zentrale Gruppe der Streitkräfte (der sowjetischen Armee)
ZNB	Zbor národnej bezpečnosti (slowak.) = Nationales Sicherheitskorps der ČSR/ČSSR

Anmerkungen

[1] Vgl. ÚDV, F. vyšetřovací spis ČVS, ÚDV-13/Vt-98, kopie Dozorového spisu v trestní věci VVP Tábor, č. Vv 32/68. Protokol o výslechu Bohuslava Drabíka, l. 52/271–273. ÚDV, Bestand Untersuchungsakten des ČVS, ÚDV-13/Vt-98, Kopie der Aufsichtsakten in der Strafsache der VVP Tábor, Nr. Vv32/68. Protokoll vom Verhör Bohuslav Drabík, 1.52/271-273. Wenn nicht eigens zitiert, basiert das Kapitel auf folgenden Quellen: ABS, F. Inspekce ministerstva vnitra ČSSR I. Díl (A 8/1), inv. J. 476, inv. J. 1452; ABS, Bestand Inspektionen des Innenministeriums ČSSR I. Teil (A 8/1), Faszikel Nr. 476, Faszikel Nr. 1452; ABS, F. Personální spis y příslušníků MV, Personální spis Ludvík Duroň; ABS, Bestand Personalakten, Personalakt Ludvík Duroň; Pulec, Případ; Pospíšil, Hyeny; Pospíšil, Hyeny v akci; Šedivý, Světlana.

[2] Gesetz der Tschechoslowakei aus dem Jahr 1948, Nr. 286/1948 Sb.

[3] Vgl. dazu u. a.: Beer, Österreich, S. 40–44.

[4] Vgl. „Deckname Holec", in: profil, Nr. 13, 40. Jg., 23.3.2009, S. 16 und weitere, in der Folge erschienene Berichte österreichischer und tschechischer Medien.

[5] Univ. Prof. i. R. Dr. Siegfried Beer, Graz, danke ich für diesen Hinweis aus den OSS-Akten.

[6] Beer, Geheimdienste, S. 43.

[7] Hier handelt es sich um eine zufällige Namensgleichheit mit dem 2013 nach Russland geflüchteten NSA-Überläufer und „Whistleblower" Edward Snowden.

[8] Snowden, Russia.

[9] Komlosy, Länder, S. 498. Goebbels suchte mit seiner Rede die Fortsetzung des Kampfes gegen die „eiserne russische Dampfwalze" zu legitimieren: „Wenn das deutsche Volk die Waffen niederlegte, würden die Sowjets, auch nach den Abmachungen zwischen Roosevelt, Churchill und Stalin, ganz Ost- und Südosteuropa zuzüglich des größten Teils des Reiches besetzen. Vor diesem – einschließlich der Sowjetunion – riesigem Territorium würde sich sofort ein eiserner Vorhang heruntersenken." Zit. nach Kernic, Eiserner Vorhang, S. 514.

[10] Loidol – Sandgruber, Eiserner Vorhang, S. 16–19.

[11] „Von Stettin an der Ostsee bis nach Triest an der Adria hat sich auf dem Kontinent ein Eiserner Vorhang gesenkt. Hinter dieser Grenze liegen alle Hauptstädte der alten Staaten Mittel- und Osteuropas. Warschau, Berlin, Prag, Wien, Budapest, Belgrad, Bukarest und Sofia; und alle diese berühmten Städte und die sie umgebende Bevölkerung befinden sich in einer Sphäre, die ich sowjetisch nennen muss, und unterliegen in der einen oder anderen Form nicht nur dem sowjetischen Einfluss, sondern auch einer sehr zähen und in vielen Fällen noch zunehmenden Bevormundung durch Moskau." Übersetzung des Autors. Auf Englisch findet sich die Rede abgedruckt in James, Churchill, S. 7285–7293.

[12] Lukes, Road, S. 250; vgl. auch Lukes, Edge.

[13] Tomek, Cold War, S. 9.

[14] Die Sokolbewegung entwickelte sich ab den 1860er-Jahren in Böhmen und Mähren und wurde im 19. Jahrhundert zu einer Säule der tschechischen und slowakischen Nationalbewegungen. Sokol (slawisch: Falke) wurde zur Turnbewegung aller slawischen Nationalitäten. Gemeinsame Sportfeste der verschiedenen slawischen Nationen waren auch Ausdruck des Panslawismus. Neben der turnerischen Erziehung stand die Pflege der Folklore im Mittelpunkt.

[15] Vgl. Larmola, Path.

[16] Rudolf Slánský, 1901 in Nezvěstice bei Plzeň geboren, trat 1921 in die KPČ ein. Acht Jahre später hatte er sich bereits ins Präsidium des Zentralkomitees der Partei hochgearbeitet. Von 1935 bis 1938 saß er für die KPČ im Parlament, bevor er 1938 mit vielen seiner Parteigenossen ins Exil nach Moskau flüchten musste. Er blieb dort weiterhin für die Partei aktiv und war auch aktiv am Slowakischen Volksaufstand beteiligt. 1945 kehrte er als Generalsekretär der KPČ in die ČSR zurück, wo er 1951 zum stv. Ministerpräsidenten aufstieg. Noch im selben Jahr wurde ihm aber vorgeworfen, mit dem mutmaßlichen Spion Noel Field kooperiert zu haben. Er wurde abgesetzt, verhaftet, in einem Schauprozess 1952 zum Tode verurteilt und hingerichtet. 1963 wurde das Urteil gegen ihn aufgehoben. Vgl. Lukes, Slansky. Zu den Schauprozessen in der Tschechoslowakei vgl. Kaplan – Svátek, Säuberungen, S. 535–542; Weber – Mählert, Terror.

[17] Vgl. Pustejovsky, Bombe; Karlsch – Zeman, Urangeheimnisse.

[18] Vgl. hierzu die sehr ausführliche Studie Blaive – Molden, Grenzfälle.

[19] Zu den zwischenstaatlichen Beziehungen zwischen Österreich und der Tschechoslowakei bis zur Niederschlagung des „Prager Frühlings" vgl. Ullmann, Nachbarschaft; vgl. dazu auch die Beiträge in Karner –Stehlík, Österreich. Tschechien.

[20] Das Ende einer Nachbardemokratie, in: Arbeiter-Zeitung, 27.2.1948, S. 1 f.

[21] Vgl. Bischof, Austria; Schriffl, Austria; zu den Anfängen der österreichischen Außenpolitik nach 1945 vgl. auch Gehler, Außenpolitik.

[22] Vgl. Tůma, Regime.

[23] Zit. nach Ullmann, Nachbarschaft, S. 81.

[24] AdR, BMAA, II-POL, Čsl. 45, GZ 140.505-pol/51, zit. nach Ullmann, Nachbarschaft, S. 256.

[25] Die Tschechen in Österreich wählen sozialistisch, in: Arbeiter-Zeitung, 19.2.1953, S. 2.

[26] Am augenscheinlichsten erfolgte die Flucht über die deutsch-deutsche Grenze. Vgl. etwa Heidemeyer, 1961.

[27] Die Methoden und Folgen dieser Konsolidierung nach innen am Beispiel der Tschechoslowakei sind beschrieben in Koura, Einschüchterung.

[28] Gecesényi, Bergauf, S. 1284 f.

[29] Zur Grenze zwischen Westdeutschland und der SBZ/DDR vgl. insbesondere Wilke, Weg; auch zwischen Jugoslawien und der Steiermark wurde schon 1945, allerdings von der britischen Besatzungsmacht, eine Grenzsperrzone eingerichtet, die bis 1949 von der britischen „Field Security" kontrolliert wurde. Zwischen 1950 und 1955 übernahm die österreichische Gendarmerie die Kontrollen an der Grenze, wobei sich die britische Besatzungsmacht nach wie vor die Entscheidungsgewalt über illegale Grenzgänger vorbehielt. Zur äußerst problematischen Grenzsituation zwischen Österreich und Jugoslawien im frühen Kalten Krieg vgl. Engelke, Flüchtling; Engelke, Mur.

[30] Gecesényi, Bergauf, S. 1303–1307.

[31] Zu den technischen Aspekten des „Eisernen Vorhangs", seinem Aufbau und seiner Veränderung im Laufe der Zeit vgl. detailliert Lugosi, Grenze.

[32] Zum tschechoslowakischen „Eisernen Vorhang" vgl. Jílek – Jílková, Opona; zur Bewachung der tschechoslowakischen Grenzen zur BRD und Österreich vgl. Pulec, Bewachung, S. 142–144.

[33] Bereits die Vertreibung der Sudetendeutschen 1945/46 führte im später zum „Eisernen Vorhang" ausgebauten Grenzstreifen zu massiven Bevölkerungsrückgängen. Vielfach wurden in den Grenzstreifen Personen aus der Ostslowakei und andere, mit den örtlichen Gegebenheiten nicht vertraute, gebietsfremde Menschen angesiedelt. So sollten persönliche Beziehungen über die Grenze von vornherein unterbunden werden.

[34] Zu den Grenztoten liegt eine Fülle von Literatur und Erhebungen vor, hier sei lediglich verwiesen auf: die Studie der „Arbeitsgemeinschaft 13. August" (http://www.mauer-museum.com); Hertle – Nooke, Todesopfer; Sauer – Plumeyer; Lozoviuková, Tod, S. 49–51; Pulec, Organizace. Zu den vielen dramatischen und tödlichen Zwischenfällen am tschechoslowakischen „Eisernen Vorhang", aber auch gelungenen Fluchtversuchen vgl. Navara, Vorfälle. Vor allem S. 11–34 bieten einen Überblick über die Genese der Grenzanlagen und die hierfür verantwortlichen Organe und Funktionäre.

[35] Vgl. Laufer, UdSSR.

[36] Vgl. Wilke, Weg; Kowalczuk, Volksaufstand; Wettig, Politik.

[37] Aborlat – Wäldner, Chronologie, S. 73–82.

[38] Eine umfangreiche Darstellung, basierend auf einer breiten Aktenlage aus sowjetischen Archiven, der Ereignisse im „Kalten Krieg" rund um den Wiener Gipfel zwischen US-Präsident John F. Kennedy und dem sowjetischen Parteichef Nikita S. Chruschtschow, die erhoffte Entspannung und die Verschärfung des Konflikts bietet: Karner et al., Wiener Gipfel.

[39] Zum Aufbau der Grenze und der Verstärkung der Grenzbefestigungen in den 1960er-Jahren an einem regionalen Beispiel vgl. Münkel, Kontrolle.

[40] Neguschewski, Salzwedel.

[41] Vgl. Leffler – Westad, Cold War; Stöver, Kalter Krieg; zu den unterschiedlichen Abgrenzungen vgl. ergänzend Schmidl, Phase, S. 20.

[42] Zur Konferenz von Jalta vgl. Dülffer, Jalta.

[43] Vgl. hierzu Karner – Stelzl-Marx, Rote Armee.

[44] Vgl. dazu Kramer, Stalin, S. 64; Petschatnow, Stalin; ders., Big Three.

[45] Rathkolb, Kalter Krieg, S. 12.

[46] Vgl. Schmidl, Phase, S. 20.

[47] Ebd. S. 21 f.

[48] Rathkolb, Kalter Krieg, S. 11 f. Zum Prozesscharakter betreffend den Beginn des „Kalten Krieges" vgl. Lundestad, East, S. 10–14.

[49] Vgl. Parrish – Narinsky, Evidence; Bischof – Pelinka – Stiefel, Marshall Plan; zu den Auswirkungen des Marshallplans auf die Tschechoslowakei vgl. Tůma, Marshall Plan.

[50] Zur Geschichte der europäischen Integration vgl. etwa Mittag, Geschichte.

[51] Für einen Überblick zur Funktion der NATO und ihrer Rolle als integratives Element Westeuropas vgl. Schröter, NATO.

[52] Rat für gegenseitige Wirtschaftshilfe. Vgl. dazu Gibianskij, Gründung; Kaplan, Entwicklung; Zwass, Rat.

[53] Vgl. Umbach, Bündnis; ergänzend vgl. Gribkov, Warschauer Pakt.

[54] Irnberger, Nelkenstrauß, S. 26.

[55] Vgl. Pirker, Politik, S. 29 f.

[56] Vgl. Martin-Smith, Widerstand.

[57] Vgl. Haasis, Tod; McDonald, Killing; Ivanov, Henker; Calic, Heydrich.

[58] Beer, Geheimdienste, S. 222.

[59] Ebd.; vgl. auch Schneider, Security, S. 465–493.

[60] Koch, OSS; Beer, Geheimdienste, S. 222 f.

[61] Ernest Cole war sein amerikanischer Tarnname. Vgl. Beer, Agent, S. 16 ff.

[62] „Deserter Volunteer" = „freiwilliger Deserteur".

[63] Vgl. Beer, Agent, S. 20.

[64] Beer, Österreich, S. 40 f.

[65] Ebd., S. 41.

[66] Ebd.

[67] Vgl. Beer, Dritter Mann, S. 3–25; und Beer, Helmer, S. 231.

[68] Zu diesen Waffenlagern in Österreich vgl. Rauchensteiner – Ham, Gold; Ortner, Waffendepots.

[69] „Narodnyj kommissariat wnutrennych del" = „Volkskommissariat für Innere Angelegenheiten" beziehungsweise „Ministerstwo wnutrennych del" = „Ministerium für Innere Angelegenheiten". Das NKWD umfasste sowohl die innere Sicherheit der UdSSR als auch zeitweise die Abteilung für Auslandsspionage. Im Zuge der Umstrukturierung der Volkskommissariate in Ministerien im März 1946 wurde das NKWD in MWD umbenannt.

[70] „Ministerstwo gosudarstwennoj besopasnosti" = „Ministerium für Staatssicherheit". Das MGB ging im März 1946 aus dem 1943 vom NKWD ausgegliederten NKGB („Narodnyj kommissariat gosudarstwennoj besopasnosti" = „Volkskommissariat für Staatssicherheit") hervor und umfasste sowohl die Auslandsspionage als auch die Spionageabwehr bzw. Gegenspionage.

[71] „Uprawlenie kontraswedki ministerstwa gosudarstwennoj besopasnosti zentralnoj gruppi wojsk" (UKR MGB ZGW) = „Verwaltung für Gegenspionage des MGB der Zentralen Gruppe der Streitkräfte". Das MGB hatte bei jeder größeren Einheit der Roten beziehungsweise (ab 1946) Sowjetischen Armee eine eigene Abteilung, die sowohl für das Sammeln von Informationen als auch für den Schutz der Einheit vor Spionage zuständig war. Vgl. dazu Petrow, Spionageabwehr; Christoforov, Spionageabwehr. Zur Zusammenarbeit StB-NKWD/KGB vgl. Aktivity NKVD/KGB.

[72] „Komitet gosudarstwennoj besopasnosti" = „Komitee für Staatssicherheit". Dieser wohl bekannteste sowjetische Nachrichtendienst existierte von 1953 bis 1991 und vereinte alle zivilen nachrichtendienstlichen Aufgaben unter einem Dach. Er war sowohl für die gesamte zivile Auslandsspionage als auch für Gegenspionage und Spionageabwehr zuständig.

73 „Glawnoe raswedywatelnoe uprawlenie“ = „Hauptverwaltung Aufklärung“.

74 Witalij Aleksandrowitsch Nikolskij, geb. 1910 in Jasenewo im Gebiet Tula, begann seine militärische Karriere nach dem Abschluss der Militärakademie für Chemie (WChA) in Moskau 1937 in der 3. Abteilung (Militärtechnik) der GRU in Moskau. Nach Absolvierung der Zentralen Schule zur Vorbereitung von Stabskommandanten (April 1942) diente er als GRU-Offizier an der Front, bevor er 1943 wieder Dienst in der Abteilung für Militärtechnik in Moskau versah. 1947 bis 1955 diente er als GRU-Offizier in Wien. 1955 kehrte er nach Moskau zurück und diente bis 1960 als GRU-Offizier im Generalstab der sowjetischen Armee. So leitete er u. a. ab 1958 die Verwaltung für operative Aufklärung der GRU. Von 1960 bis 1963 versah er Dienst als Militärattaché und GRU-Resident in Schweden, bevor er die Militärisch-diplomatische Akademie der sowjetischen Armee in Moskau leitete. Er ging 1990 in Pension und lebte bis zu seinem Tode 2002 in Moskau. Vgl. dazu Bacher –Ruggenthaler, GRU, S. 140 f.; Nikolskij, GRU.

75 Iwan Iwanovitsch Iljitschow, geb. 1905 in Nawoloki im Gebiet Kaluga, gest. 1983 in Moskau. Er trat 1929 in den Dienst der Roten Armee ein und kommandierte die GRU von 1942 bis 1943, im Anschluss stv. Kommandant bis 1947. Danach trat er 1948 in die 3. europäische Abteilung des Außenministeriums (MID) ein, die er, nach dem Abtritt als Botschafter in Wien, von 1956 bis 1966 leitete. Von 1966 bis 1968 war er abermals als Botschafter in Dänemark tätig. Danach war er bis zu seiner Pensionierung 1975 stv. Leiter der außenpolitischen Abteilung des MID.Vgl. Lurje – Kotschik, GRU, S. 110.

76 Aleksej Ivanowitsch Luskow, geb. 1906 in Sewastopol, gest. 1973 in Ismail in der heutigen Ukraine, trat 1921 in die Rote Flotte, die Marine der UdSSR, ein. Seit 1935 Angehöriger des Geheimdienstes der Marine, leitete er von 1945 bis 1950 die Abteilung der GRU, die für die österreichische DDSG zuständig war. Vgl. Lurje – Kotschik, GRU, S. 160.

77 Nikolaj Petrowitsch Sotnikow, geb. 1921 in Kursk, gest. 1996 in Moskau, diente ab 1939 in der Roten Flotte. Ab 1949 versah er als führender Geheimdienstoffizier Dienst im Stab der DDSG, bevor er 1951 in die Sowjetunion zurückkehrte und dort bis 1965 im Hauptstab der sowjetischen Flotte diente. Von 1965 bis 1970 leitete er den Geheimdienst der sowjetischen Pazifikflotte (TOF). Vgl. Lurje – Kotschik, GRU, S. 184.

78 Vgl. dazu umfangreich: Karner – Stelzl-Marx, Stalins letzte Opfer.

79 Eisterer, Besatzungspolitik, S. 169–172; Jardin, Nachrichtendienst; Porch, Services, S. 284; Beer, Österreich, S. 43.

80 Vgl. Eisterer, Besatzungspolitik, S. 157 f. und S. 160 f.

81 Schneider, FSS; zu „Werwolf“-Organisationen in Österreich vgl. u. a. Knoll – Stelzl-Marx, Strafjustiz, S. 300–302.

82 Vgl. Beer, Geheimdienste.

83 Schneider, FSS, S. 225–227.

84 Eisterer, Besatzungspolitik, S. 169–172; Jardin, Französischer Nachrichtendienst in Deutschland in den ersten Jahren des Kalten Krieges, S. 103–118; Porch, Services, S. 284.

85 Sayer – Botting, Army, S. 275 f.

86 Vgl. dazu Boog, WRINGER.

87 Zur Rolle der KPÖ als „Rekrutierungspool“ für sowjetische Nachrichtendienste und die Maßnahmen des FSS und des CIC gegen die Partei vgl. Bacher, KPÖ, S. 189–203.

88 NARA, RG 319, Case files CIC Austria, 1951.

89 Zu den folgenden Ausführungen vgl. Tomek, Cold War, S. 13–32.

90 Vgl. Binder, Geheimdienst, S. 17 f.

91 Zum Aufbau des Österreichischen Bundesheeres nach 1955 vgl. Blasi, B-Gendarmerie, S. 67–74.

92 Binder, Geheimdienst, S. 27.

93 Fuchs, Geheimdienst, S. 136.

94 Ebd., S. 139; vgl. auch Kopeczek, Waffenlager, S. 108 f.

95 Fuchs, Geheimdienst, S. 139.

96 Zu den Verhaftungen und Verurteilung von Marek und Kiridus vgl. insbesondere Knoll – Stelzl-Marx, Strafjustiz, S. 293–296; Fuchs, Geheimdienst, S. 133 f.

[97] Lukes, Showdown, S. 792 f.

[98] Einen Überblick zur Entwicklung des tschechoslowakischen Grenzschutzes bietet Pulec, Bewachung.

[99] RGWA, F. 38650, op. 1, d. 301, S. 26 f., Bericht über die Stationierung und den Personalstand der Einheiten und Abteilung der Inneren Truppen des NKWD, 31.1.1946.

[100] Vgl. Petrow, Truppen, S. 223–225.

[101] Vgl. Vaněk, Pohranični stráž, S. 17–28 und S. 45–55; Vaněk, Kronika.

[102] Blažek – Žáček, Tschechoslowakei, S. 395.

[103] Ebd., S. 396.

[104] Ebd.; Medvecký – Sivoš – Jašek, Footsteps, S. 28.

[105] Blažek – Žáček, Tschechoslowakei, S. 396.

[106] Ebd.; Medvecký – Sivoš – Jašek, Footsteps, S. 35–38.

[107] Lukes, Showdown, S. 792 f.; Medvecký – Sivoš – Jašek, Footsteps, S. 46–50.

[108] Vgl. Lukes, Showdown, S. 792 f., vgl. auch Ministerstvo vnitra, Správa.

[109] Lukes, Showdown, S. 793.

[110] Ebd.

[111] Ebd.

[112] Blažek – Žáček, Tschechoslowakei, S. 396; Medvecký – Sivoš – Jašek, Footsteps, S. 67–82.

[113] Blažek – Žáček, Tschechoslowakei, S. 402 f.

[114] Lukes, Showdown, S. 794 f.

[115] Zur Anwerbung von Österreichern durch ausländische Nachrichtendienste vgl. Bacher – Knoll, Spione, S. 99–108.

[116] Vgl. Möchel, Krieg, S. 387.

[117] Zu diesem Beispiel vgl. auch Bacher, Spies.

[118] Hochstetten/Vysoká pri Morave, bis 1948 slowakisch: Hochštetno, liegt direkt an der March/Westslowakei, in der Region des heutigen Landschaftsschutzgebietes Záhorie. Nachbargemeinden sind Zahorská Ves und Zohor, die Nachbarstädte sind Malacky, Stupava und Bratislava.

[119] Vgl. Tomek, Cold War, S. 37.

[120] A ÚPN, F. 2346, 11. Brigade PS v Bratislave, i. j. 643, PS-011338/11-OS-53, Narušení státní hranice u 6.roty, 24.10.1953. A ÚPN, F. 2346, 11. Grenzschutzbrigade in Bratislava, i. j. 643, PS-011338/11-OS-53, Grenzvorfall an der Staatsgrenze im Bereich der 6. Kompanie, 24.10.1953.

[121] Tschechisch: „Smer pravdepodobného postupu narušiteľa".

[122] ABS Brno Kanice, F. 2357, kar. 27, č. j. PS-00 5449/11-OS-53, vyjá dření vel. 6.roty. ABS Brno Kanice, F. 2357, box. 27, No. PS-00 5449/11-OS-53, Aussage des Kommandanten des 6. Zuges.

[123] „Drôtený Zátaras" = Stacheldrahtbarriere.

[124] ABS Brno Kanice, F. 2357, kar. 27, č. j. PS-00 5449/11-OS-53, zadržání agenta Poláka a agentky Pospíšilové v úseku 6. roty, s použitímzbraně – predložení. ABS Brno Kanice, F. 2357, box 27, No. PS-00 5449/11-OS-53, Verhaftung des Agenten Polák und der Agentin Pospíšilová im Bereich des 6. Zuges unter Waffeneinsatz –Vortrag.

[125] Ebd.

[126] Pejčoch – Tomek, Agenti, S. 177 f.

[127] ABS Brno Kanice, F. 2357, kar. 27, č. j. PS-00 5449/11-OS-53, protokol provedení průzkumu místa osy postupu a místa za držení narušitelů – zaslání hlášení. ABS Brno Kanice, F. 2357, box 27, No. PS-00 5449/11-OS-53, Protokoll Überprüfung des Annäherungsweges der Patrouille und des Verhaftungsortes der Eindringlinge – eingereichter Bericht.

[128] ABS Brno Kanice, F. 2357, kar. 27, č. j. PS-00 5449/11-OS-53, zápis o výpovědi s Bylanským Jurajem. ABS Brno Kanice, F. 2357, box 27, No. PS-00 5449/11-OS-53, Zeugenaussage von Bylanský Juraj.

[129] Ebd., Zeugenaussage von Zapletal Josef.

[130] ABS Praha, F. A6/III, TRMNB č. 164/1952 z 18. novembra 1952, pohřeb agentů a teroristů usmrcených v boji s bezpečnostními orgány. ABS, F. A6/III, Geheimbefehl des Ministers für Nationale Sicherheit

Nr. 164/1952 vom 18.11.1952, Bestattung von Agenten und Terroristen, die im Kampf mit Sicherheitsbehörden getötet wurden.

[131] ABS Brno Kanice, F. 2357, kar. 82, č. j. PS-010234/11-OS-55, údaje o pohřbu Jarmily Pospíšilové. ABS Brno Kanice, F. 2357, box 82, No. PS-010234/11-OS-55, Information zur Bestattung von Jarmila Pospíšilová.

[132] Vgl. etwa Gieselke, Republik.

[133] Blažek – Žáček, Tschechoslowakei, S. 439.

[134] Ebd., S. 415 und S. 441.

[135] Vermutlich war dies eine Schutzbehauptung von Havlíček und Šmíd im Prozess. Hier dürfte die Aktenlage nicht mit dem tatsächlichen Sachverhalt übereinstimmen.

[136] „Myslím, že vojáci začali střílet proto, že byli vyrozuměni o tom, že se jedná o ozbrojenou skupinu, a že tedy stříleli spíše ze strachu, aby sami nebyli postřeleni [...] Po ukončení střelby byl chvíli klid, pak jsem zaslechl sténání raněného. Někdo na něj křičel, aby vstal a zvedl ruce. Raněný chvíli sténal a říkal, že vstát nemůže. Šel jsem tedy k němu. Převracel jsem ho a zjistil, že je zasažen do páteře [...] Provedl jsem jejich osobní prohlídku [...] a přitom jsem zjistil, že jeden z těch mrtvých je bývalý příslušník SNB. Otřesné pro mě bylo to, že měli pouze u sebe 2 kapesní nože a jinak, že nebyli ozbrojeni [...] pamatuji se, že poučení bylo dáno takové, že se jedná o nebezpečnou skupinu, a vojákům bylo řečeno, aby hleděli raději střílet dřív sami, než aby byli samo zastřeleni [...]“ ÚDV, F. vyšetřovací spis ČVS, ÚDV-13/Vt-98, kopie Dozorového spisu v trestní věci VVP Tábor, č. Vv 32/68. Protokol o výslechu Bohuslava Drabíka, l. 52/271–273; ÚDV, Bestand Untersuchungsakte ČVS, ÚDV-13/Vt-98, Kopie des Aufsichtsaktes in der Strafsache der VVP Tábor, Nr. Vv32/68. Protokoll vom Verhör Bohuslav Drabík, 1.52/271-273.

[137] Vgl. dazu allgemein Karner – Tomilina – Tschubarjan, Prager Frühling.

[138] Die folgende Darstellung folgt dem Akt im A ÚPN, F. 2346 11. brigáda PS v Bratislave, i. j. 424. A ÚPN, F. 2346, 11. Brigade der Grenzwache in Bratislava, Inventar Nr. 424.

[139] Ebd.

[140] A ÚPN, F. 2346 11. brigáda PS v Bratislave, i. j. 424. Zápis ovýpovedi napísaný dňa 11.12.1952 na PS – útvare 4965 Bratislava spor. PS Zimek Aloisom. A ÚPN, F.2346 11. Brigade der Grenzwache in Bratislava, Inventar Nr. 424, Zeugenaussage von Lt. Alojs Zimek von der Einheit Nr. 4965 der Grenzwache in Bratislava, 11.12.1952.

[141] Ebd.

[142] Ebd., Zeugenaussage des Grundwehrdieners Sergeant Jaroslav Veselý, Angehöriger der Einheit Nr. 3966 der Grenzwache in Jarovce, 11.12.1952.

[143] Ebd., Zeugenaussage des Grundwehrdieners Gefreiter Jaroslav Divila, Angehöriger der Einheit Nr. 4965 der Grenzwache in Bratislava, 17.12.1952.

[144] Ebd.

[145] Ebd.

[146] A ÚPN, F. 2346 11. brigáda PS v Bratislave, i. j. 175; A ÚPN, F. 2346 11. brigáda PS v Bratislave, i. j. 424; Ebd., 11. Brigade der Grenzwache in Bratislava, Inventare Nr. 175 und Nr. 424.

[147] SNA Bratislava, F. Povereníctvo vnútra – sekretariát, kar. 195. Osoby ilegálne ušlé za hranicu štátu, predkladanie správ – úprava z 2. 2. 1949. SNA, Bestand Kommissariat für innere Angelegenheiten, box 195. Personen, die über die Grenze flüchten, eingereichte Berichte – Änderung vom 2.2.1949.

[148] Ebd., kar. č. 215. Ustanovenie o pohraničnom území. Prílohy; SNA, Bestand Kommissariat für innere Angelegenheiten, box 195. Verordnung zum Grenzgebiet, Beilagen.

[149] Ebd.

[150] Eine Praxis, die im Übrigen vice versa auch von tschechoslowakischen Diensten angewandt wurde, um die Aktivitäten der westlichen Dienste in Österreich zu unterbinden, vgl. Tschechische Spionagelehrbuben in Österreich. Junge Österreicher werden durch Zeitungsannoncen angeworben, in: Arbeiter-Zeitung, 28.5.1950, S. 3.

[151] Die Quellenbasis des Kapitels bilden, wenn nicht anders zitiert, vor allem: ABS, F. vyšetřovací spisy StB, V-2278 MV. ABS, Bestand Ermittlungsberichte des StB, V-2278 MV; Pejčoch – Tomek, Agenti, S. 101–117; Svoboda, Knorr; Pacner, Službá.

[152] Milada Horáková, geboren 1901 in Prag, promovierte bereits 1926 an der juristischen Fakultät der Karls-Universität in Prag. Schon während ihres Studiums hatte sie sich politisch in der tschechi-

schen Frauenbewegung engagiert. Nach der Besetzung der „Rest-Tschechoslowakei" im März 1939 schloss sie sich dem Widerstand an, wurde aber schon bald verhaftet. Sie war zwei Jahre lang im KZ Theresienstadt inhaftiert und wurde daraufhin zur Zwangsarbeit in Leipzig gezwungen. Nach dem Kriegsende 1945 nahm sie ihr politisches Engagement wieder auf und war Abgeordnete für die Nationalen Sozialisten und entschiedene Gegnerin der KPČ. Nach der kommunistischen Machtübernahme 1948 ging sie wieder in den Untergrund und wurde bald wieder verhaftet. 1950 wurde sie in einem Schauprozess zum Tode verurteilt und trotz massiver Interventionen aus dem Westen in Prag hingerichtet.

153 NA, Generální prokuratura, spis. Zn. Jan 94/95; NA, Generalstaatsanwaltschaft, Akt Zn. Jan 94/95.

154 Seine Schwester Anna kam 1930 zur Welt und war von Beruf Schneiderin. Vgl. RGWA, F. 460, d. 01791879, Personalakt Karel Gruber; vgl. auch AdBIK, Datenbank österreichischer Kriegsgefangener (St. Karner). Dem Archiv der Stiftung Sächs. Gedenkwerk, Dresden, sei an dieser Stelle für die Zurverfügungstellung ergänzender Informationen gedankt. Laut Auskunft der Deutschen Dienststelle (WASt.) vom Juli 2013 war Karel Gruber am 31. Dezember 1949, „aus östlichem Gewahrsam" kommend, über das Heimkehrerlager Gronenfelde bei Frankfurt an der Oder in die Heimat entlassen worden. Das Heimkehrerlager Gronenfelde lag nur drei Kilometer vom Repatriierungslager 69, genannt „Lager Hornkaserne", entfernt. Vgl. Hirthe, Gronenfelde, S. 79; Zu Kriegsgefangenschaft in der Sowjetunion und der Repatriierung der Kriegsgefangenen vgl. Karner, GUPVI.

155 Rottenschachen/Rapšach, 1338 erstmals urkundlich erwähnt, liegt nahe der österreichischen Grenze in Südböhmen, wenige Kilometer nördlich von Gmünd. 1919 im Staatsvertrag von St. Germain-en-Laye der Tschechoslowakei zugesprochen, lebten 1930 im Dorf 1792 Menschen. 1939 kam der Ort zum Land, später Reichsgau „Niederdonau", und wurde dem Landkreis Gmünd zugeschlagen. Zu Kriegsende 1945 ging der mehrheitlich deutschsprachige Ort wieder an die Tschechoslowakei zurück, die Deutschen des Dorfes wurden mehrheitlich vertrieben. Durch den Bau des „Eisernen Vorhangs" 1953 wurde eine weitgehende Entsiedlungsaktion der noch verbliebenen autochthonen Bevölkerung vorgenommen und Gemeindeteile bis auf einzelne Häuser dem Erdboden gleichgemacht. 1985 wurde Rapšach für kurze Zeit nach Suchenthal/Suchdol nad Lužnicí eingemeindet, bildet jedoch seit der Wende 1989 wieder eine eigenständige Gemeinde.

156 II. Zug der 11. Kompanie des SS-Panzergrenadier-Ausbildungs- und Ersatz-Bataillons 1 „Leibstandarte Adolf Hitler". Vgl. Pejčoch – Tomek, Agenti, S. 101. Die Angaben zwischen dem tschechoslowakischen Akt und dem sowjetischen Kriegsgefangenen-Personalakt differieren insofern, als der sowjetische Akt keine Angaben zu seiner Mitgliedschaft in der Waffen-SS macht.

157 Vgl. Pejčoch – Tomek, Agenti, S. 101.

158 RGWA, Personalakt Gruber. Das SS-Panzergrenadier-Ausb. u. Ers.Btl. 1 wurde am 6.4.1943 aus dem SS-Ers.Btl. LSSAH in Berlin-Lichterfelde gebildet und kam im Mai 1944 nach Berlin-Spreenhagen. Die Einheit hatte in den Kämpfen um Berlin 1945 gewaltige Verluste und 710 Vermisste. Einer davon könnte Gruber gewesen sein. Vgl. Tessin, Verbände, S. 77.

159 Zu Grubers Person vgl. auch den kurzen Überblick in Tomek, Kurier.

160 RGWA, Personalakt Gruber; vgl. auch AdBIK, Datenbank österreichischer Kriegsgefangener (St. Karner) sowie: Archiv der Stiftung Sächs. Gedenkwerk, Dresden.

161 „Glavwoe uprawlenie doroschno-schossejnogo strojtelstwa" = „Hauptverwaltung für den Bau von Fernstraßen".

162 AdBIK, GUPWI-Lager 395. Geheimer NKWD-Bericht zum Lager 395, 1945–1950.

163 Ebd.

164 RGWA, Personalakt Gruber; vgl. auch AdBIK, Datenbank österreichischer Kriegsgefangener (St. Karner) sowie: Archiv der Stiftung Sächs. Gedenkwerk, Dresden.

165 Hajna („Hoblik") gab als Motiv seiner Mitarbeit beim StB auch an, Zeit zu gewinnen und zu retten, was noch zu retten war. Vgl. Pejčoch – Tomek, Agenti, S. 112 f.

166 Knorr wurde am 20.9.1918 in Schlesisch-Ostrau/Slezská Ostrava geboren und trat 1936 in die tschechoslowakische Arme ein. 1937–38 absolvierte er die Militärakademie in Mährisch Weißkirchen/Hranice, die (als Militär-Oberrealschule) ab 1888 u. a. auch der spätere österreichische Bundespräsident Theodor Körner besucht hatte. Botz, Körner, S. 165; Pejčoch – Tomek, Agenti, S. 103.

167 Lurje – Kotschik, GRU, S. 514.

[168] Ebd., S. 515.

[169] Tomek, Cold War, S. 17; vgl. auch Lukes, Showdown.

[170] Moravec, Master; vgl. auch Tomek, Cold War, S. 19.

[171] Lurje – Kotschik, GRU, S. 514 f.

[172] Vgl. dazu u. a. ausführlich: Pustejovsky, Bombe; Karlsch – Zeman, Urangeheimnisse, S. 119–140.

[173] Zu den bekanntesten, in der Literatur mehrfach abgehandelten Fällen gehörten Bohumil Laušman, den man aus Salzburg entführte, und Jozef Vicen, dem der StB ebenfalls bis nach Wien nachstellte. Entführungen scheiterten jedoch auch immer wieder, etwa jene von Milan Kaval aus Wien. Die dazu eingesetzten sowjetischen Soldaten schafften die Entführung nicht, Kaval konnte fliehen und wanderte später in die USA aus. Zu Vicen vgl. Katrebova-Blehova, March.

[174] ABS, F. Svazky tajných spolupracovníků, r. č. 4291, a. č.: 41739. ABS, Bestand Akten geheimer Mitarbeiter, Registrierungsnr. 4291, Archivsignatur 41739.

[175] Ebd.

[176] Ebd.

[177] Ebd.

[178] Ebd.

[179] A ÚPN, F. Veliteľstvo PS v Prahe, kr. 8. Zpráva o činnosti 11. bratislavskej pohraničnej brigády MV ku dňu 1. 4. 1957. A ÚPN, Bestand Hauptquartier der Grenzschutzbrigaden, Karton 8, Bericht über die Aktivitäten der 11. Grenzschutzbrigade Bratislava, 1. 4. 1957.

[180] ABS, F. Svazky tajných spolupracovníků, r. č. 4291, a. č.: 41739. ABS, Bestand Akten geheimer Mitarbeiter, Registrierungsnr. 4291, Archivsignatur 41739.

[181] „Smersch“ steht als Akronym für „Smert schpionam!“ = „Tod den Spionen!“ und war von 1943 bis 1946 für die sowjetische militärische Spionageabwehr und aktive Gegenspionage zuständig. Sie war als eigene Hauptverwaltung für Gegenspionage (russ. „GUKR“) direkt dem Volkskommissariat für Verteidigung (russ. „NKO“) und damit Stalin unterstellt und damit dessen wirksamstes Mittel gegen jegliche „Staatsfeinde“. Vgl. Birstein, Smersh. Zur Struktur und Geschichte der Smersch vgl. auch Kokurin – Petrow, Lubjanka, S. 138–141.

[182] Schwerbewaffnet nach Österreich geflohen. Ein Slowake von einem Gendarmen erschossen, sechs andere festgenommen, in: Arbeiter-Zeitung, 11.7.1950, S. 2.

[183] Flüchtlingstragödie ohne Ende, in: Arbeiter-Zeitung, 23.2.1951, S. 4.

[184] Zu den Befugnissen der österreichischen Bundesregierung gehörte u. a. die Gesetzgebung oder die Aufnahme diplomatischer und konsularischer Beziehungen mit den Regierungen der Staaten der UNO.

[185] Zum Text des 2. Kontrollabkommens u. a.: Kleindel, Österreich, S. 385.

[186] 2. Kontrollabkommen, Artikel 5, Abs. 2 und 6.

[187] Vgl. Windisch, Kommen, S. 135–153; Beerman – Rosenmayr, Flüchtlingspolitik, S. 485–487.

[188] Allein im Mai 1949 waren 332 illegale Immigranten ins Burgenland gekommen. Vgl. ÖStA/AdR, Bundesministerium für Inneres, Abt. 2 – Generaldirektor für die öffentliche Sicherheit, Sicherheitsdirektion für das Burgenland, Monatsberichte, Zahl: SD res 22-24/49, Lagebericht für den Monat Mai 1949, 3.6.1949.

[189] Ebd.

[190] Ebd.

[191] ÖStA, Generaldirektion für öffentliche Sicherheit, Sicherheitsdirektion für das Land Niederösterreich, Monatsberichte, Lagebericht für den Monat Dezember 1949, 5.1.1950.

[192] Ebd.

[193] Den Begriff der Bevormundung prägten im Zusammenhang mit der alliierten Besatzung zwischen 1945 und 1955 vor allem Siegfried Beer, Günter Bischof und Josef Leidenfrost mit mehreren Buchpublikationen zur „Bevormundeten Nation“.

[194] Vgl. Bacher, KPÖ.

[195] Schwerbewaffnet nach Österreich geflohen. Ein Slowake von einem Gendarmen erschossen, sechs andere festgenommen, in: Arbeiter-Zeitung, 11.7.1950, S. 2.

[196] SOkA Jindřichův Hradec, F. Okresní soud JH II, Bohumír Kouba, Jiřina Koubová, T 16/50; SOkA Jindřichův Hradec, Bestand Bezirksgericht JH II, Bohumír Kouba, Jiřina Koubová T16/50; SOkA Jindřichův Hradec, F. ONV Jindřichův Hradec 1949–1950, karton 33, Osoby určené do TNP, složka Manželé Koubovi. SOkA Jindřichův Hradec, Bestand ONV Jindřichův Hradec1949–1950, box 33, Personen bestimmt für TNP, Ordner Eheppar Kouba; ABS, F. Vyšetřovací spisy – České Budějovice (CB-V-314); ABS Bestand Untersuchungsakten – České Budějovice (CB-V-314).

[197] Amtskalender der Republik Österreich, 1949–1955. Landesregierungsrat Dr. Helmut Kleinert war 1936 Leiter der Abt. 1 (Polizei-Staatsbürgerschafts- und Heimatrechtsangelegenheiten), nach 1938 kommissarischer NS-Landrat in Nikolsburg/Mikulov/Reichsgau Niederdonau und ab 6.3.1944 kommissarischer Landrat in Znaim/Znojmo gewesen. Vgl. Pinkafeld, Sept. 2012. Amtliche Mitteilungen. Pinkafeld Sept. 2012, S. 10.

[198] Eine gemeinsame tschechoslowakisch-österreichische Kommission untersuchte diesen Vorfall bereits tags darauf, am 10. Dezember: Menschenjagd an der Grenze. Tschechische Soldaten feuerten auf österreichische Holzfäller, in: Arbeiter-Zeitung, 11.12.1949, S. 5; Die schießenden Volksdemokraten. Der Grenzzwischenfall bei Pyhrabruck – ein tschechoslowakischer Übergriff, in: Arbeiter-Zeitung, 13.12.1949, S. 3; ÖStA, Generaldirektion für öffentliche Sicherheit, Sicherheitsdirektion für das Land Niederösterreich, Monatsberichte, Lagebericht für den Monat Dezember 1949, 5.1.1950.

[199] SOkA Třeboň, F. Krajský soud České Budějovice, Trestní záležitosti, doplněk číslo 3, karton 86, Tk 1379/48, Jaroslav Borkovec; SOkA Třeboň, Bestand Kreisgericht České Budějovice, Strafsachen, Ergänzung Nr. 3, box 86, Tk 1379/48, Jaroslav Borkovec.

[200] SOkA Jindřichův Hradec, F. Okresní soud Jindřichův Hradec II., T 1951, č. j. T 91/51, Josef Švec; SOkA Jindřichův Hradec, Bestand Bezirksgericht Jindřichův Hradec II, T 1951, Faszikel T 91/51, Josef Švec.

[201] Vgl. Iber, Mineralölverwaltung.

[202] Vgl. Bacher, KPÖ.

[203] Vgl. ebd.

[204] Vgl. Iber, Mineralölverwaltung, S. 201–203.

[205] ABS, F. Svazky tajných spolupracovníků, a. č.: 762 669. ABS, F. Akten zu geheimen Kollaborateuren, Akt Nr. 762 669.

[206] Ebd.

[207] Ebd.

[208] Ebd.

[209] Ebd.

[210] Ebd.

[211] Im Bericht werden auch die echten Nachnamen der beiden Agenten (Procházka und Konečný) erwähnt. Vgl. ebd.

[212] Diese Ortsbezeichnung konnte anhand des vorliegenden Aktes nicht genau lokalisiert werden, befand sich aber im Gebiet um die Ortschaft Bernhardsthal.

[213] Vgl. ABS, F. Svazky tajných spolupracovníků, a. č.: 762 669. ABS, F. Akten zu geheimen Kollaborateuren, Akt Nr. 762 669.

[214] Ebd.

[215] Ebd.

[216] „Spione" in der Badehose. Festnahmen an flüssigen Grenzen, in: Arbeiter-Zeitung, 9.8.1956, S. 4.

[217] Vgl. ABS, F. Svazky tajných spolupracovníků, a. č. 762 669. ABS, F. Akten zu geheimen Kollaborateuren, Akt Nr. 762 669.

[218] Ludvig Hlavačka (geb. 1911 in Staré Město u Uherského Hradiště) gilt als einer der „Väter" des „Eisernen Vorhangs". In der Zwischenkriegszeit in die KPČ eingetreten, war er während des Zweiten Weltkrieges im Untergrund in Wien aktiv. Dort wurde er verhaftet und zum Tode verurteilt. Nur eine Intervention des Höheren SS- und Polizeiführers für Böhmen und Mähren, Karl Hermann Frank, rettete ihn vor der Hinrichtung. Er wurde daraufhin Konfident der Gestapo. Nach dem Ende des Zweiten Weltkrieges trat er in die Sicherheitsdienste des tschechoslowakischen Innenministeriums ein und wurde insbesondere durch seine brutalen Foltermethoden bekannt. Nach seiner Versetzung zu den Grenztruppen war er einer der wesentlichen Förderer der Errichtung der Grenzbarrieren des

„Eisernen Vorhangs". Nach mehreren negativen Vorkommnissen wurde er 1954 zur „Fortbildung" in die UdSSR geschickt. Nach seiner Rückkehr wurde er am 1. Jänner 1955 zum stv. Innenminister ernannt und blieb bis zum 17. Februar 1962 in diesem Amt.

219 Ministerstvo národní obrany Velitelství Pohraniční stráže, karton č. 238 (nezpracováno), Odpověď z roku 1960 na nótu rakouského velvyslanectví. Verteidigungsministerium, Hauptquartier der Grenzwache, Box Nr. 238, Antwort auf Schreiben der österreichischen Botschaft in Prag, 1960.

220 Vgl. den Bericht Až nyní se dozvěděl, že mu otce zabili a tajně pochovali českoslovenští vojáci, http://zpravy.idnes.cz/az-nyni-se-dozvedel-ze-mu-otce-zabili-a-tajne-pochovali-ceskoslovensti-vojaci-18d-/kavarna.aspx?c=A091113_ 201907_kavarna_bos, 8.2.2013, 13:43 Uhr, Mozilla Firefox.

221 Vgl. dazu den Bericht aus der Reihe „Hörbilder" des Radiosenders Ö1 mit dem Titel „Tod an der Grenze. Eine Spurensuche" vom 24.11.2012, zu finden unter: http://oe1.orf.at/artikel/272940, 16.3.2013, 14:35 Uhr, Mozilla Firefox.

222 Ebd.

223 Vgl. dazu den Bericht Benedikt, Karl (* 17. 10. 1913, † 4. 8. 1956) a Wawra, Walter (* 29.6.1927, † 4.8.1956), http://www.ustrcr.cz/cs/benedikt-karl-wawra-walter, 15.3.2013, 10:53 Uhr, Mozilla Firefox.

224 Zu den Repatriierten vgl. Čapka – Slezák – Vaculík, Osídlení.

225 Diese ab 1949 als einzige in der Tschechoslowakei von der KPČ erlaubte – und kontrollierte – Jugendorganisation ging aus mehreren Vorgängerorganisationen hervor.

226 Sanden, Kriegsgefangenenlager. Vgl. auch: Otto, Gestapo.

227 Zum Lager Asten vgl. Asten, Marktgemeinde, S. 231–237. Nach 1963 wurde das Lagerareal zu einem Gefangenenhaus umfunktioniert.

228 ABS, Skupina fondů vyšetřovacích spisů, vyšetřovací spis a. č. V-704 MV. ABS, F. 302, Verz. 353, Akt-Nr. 13, Protokoll der Aussage von Karel Mikoláš, 28.5.1952.

229 ABS, Skupina fondů vyšetřovacích spisů, vyšetřovací spis a. č. V-704 MV; ABS, Serie der Bestände Untersuchungsakte, Untersuchungsakt Nr. V-704 MV.

230 Ebd.

231 Ebd.

232 Vgl. Pulec, Operace.

233 ABS, F. 302, op. 353, Spis č. 13, Protokol o výslechu Karla Mikoláše, 28. 5. 1952; ABS, F. 302, Verz. 353, Akt-Nr. 13, Protokoll der Aussage von Karel Mikoláš, 28.5.1952.

234 „[...] naložili ma na nosidlá a tak aj do sanitky. Sanitka ma odvážala akoby do nemocnice, v skutočnosti však zamierili k če. Hranicam na vopred určené miseto, kde ma na nosidlách preniesli na čs. uzemie do objektu pohraničnej straže [...] dali mi dostečne silnú injekciu, aby povodne bezvedomie vydržalo do Prahy [...]." Ebd, S. 232.

235 Bei der Hlinka-Jugend handelte es sich um eine Jugend- und Nachwuchsorganisation der christlichsozial/national orientierten Slowakischen Volkspartei Andrej Hlinkas, die nach der Zerschlagung und Besetzung der Tschechoslowakei durch NS-Deutschland und der Ausrufung der „unabhängigen" Slowakei am 14. März 1939 die führende Rolle im nunmehr autoritären Staat übernahm. Die Hlinka-Jugend trat mit vielen antisemitischen Parolen offen gegen Juden auf. Hlinka, katholischer Priester und päpstlicher Protonotar, setzte sich anfangs für die Loslösung der Slowakei von Ungarn ein. Zeit seines Lebens kämpfte er jedoch für eine nationale Autonomie der Slowakei, wie sie Masaryk in Pittsburgh zugesagt hatte. Hlinka führte die Slowakische Volkspartei von 1913 bis zu seinem Tod im August 1938, wobei er den autochthon-katholischen Antisemitismus seiner Partei tolerierte. Hlinka zählt zu den wichtigsten Politikern der Tschechoslowakei der Zwischenkriegszeit. Vgl. u. a. Sidor – Vnuk, Hlinka.

236 Zu Kolakovič und zur „Rodina" vgl. Vaško, Kostel.

237 Vicen gehörte bis zum Ende seines Lebens zu den unkritischen Bewunderern der ersten Slowakischen Republik und war slowakischer Nationalist, wie sich aus seinen Kommentaren in einer Publikation aus dem Jahr 1998 erkennen lässt. Vicen, Osudy.

238 „[...] vyhľadal soma tam kňaza, ktorý mal prístup do internačního tábora. Nadiktoval som mu správu o aktuálnej situácii na Slovensku, on ju preniesol do tábora a prečítal Dr. Tisovi [...] Pán prezident reagoval iba slovným odkazom, poďakoval sa za informácie [...]" Ebd., S. 70.

[239] Vgl. allgemein zu Tiso: Kamenec, Tragédia.

[240] Die „ Weiße Legion" (gegründet 1945) manifestierte ihr Programm geheim in drei Punkten: 1. Schutz des slowakischen Volkes vor dem kommunistischen Terror; 2. Teilnahme am Kampf gegen den Weltkommunismus; 3. Teilnahme an den Bemühungen, den europäischen Nationalismus zu überwinden. Vgl. Der Spiegel 2/1950; zur Rolle Vicens in der „Weißen Legion" vgl. Varinský, Vicen.

[241] Katrebova-Blehova, March, S. 252.

[242] Ebd., S. 254. Der extrem umfangreiche StB-Akt zu Jozef Vicen findet sich im ABS, F. A 509, Správa vyšetrovania MV ČSR.

[243] ABS, F. A-34, 5151. II. správa HS – StB, Analytický odbor. ABS, F. A-34, 5151, II. Abteilung des Grenzschutzes – StB, – Analytische Abteilung (unter Leitung von Mj. Václav Leník).

[244] „Abteilung für politisches Polizeiwesen", ungarische Staatssicherheit von 1948 bis 1957.

[245] „Podle našeho názoru jedná se o spolehlivého a osvědčeného agenta, kterému je možno akci svěřit [...] Jejich agent BUDAVARI má možnost pozvat [...] k sobě do bytu [...] tam s ním pít víno, namíchat mu do nápoje omamný prostředek dovézt jej k předem připravenému vozidlu." Žáček, Případ, S. 20.

[246] OSS-Austria, Vienna Area Command, Progress Report for July 1945, 14 August 1945, in: NARA, RG 226, E 99, B 26, F 125, zit. nach Beer, Wien.

[247] „[...] domnieval som sa, že v debate s inteligentnejším človekom z Bratislavy sa viec dozviem o reakciách slovenského obyvateľstva na události v Maďarsku." Vicen, Rokov, S. 227.

[248] „[...] naložili ma na nosidlá a tak aj do sanitky. Sanitka ma odvážala akoby do nemocnice, v skutočnosti však zamierili k če. Hranicam na vopred určené miseto, kde ma na nosidlách preniesli na čs. uzemie do objektu pohraničnej straže [...] dali mi dostečne silnú injekciu, aby povodne bezvedomie vydržalo do Prahy [...]." Ebd., S. 232.

[249] Heininger hatte seinen Dienst in Prag 1956 angetreten. Vgl. u. a. Ullmann, Nachbarschaft, S. 127–132, der sich vor allem auf Akten des österreichischen Außenministeriums bezieht.

[250] Tomek, Cold War, S. 16.

[251] Für eine Darstellung der Entführung vgl. Žáček, Akce; allgemein zu der StB-Praxis der Entführungen aus dem Ausland vgl. Žáček, Odluky.

[252] Seine wahre Identität ist unbekannt. In verschiedenen Abteilungen des StB soll er in den Jahren 1951 bis 1973 gearbeitet haben, und zwar unter den Decknamen Hotárek, Kraus und Maxim.

[253] Žáček, Prahy.

[254] ABS, F. A-34, 5151. II. správa HS – StB, Analytický odbor. ABS, F. A-34, 5151, II. Abteilung des Grenzschutzes – StB, – Analytische Abteilung.

Quellenverzeichnis

Österreichisches Staatsarchiv (ÖStA), Archiv der Republik (AdR), Wien:
Bundesministerium für Auswärtige Angelegenheiten, II-POL.
Bundesministerium für Inneres, Abt. 2 – Generaldirektor für die öffentliche Sicherheit:
Sicherheitsdirektion für das Burgenland, Monatsberichte.
Sicherheitsdirektion für das Land Niederösterreich, Monatsberichte.

Rossijskij Gosudartstwennyj Wojennyj Archiw (RGWA), Moskau:
F. 38650.
F. 460.

National Archives and Records Administration (NARA), Washington:
RG 226, Records of Army Staff Counter Intelligence Corps.
RG 319, Case files CIC Austria.

Archív Ústav pamäti národa (A ÚPN), Bratislava:
F. 2346, 11.Brigade PS v Bratislave.
F. Veliteľstvo PS v Prahe.

Archiv bezpečnostních složek Brno Kanice (ABS), Brno Kanice:
F. 2357.

Archiv bezpečnostních složek Praha (ABS Praha), Prag:
F. A6/III.
F. Inspekce ministerstva vnitra ČSSR I. Díl (A 8/1).
F. Personální spis y příslušníků MV.
F. Vyšetřovací spisy StB.
F. Svazky tajných spolupracovníků.
F. Vyšetřovací spisy – České Budějovice (CB-V-314).
F. Svazky tajných spolupracovníků.
F. Ministerstvo národní obrany Velitelství Pohraniční stráže.
F. 302.
F. A 509.
F. A-34, 5151, II. správa HS – StB.

Úřad dokumentace a vyšetřování zločinů komunismu (ÚDV), Prag:
F. Vyšetřovací spis ČVS.

Slovenský národný archív Bratislava (SNA), Bratislava:
F. Povereníctvo vnútra – sekretariát.

Národní archiv Praha (NA), Prag:
NA, Generální prokuratura, spis.

Archiv des Ludwig Boltzmann-Instituts für Kriegsfolgen-Forschung (AdBIK), Graz:
Datenbank österreichischer Kriegsgefangener (St. Karner).
GUPWI-Lager 395. Geheimer NKWD-Bericht zum Lager 395, 1945–1950.

Archiv der Stiftung Sächs. Gedenkwerk, Dresden
Personalakten

Státní okresní archiv Jindřichův Hradec (SOkA), Jindřichův Hradec:
F. Okresní soud JH II.
F. ONV Jindřichův Hradec 1949–1950.

Státní okresní archiv Třeboň (SOkA), Třeboň:
F. Krajský soud České Budějovice, Trestní záležitosti.

Archiv der „Arbeiter-Zeitung", Wien

Verwendete Literatur

Aktivity NKVD/KGB a ich spolupráca s tajnými službami v strednej a východnej Európe 1945–1989. Bratislava 2008 (= Aktivity NKVD/KGB).

Christoph Aborlat – Christian-Alexander Wäldner, Chronologie der deutsch-deutschen Teilung – eine Auswahl wichtiger Ereignisse, in: Thomas Schwark – Detlef Schmiechen-Ackermann – Carl-Hans Hauptmeyer (Hg.), Grenzziehungen – Grenzerfahrungen – Grenzüberschreitungen. Die innerdeutsche Grenze 1945–1990, Darmstadt 2011, S. 73–82 (= Aborlat – Wäldner, Chronologie).

Wilfried Aichinger, Sowjetische Österreichpolitik 1943–1945 (= Materialien zur Zeitgeschichte, Bd. 1). Wien 1977 (= Aichinger, Österreichpolitik).

Marktgemeinde Asten (Hg.), Marktgemeinde Asten. Vergangenheit und Gegenwart. Ried im Innkreis 2003 (= Asten, Marktgemeinde).

Dieter Bacher – Peter Ruggenthaler, Als GRU-Offizier in Österreich. Die Erinnerungen von Vitalij Nikol'skij an seinen Einsatz in Österreich 1947–1955, in: Journal of Intelligence, Propaganda and Security Studies (JIPSS), Vol. 5, 1/2011, S. 137–153 (= Bacher –Ruggenthaler, GRU).

Dieter Bacher, Austrian „spies" in the Early Cold War. The recruitment of Austrian citizens by foreign intelligence services in Austria from 1945 to 1953, in: Paweł Zalewski u. a. (Hg.), Need to know. Intelligence and Politics. Western and Eastern Perspectives. Warschau 2013 (in Druck) (= Bacher, Spies).

Dieter Bacher, Die KPÖ und sowjetische Nachrichtendienste. Zweiseitige Kontakte im frühen Kalten Krieg, in: Stefan Karner – Barbara Stelzl-Marx (Hg.), Stalins letzte Opfer. Verschleppte und erschossene Österreicher in Moskau 1950–1953. Kriegsfolgen-Forschung, Bd. 5, Wien – München 2009, S. 189–203 (= Bacher, KPÖ).

Dieter Bacher – Harald Knoll, Spione und Stalinopfer. Die Rolle österreichischer Zivilisten in den Aktivitäten ausländischer Nachrichtendienste in Österreich 1950–1953, in: Journal of Intelligence, Propaganda and Security Studies (JIPSS), Vol. 2, Nr. 2/2008, S. 99–108 (= Bacher – Knoll, Spione).

Siegfried Beer, Der Agent „Ernest Cole", in: steirische berichte, Nr. 3/1985, S. 16–20 (= Beer, Agent).

Siegfried Beer, Die Geheimdienste im besetzten Österreich, in: Gerhard Jagschitz – Stefan Karner (Hg.), Menschen nach dem Krieg – Schicksale 1945–1955. Schallaburg – Innsbruck 1995, S. 40–44 (= Beer, Österreich).

Siegfried Beer, Monitoring Helmer. Zur Tätigkeit des amerikanischen Armeegeheimdienstes CIC in Österreich 1945–1950. Eine exemplarische Dokumentation. in: Emil Brix – Thomas Fröschl – Josef Leidenfrost (Hg.), Geschichte zwischen Freiheit und Ordnung. Gerald Stourzh zum 60. Geburtstag. Graz – Wien – Köln 1991, S. 229–234 (= Beer, Helmer).

Siegfried Beer, Nachrichten- und Geheimdienste in Österreich, 1945–1955, in: Stefan Karner – Gottfried Stangler (Hg.), „Österreich ist frei!". Der Österreichische Staatsvertrag 1955. Beitragsband zur Ausstellung auf Schloss Schallaburg 2005. Horn – Wien 2005, S. 221–226 (= Beer, Geheimdienste).

Siegfried Beer, Von Alfred Redl zum „Dritten Mann". Österreich und ÖsterreicherInnen im internationalen Geheimdienstgeschehen 1918–1947. in: GuG 16/1997, S. 3–25 (= Beer, Dritter Mann).

Siegfried Beer, Wien in der frühen Besatzungszeit. Erkundungen des US-Geheimdienstes OSS/SSU im Jahre 1945. Eine exemplarische Dokumentation, in: Studien zur Wiener Geschichte. Jahrb. d. Vereins f. Geschichte der Stadt Wien 51 (1995), S. 35–92 (= Beer, Wien).

Viktor Beerman –Stefan Rosenmayr, Die Asyl- und Flüchtlingspolitik Österreichs in der Zweiten Republik, in: Andreas Khol – Günther Ofner – Alfred Stirnemann (Hg.), ÖJbfPol 1987. Wien – München 1988, S. 481–507 (= Beerman – Rosenmayr, Flüchtlingspolitik).

Andreas Binder, Der Österreichische Geheimdienst im „Kalten Krieg" (1945–90). Dipl.-Arb., Graz 2004 (= Binder, Geheimdienst).

Vadim Birstein, Smersh. Stalins Secret Weapon. Soviet Military Counterintelligence in WWII. London 2011 (= Birstein, Smersh).

Günter Bischof, Austria in the First Cold War, 1945–55. The Leverage of the Weak. New York – London 1999 (= Bischof, Austria).

Günter Bischof – Anton Pelinka – Dieter Stiefel (Hg.), The Marshall Plan in Austria. Contemporary Austrian Studies, Vol. 8. New Brunswick – London 2000 (= Bischof – Pelinka – Stiefel, Marshall Plan).

Muriel Blaive – Berthold Molden, Grenzfälle. Österreichische und tschechische Erfahrungen am Eisernen Vorhang. Weitra 2009 (= Blaive – Molden, Grenzfälle).

Walter Blasi, Die B-Gendarmerie, in: Walter Blasi – Erwin A. Schmidl – Felix Schneider (Hg.), B-Gendarmerie, Waffenlager und Nachrichtendienste. Der militärische Weg zum Staatsvertrag. Wien – Köln – Weimar 2005, S. 27–74 (= Blasi, B-Gendarmerie).

Petr Blažek – Pavel Žáček, Tschechoslowakei, in: Łukasz Kamiński – Krzysztof Persak – Jens Gieselke (Hg.), Handbuch der kommunistischen Geheimdienste in Osteuropa 1944–1991. Göttingen 2009, S. 395–480 (= Blažek – Žáček, Tschechoslowakei).

Horst Boog, The WRINGER Project: German Ex-POWs as Intelligence Sources on the Soviet Union, in: Heide Bungert – Jan G. Heitmann – Michael Wala (Hg.), Secret Intelligence in the Twentieth Century, London Portland 2003, S. 83–91 (= Boog, WRINGER).

Gerhard Botz, Theodor Körner 1873–1957, in: Friedrich Weißensteiner (Hg.), Die österreichischen Bundespräsidenten. Leben und Werk. Wien 1982, S. 162–206 (= Botz, Körner).

Friedrich Bouvier – Helfried Valentinitsch (Hg.), Graz 1945. Histor. Jb. d. Stadt Graz, Bd. 25, Graz 1994 (= Bouvier – Valentinitsch, 1945).

Edouard Calic, Reinhard Heydrich. Schlüsselfigur des Dritten Reiches. Düsseldorf 1982 (= Calic, Heydrich).

František Čapka – Lubomír Slezák – Jaroslav Vaculík, Nové osídlení pohraničí českých zemí po druhé světové válce. Brno 2005 (= Čapka – Slezák – Vaculík, Osídlení).

Vasilij Christoforov, Kalter Krieg und sowjetische Spionageabwehr in Österreich. Todesurteile im Spiegel von Archivdokumenten, in: Stefan Karner – Barbara Stelzl-Marx (Hg.), Stalins letzte Opfer. Verschleppte und erschossene Österreicher in Moskau 1950–1953. Kriegsfolgen-Forschung, Bd. 5. Wien – München 2009, S. 141–155 (= Christoforov, Spionageabwehr).

Winston S. Churchill, Memoiren. Bd. 6: Der Zweite Weltkrieg. Teil 2: Triumph und Tragödie. Buch 2: Der eiserne Vorhang, Bern 1954 (= Churchill, Memoiren).

Jost Dülffer, Jalta, 4. Februar 1945 – der Zweite Weltkrieg und die Entstehung der bipolaren Welt. 2. Aufl., München 1999 (= Dülffer, Jalta).

Klaus Eisterer, Französische Besatzungspolitik. Tirol und Vorarlberg 1945/46. Innsbruck 1991 (= Eisterer, Besatzungspolitik).

Edda Engelke, „Jeder Flüchtling ist eine Schwächung der Volksdemokratie". Die illegalen Überschreitungen am jugoslawisch-steirischen Grenzabschnitt in den Fünfzigerjahren. Wien – Berlin 2011 (= Engelke, Flüchtling).

Edda Engelke, Wir sind durch die Mur geschwommen. Ein Fluss als Grenze zwischen zwei ideologischen Systemen in den Fünfzigerjahren. Bad Radkersburg 2013 (= Engelke, Mur).

Manfred Fuchs, Der Österreichische Geheimdienst. Das zweitälteste Gewerbe der Welt. Wien 1994 (= Fuchs, Geheimdienst).

Lajos Gecsényi, Bergauf, Bergab. Ungarisch-österreichische Beziehungen 1945–1965, in: Beruf(ung): Archivar. FS Lorenz Mikoletzky. Teil II. Wien 2011, S. 1259–1320 (= Gecsényi, Bergauf).

Leonid Gibianskij, Die Gründung des Rates für gegenseitige Wirtschaftshilfe, in: Walter M. Iber – Peter Ruggenthaler (Hg.), Stalins Wirtschaftspolitik an der sowjetischen Peripherie. Ein Überblick auf der Basis sowjetischer und osteuropäischer Quellen. Veröff. des Ludwig Boltzmann-Instituts für Kriegsfolgen-Forschung, Bd. 19. Innsbruck – Wien – Bozen 2011, S. 21–41 (= Gibianskij, Gründung).

Jens Gieselke, Deutsche Demokratische Republik, in: Krzysztof Persak – Jens Gieselke (Hg.), Handbuch der kommunistischen Geheimdienste in Osteuropa 1944–1991. Göttingen 2009, S. 199–264 (= Gieselke, Republik).

Anatolij I. Gribkov, Der Warschauer Pakt. Geschichte und Hintergründe des östlichen Militärbündnisses. Berlin 1995 (= Gribkov, Warschauer Pakt).

Hellmut G. Haasis, Tod in Prag. Das Attentat auf Reinhard Heydrich. Reinbek 2002 (= Haasis, Tod).

Helge Heidemeyer, 1961: „Antifaschistischer Schutzwall“ oder „Bankrotterklärung des Ulbricht-Regimes“? Grenzsicherung und Grenzüberschreitung im doppelten Deutschland, in: Udo Wengst (Hg.), Das doppelte Deutschland. 40 Jahre Systemkonkurrenz. Eine Veröff. d. Inst. f. Zeitgeschichte. Berlin 2008, S. 87–109 (= Heidemeyer, 1961).

Hans-Hermann Hertle – Maria Nooke, Die Todesopfer an der Berliner Mauer 1961–1989. Ergebnisse eines Forschungsprojektes des Zentrums für Zeithistorische Forschung Potsdam und der Stiftung Berliner Mauer. Potsdam – Berlin 2011 (= Hertle – Nooke, Todesopfer).

Helmut Hirthe, Das Heimkehrerlager Gronenfelde – wichtige Station auf dem Weg in ein neues Leben, in: Wolfgang Buwert (Hg.), Gefangene und Heimkehrer in Frankfurt (Oder). Potsdam 1998, S. 59–92 (= Hirthe, Gronenfelde).

Walter Iber, Die Sowjetische Mineralölverwaltung in Österreich. Zur Vorgeschichte der OMV 1945–1955. Veröff. des Ludwig Boltzmann-Instituts für Kriegsfolgen-Forschung, Bd. 15. Innsbruck – Wien – Bozen 2011 (= Iber, Mineralölverwaltung).

Harald Irnberger, Nelkenstrauß ruft Praterstern. Am Beispiel Österreich: Funktion und Arbeitsweise geheimer Nachrichtendienste in einem neutralen Staat. Wien 1983 (= Irnberger, Nelkenstrauß).

Miroslav Ivanov, Der Henker von Prag. Das Attentat auf Heydrich. Berlin 1993 (= Ivanov, Henker).

Robert Rhodes James, Winston S. Churchill: His Complete Speeches 1897–1963. Bd. VII. New York – London 1943–1949 (= James, Churchill).

Pierre Jardin, Französischer Nachrichtendienst in Deutschland in den ersten Jahren des Kalten Krieges, in: Wolfgang Krieger – Jürgen Weber (Hg.), Spionage für den Frieden? Nachrichtendienste in Deutschland während des Kalten Krieges. Akademiebeiträge zur politischen Bildung. Bd. 30, München – Landsberg am Lech 1997, S. 103–118 (= Jardin, Nachrichtendienst).

Tomáš Jílek – Alena Jílková, Železná opona. Československá státní hranice od Jáchymova po Bratislavu 1948–1989. Prag 2006 (= Jílek – Jílková, Opona).

Ivan Kamenec, Tragédia politika, kňaza a človeka. Dr. Jozef Tiso 1887–1947. Bratislava 1998 (= Kamenec, Tragédia).

Karel Kaplan, Die Entwicklung des Rates für Gegenseitige Wirtschaftshilfe (RGW) in der Zeit von 1949–1957. Ebenhausen 1977 (= Kaplan, Entwicklung).

Karel Kaplan – František Svátek, Die politischen Säuberungen in der KPČ, in: Hermann Weber – Ulrich Mählert (Hg.), Terror. Stalinistische Parteisäuberungen 1936–1953. Erweiterte Sonderausgabe. Paderborn 1998, S. 487–562 (= Kaplan – Svátek, Säuberungen).

Rainer Karlsch – Zbynek Zeman, Urangeheimnisse. Das Erzgebirge im Brennpunkt der Weltpolitik 1933–1960. Berlin 2007 (= Karlsch – Zeman, Urangeheimnisse).

Stefan Karner – Barbara Stelzl-Marx – Natalja Tomilina – Alexander Tschubarjan (Hg.), Der Wiener Gipfel 1961. Kennedy – Chruschtschow. Veröff. des Ludwig Boltzmann-Instituts für Kriegsfolgen-Forschung, Sonderbd. 12. Innsbruck – Wien – Bozen 2011 (= Karner et al., Wiener Gipfel).

Stefan Karner – Barbara Stelzl-Marx (Hg.), Die Rote Armee in Österreich. Sowjetische Besatzung 1945–1955. Beiträge. Veröff. des Ludwig Boltzmann-Instituts für Kriegsfolgen-Forschung, Sonderbd. 4. Graz – Wien – München 2005 (= Karner – Stelzl-Marx, Rote Armee).

Stefan Karner – Barbara Stelzl-Marx (Hg.), Stalins letzte Opfer. Verschleppte und erschossene Österreicher in Moskau 1950–1953. Kriegsfolgen-Forschung, Bd. 5. Wien – München 2009 (= Karner – Stelzl-Marx, Stalins letzte Opfer).

Stefan Karner, Im Archipel GUPVI. Kriegsgefangenschaft und Internierung in der Sowjetunion 1941–1955. Kriegsfolgen-Forschung, Bd. 1. Wien – München 1995 (= Karner, GUPVI).

Stefan Karner – Michal Stehlík (Hg.), Österreich. Tschechien. geteilt – getrennt – vereint. Beitragsband und Katalog der NÖ-Landesausstellung 2009. Schallaburg 2009 (= Karner – Stehlík, Österreich. Tschechien).

Stefan Karner – Natalja Tomilina – Alexander Tschubarjan (Hg.), Prager Frühling. Das internationale Krisenjahr 1968. Beiträge. Veröff. des Ludwig Boltzmann-Instituts für Kriegsfolgen-Forschung. Sonderbd. 9/1. Köln –Weimar – Wien 2008 (= Karner –Tomilina – Tschubarjan, Prager Frühling).

Beata Katrebova-Blehova, An beiden Ufern der March. Der antikommunistische Widerstand der weißen Legion, in: Stefan Karner – Mihal Stehlík (Hg.), Österreich – Tschechien. Geteilt – getrennt – vereint. Beitragsband und Katalog zur NÖ Landesausstellung 2009. Schallaburg 2009, S. 252–255 (= Katrebova-Blehova, March).

Franz Kernic, Der „Eiserne Vorhang". Zur Geschichte des Stacheldrahtzaunes zwischen Ost- und Westeuropa, in: Der Truppendienst 6/1991 (= Kernic, Eiserner Vorhang).

Walter Kleindel, Österreich. Daten zur Geschichte und Kultur. Wien 1995 (= Kleindel, Österreich).

Harald Knoll – Barbara Stelzl-Marx, Sowjetische Strafjustiz in Österreich. Verhaftungen und Verurteilungen 1945–1955, in: Stefan Karner – Barbara Stelzl-Marx (Hg.), Die Rote Armee in Österreich. Sowjetische Besatzung 1945–1955. Beiträge. Veröff. des Ludwig Boltzmann-Instituts für Kriegsfolgen-Forschung, Sonderbd. 4. Graz – Wien – Klagenfurt 2005, S. 275–321 (= Knoll – Stelzl-Marx, Strafjustiz).

Thomas Koch, Der amerikanische Geheimdienst OSS (Office of Strategic Services) und die Widerstandsbewegungen, in: Gerhard Schulz (Hg.), Geheimdienste und Widerstandsbewegungen im Zweiten Weltkrieg. Göttingen 1982, S. 79–104 (= Koch, OSS).

A. I. Kokurin – N. W. Petrow, Lubjanka. Organy WTschK–OGPU–NKWD–NKGB–MGB–MWD–KGB 1917–1991. Sprawotschnik. Moskau 2003 (= Kokurin – Petrow, Lubjanka).

Andrea Komlosy, Wo die österreichischen an die böhmischen Länder grenzen: Kleinraum – Zwischenraum – Peripherie, in: Thomas Winkelbauer (Hg.), Kontakte und Konflikte. Böhmen, Mähren und Österreich: Aspekte eines Jahrtausends gemeinsamer Geschichte. Referate des Symposiums „Verbindendes und Trennendes an der Grenze III" vom 24. bis 27. Oktober 1992 in Zwettl. Horn – Waidhofen an der Thaya 1993, S. 491–520 (= Komlosy, Länder).

Arnold Kopeczek, Die amerikanischen Waffenlager, die „Einsatzgruppe Olah" und die Staatspolizei im Kalten Krieg der fünfziger Jahre, in: Erwin A. Schmidl (Hg.), Österreich im frühen Kalten Krieg 1945–1958. Spione, Partisanen, Kriegspläne. Wien – Köln –Weimar 2000, S. 101–117 (= Kopeczek, Waffenlager).

Petr Koura, Zwischen Einschüchterung und Exekution. Politische Verfolgung in der Tschechoslowakei der 1950er Jahre, in: Stefan Karner – Michal Stehlík (Hg.), Österreich. Tschechien. geteilt – getrennt – vereint. Beitragsband und Katalog der NÖ-Landesausstellung 2009. Schallaburg 2009, S. 108–113 (= Koura, Einschüchterung).

Ilko-Sascha Kowalczuk, 17.6.1953: Volksaufstand in der DDR. Bremen 2003 (= Kowalczuk, Volksaufstand).

Mark Kramer, Stalin, Soviet Policy, and the Consolidation of a Communist Bloc in Eastern Europe, 1944–1953, in: Vladimir Tismaneanu (Hg.), Stalinism Revisited. The Establishment of Communist Regimes in East-Central Europe. Budapest 2009, S. 50–102 (= Kramer, Stalin).

Heikki Larmola, The "Czechoslovak Path": A Communist Route to Power Monopoly in 1943–1948 within the Framework of "Mitteleuropa", Great Power Setting, and the Soviet Spere of Interests. A Neorealist and Historical Approach. Helsinki 2003 (= Larmola, Path).

Melvyn P. Leffler – Odd Arne Westad, (Hg.), The Cambridge History of the Cold War. Vol. 1. Origins. Cambridge 2010 (= Leffler – Westad, Cold War).

Norbert Loidol – Roman Sandgruber, Der Eiserne Vorhang. Die Geschichte – das Ende – die Mahnung, in: Der Eiserne Vorhang. Katalog zur Sonderausstellung, Heeresgeschichtliches Museum, Wien 2001, S. 15–52 (= Loidol – Sandgruber, Eiserner Vorhang).

Kateřina Lozoviuková, Tod am „Eisernen Vorhang". Österreichische Opfer an der tschechoslowakisch-österreichischen Grenze ab 1948, in: Verein zur Dokumentation der Zeitgeschichte (Hg.), Schauplatz Eiserner Vorhang. Europa: gewaltsam geteilt und wieder vereint. Weitra 2012 (= Lozoviuková, Tod).

József Lugosi, Keine Grenze wie jede andere. Technische Aspekte des Eisernen Vorhangs, in: Der Eiserne Vorhang. Katalog zur Sonderausstellung, Heeresgeschichtliches Museum, Wien 2001, S. 83–94 (= Lugosi, Grenze).

Igor, Lukes, At the Edge of the Cold War. American Diplomats and Spies in Postwar Prague. Oxford 2012 (= Lukes, Edge).

Igor Lukes, Ein nachrichtendienstliches Versagen. Die Amerikaner und die kommunistische Machtergreifung in der Tschechoslowakei 1948, in: VjHfZG 2/2007, S. 210–217 (= Lukes, Versagen).

Igor Lukes, Showdown in der Kapelle. Der tschechoslowakische Geheimdienst 1968, in: Stefan Karner – Natalja Tomilina – Alexander Tschubarjan (Hg.), Prager Frühling. Das internationale Krisenjahr 1968. Beiträge. Veröff. des Ludwig Boltzmann-Instituts für Kriegsfolgen-Forschung, Sonderbd. 9/1. Köln – Weimar – Wien 2008, S. 791–805 (= Lukes, Showdown).

Igor Lukes, Rudolf Slansky: His Trials and Trial. Cold War international Project. Working Paper No. 50. Washington. (= Lukes, Slansky).

Igor Lukes, The Czech Road to Communism, in: Norman Naimark – Leonid Gibianskii (Hg.), The Establishment of Communist Regimes in Eastern Europe, 1944–1949. Boulder 1997, S. 243–265 (= Lukes, Road).

Geir Lundestad, East, West, North, South. Major Developments in International Politics since 1945, 4. Aufl., Oxford 1999 (= Lundestad, East).

W. M. Lurje – W. Ja. Kotschik, GRU. Dela i ljudi. St. Petersburg – Moskau 2002 (= Lurje – Kotschik, GRU).

Callum McDonald: The Killing of Reinhard Heydrich: The SS „Butcher of Prague". London 1998 (= McDonald, Killing).

Matej Medvecký – Jerguš Sivoš – Peter Jašek, Following the Footsteps of Iron Felix. The State Security in Slovakia 1945–1989. Bratislava 2012 (= Medvecký – Sivoš – Jašek, Footsteps).

Ministerstvo vnitra ČR (Hg.), První Správa. Československá rozvědka v dokumentech 1945–1990. Prag 2000 (= Ministerstvo vnitra, Správa).

Jürgen Mittag, Kleine Geschichte der Europäischen Union. Von der Europaidee bis zur Gegenwart. Münster 2008 (= Mittag, Geschichte).

Kid Möchel, Der geheime Krieg der Agenten. Spionagedrehscheibe Wien. Hamburg 1997 (= Möchel, Krieg).

František Moravec, Master of Spies. The Memoirs of General Frantisek Moravec. London 1975 (= Moravec, Master).

Daniela Münkel, Kontrolle und Überwachung im Grenzraum. Das Beispiel des Kreises Halberstadt, in: Thomas Schwark – Detlef Schmiechen-Ackermann – Carl-Hans Hauptmeyer (Hg.). Grenzziehungen – Grenzerfahrungen – Grenzüberschreitungen. Die innerdeutsche Grenze 1945–1990, Darmstadt 2011, S. 231–235 (= Münkel, Kontrolle).

Luděk Navara, Vorfälle am Eisernen Vorhang. Straubing 2006 (= Navara, Vorfälle).

Axel Neguschewski, Salzwedel. Der Fall Hans F. Franck – Die Selbstschussanlage SM-70, in: Thomas Schwark – Detlef Schmiechen-Ackermann – Carl-Hans Hauptmeyer (Hg.), Grenzziehungen – Grenzerfahrungen – Grenzüberschreitungen. Die innerdeutsche Grenze 1945–1990, Darmstadt 2011, S. 190–194 (= Neguschewski, Salzwedel).

Witalij Nikolskij, GRU w gody Welikoj otetschestwennoj wojny. Moskau 2005 (= Nikolskij, GRU).

M. Christian Ortner, Die amerikanischen Waffendepots in Österreich, in: Walter Blasi – Erwin A. Schmidl – Felix Schneider (Hg.), B-Gendarmerie, Waffenlager und Nachrichtendienste. Der militärische Weg zum Staatsvertrag. Wien – Köln – Weimar 2005, S. 155–170 (= Ortner, Waffendepots).

Reinhard Otto, Gestapo und sowjetische Kriegsgefangene im deutschen Reichsgebiet 1941/42. München 1998 (= Otto, Gestapo).

Karel Pacner, Československo vezvláštních službách. Díl III. Prag 2002 (= Pacner, Službá).

Scott D. Parrish – Mikhail M. Narinsky, New Evidence on the Soviet Rejection of the Marshall Plan, 1947: Two Reports. Cold War International History Project. Working Paper No. 9. Washington 1994 (= Parrish – Narinsky, Evidence).

Wladimir Petschatnow, Stalin, Ruzwel't, Trumen: SSSR i SSchA v 1940-x gg. Dokumental'nye otscherki. Moskau 2006 (= Petschatnow, Stalin).

Wladimir Petschatnow, The Big Three After World War II: New Documents on Soviet Thinking about Post-War Relations with the United States and Great Britain. Cold War International History Project. Working Paper No. 13. Washington 1995 (= Petschatnow, Big Three).

Ivo Pejčoch – Prokop Tomek, Agenti-chodci na popravišti. Kurýři západních zpravodajských služeb, popraveni v letech 1949–1958. Cheb 2010 (= Pejčoch – Tomek, Agenti)

Nikita Petrow, Die Inneren Truppen des NKVD/MVD im System der sowjetischen Repressionsorgane in Österreich 1945–46, in: Stefan Karner – Barbara Stelzl-Marx (Hg.), Die Rote Armee in Österreich.

Sowjetische Besatzung 1945–1955. Beiträge. Veröff. des Ludwig Boltzmann-Instituts für Kriegsfolgen-Forschung. Sonderbd. 4. Graz – Wien – München 2005, S. 219–240 (= Petrow, Truppen).

Nikita Petrow, Die militärische Spionageabwehr in Österreich und die Todesstrafe. Struktur, Funktionen, Praxis, in: Stefan Karner – Barbara Stelzl-Marx, Stalins letzte Opfer. Verschleppte und erschossene Österreicher in Moskau 1950–1953. Kriegsfolgen-Forschung, Bd. 5. Wien – München 2009, S. 79–96 (= Petrow, Spionageabwehr).

Peter Pirker, Politik im Schatten oder Schattenspiele? SOE und das österreichische politische Exil in Großbritannien, in: Journal of Intelligence, Propaganda and Security Studies (JIPSS), Vol 2, No. 2/2008, S. 23–54 (= Pirker, Politik).

Douglas Porch, The french secret services. From the Dreyfus Affair to the Gulf War. New York 1995 (= Porch, Services).

Jaroslav Pospíšil, Hyeny. Vizovice 1998 (= Pospíšil, Hyeny).

Jaroslav Pospíšil, Hyeny v akci. Vizovice 2003 (= Pospíšil, Hyeny v akci).

Martin Pulec, Die Bewachung der tschechoslowakischen Westgrenze zwischen 1945 und 1989, in: Pavel Žáček – Bernd Faulenbach – Ulrich Mählert (Hg.), Die Tschechoslowakei 1945/48 bis 1989. Studien zur kommunistischen Herrschaft und Repression. Leipzig 2008, S. 131–152 (= Pulec, Bewachung).

Martin Pulec, Organizace a činnost ozbrojených pohraničních složek – Seznamy osob usmrcených na státních hranicích 1945–1989. Úřad dokumentace a vyšetřování zločinů komunismu. Prag 2006 (= Pulec, Organizace).

Martin Pulec, Operace československých zpravodajských služeb na státních hranicích po roce 1948, in: Sborník Archivu bezpečnostních složek 8/2010, S. 126–138 (= Pulec, Operace).

Martin Pulec, Případ Masna, in: Securitas Imperii, 2005, č. 12, S. 227–245 (= Pulec, Případ).

Otfrid Pustejovsky, Stalins Bombe und die „Hölle von Joachimsthal“. Uranbergbau und Zwangsarbeit in der Tschechoslowakei nach 1945. Geschichte, Bd. 87. Münster 2009 (= Pustejovsky, Bombe).

Oliver Rathkolb, Kalter Krieg und politische Propaganda in Österreich 1945–1950, in: Michael Hansel – Michael Rohrwasser (Hg.), Kalter Krieg in Österreich. Literatur – Kunst – Kultur, PROFILE Bd. 17, Wien 2010, S. 11–34 (= Rathkolb, Kalter Krieg).

Manfried Rauchensteiner – Claudia Ham (Hg.), Sorry guys, no gold! Die amerikanischen Waffendepots in Österreich. Wien 1998 (= Rauchensteiner – Ham, Gold).

Erika Sanden, Das Kriegsgefangenenlager in Nürnberg-Langwasser. Nürnberg 1993 (= Sanden, Kriegsgefangenenlager).

Hans Sauer – Hans-Otto Plumeyer, Der Salzgitter-Report. München 1991 (= Sauer – Plumeyer).

Ian Sayer – Douglas Botting. America's secret Army. The untold story of the Counter Intelligence Corps. London – Glasgow 1989 (= Sayer – Botting, Army).

Erwin A. Schmidl, Die „Formative Phase“ des Kalten Krieges, in: Stefan Karner – Erich Reiter – Gerald Schöpfer (Hg.), Kalter Krieg. Beiträge zur Ost-West-Konfrontation 1945 bis 1990. Unserer Zeit Geschichte, Bd. 5, Graz 2002, S. 19–30 (= Schmidl, Phase).

Felix Schneider, „Military Security“ und „Public Safety“. Zur Arbeit des Kontroll- und Sicherheitsapparates der britischen Besatzungsmacht in der Steiermark 1945–1948. in: Alfred Ableitunger – Siegfried Beer – Eduard G. Staudinger (Hg.), Österreich unter alliierter Besatzung 1945–1955, Wien – Köln – Graz 1998, S. 465–493 (= Schneider, Security).

Felix Schneider, Zur Tätigkeit des militärischen Geheimdienstes FSS und des Public Safety Branch in Graz 1945–1947, in: Friedrich Bouvier – Helfried Valentinitsch (Hg.), Graz 1945. Histor. Jb. d. Stadt Graz, Bd. 25, Graz 1994, S. 215–233 (= Schneider, FSS).

David Schriffl, Austria and Czechoslovakia, under Specific Consideration of Austrian-Slovak Relations, 1945–1989, in: Arnold Suppan – Wolfgang Mueller (Hg.), Peaceful Coexistence or Iron Curtain. Austria, Neutrality, and Eastern Europe in the Cold War and Détente, 1955–1989. Wien – Berlin 2009, S. 337–362 (= Schriffl, Austria).

Lothar Schröter, Die NATO im Kalten Krieg. Die Geschichte des Nordatlantikpaktes bis zur Auflösung des Warschauer Vertrages. Eine Chronik. 2 Bde. Berlin 2009 (= Schröter, NATO).

Karol Sidor – František Vnuk, Andrej Hlinka 1864–1938. Bratislava 2008 (= Sidor – Vnuk, Hlinka).

Patrick Martin-Smith, Widerstand vom Himmel. Österreicheinsätze des britischen Geheimdienstes SOE 1944. Wien 2004 (= Martin-Smith, Widerstand).

Ethel Snowden, Through Bolshevik Russia. London 1920 (= Snowden, Russia).

Bernd Stöver, Der Kalte Krieg 1947–1948. Geschichte eines radikalen Zeitalters. München 2007 (= Stöver, Kalter Krieg).

Libor Svoboda, Život a dílo Miloše Knorra, in: Paměť a dějiny 3/2008, S. 44–54 (= Svoboda, Knorr).

Zdeněk Šedivý, Světlana: I. partyzánská brigáda Jana Žižky z Trocnova. Vimperk 1997 (= Šedivý, Světlana).

Georg Tessin, Verbände und Truppen der deutschen Wehrmacht und Waffen-SS im Zweiten Weltkrieg. Bd. 2, Die Landstreitkräfte 1–5. Osnabrück 1973 (= Tessin, Verbände).

Prokop Tomek, Kurier des Westens. Die Geschichte eines Rapšacher Sohnes, in: Armin Laussegger – Philipp Lesiak, Schauplatz Eiserner Vorhang. Europa: Gewaltsam getrennt und wieder vereint. Weitra 2012, S. 42–47 (= Tomek, Kurier).

Prokop Tomek, On the Cold War Front. Czechoslovakia 1948–1956. Prag 2009 (= Tomek, Cold War).

Oldřich Tůma, Das kommunistische Regime in der Tschechoslowakei und seine Gegner. Phasen, Zäsuren und Generationen der Opposition 1948–1989. In: H. Bispinck – J. Danyel – H. H. Hertle – H. Wentker (Hg.), Aufstände im Ostblock. Zur Krisengeschichte des realen Sozialismus, Berlin 2004, S. 309–333 (= Tůma, Regime).

Oldřich Tůma, The Marshall Plan and Czechoslovakia, in: Alexandru Zub – Flavius Solomon (Hg.), Sovietization in Romania and Czechoslovakia. History, Analogies, Consequences, Iasi: Polirom 2003, S. 67–76 (= Tůma, Marshall Plan).

Paul Ullmann, Eine schwierige Nachbarschaft. Die Geschichte der diplomatischen Beziehungen zwischen Österreich und der Tschechoslowakei von 1945–1968. Wien 2006 (= Ullmann, Nachbarschaft).

Frank Umbach, Das rote Bündnis. Entwicklung und Zerfall des Warschauer Paktes 1955 bis 1991. Berlin 2005 (= Umbach, Bündnis).

Pavel Vaněk, Pohranični stráž a pokusy o přechod státní hranice v letech 1951–1955. Prag 2008 (= Vaněk, Pohranični stráž).

Pavel Vaněk, Vojenská kronika 4. znojemské pohraniční brigády 1945–1955. Edice dokumentů. Prag 2009 (= Vaněk, Kronika).

Vladimír Varinský, Jozef Vicen a Biela Légia. Banská Bystrica 2003 (= Varinský, Vicen).

Václav Vaško, Ne vším jsem byl rád, Karmelitánské nakladatelství Kostelní. Vydří 2001 (= Vaško, Kostel).

Jozef Vicen, Osudy exulantov, in : Slovenský povojnový exil : zborník materiálov zo seminára Dejiny slovenského exilu po roku 1945 v Matici slovenskej v Martine 27.-28. júna 1996. Martin 1998, S. 65–79 (= Vicen, Osudy).

Josef Vicen, Vo víroch rokov 1938–1998. Lúč 1999 (= Vicen, Rokov).

Hermann Weber – Ulrich Mählert (Hg.), Terror. Stalinistische Parteisäuberungen 1936–1953. Erweiterte Sonderausgabe. Paderborn 1998 (= Weber – Mählert, Terror).

Gerhard Wettig, Sowjetische Deutschland-Politik 1953 bis 1958. Korrekturen an Stalins Erbe, Chruschtschows Aufstieg und der Weg zum Berlin-Ultimatum. Quellen und Darstellungen zur Zeitgeschichte. Bd. 82. München 2011 (= Wettig, Politik).

Manfred Wilke, Der Weg zur Mauer. Stationen der Teilungsgeschichte. Berlin 2011 (= Wilke, Weg).

Brigitta Windisch, Kommen Bleiben Gehen. Südosteuropäische Flüchtlinge in der Steiermark (1945–1992). Wien – Köln – Weimar 1994 (= Windisch, Kommen).

Pavel Žáček, Akce „Gomez“. Únos Nikifora Horbaňuka z Mnichova, in: Pamäť národa, 2011, č. 2, S. 57–72.

Pavel Žáček – Bernd Faulenbach – Ulrich Mählert (Hg.), Die Tschechoslowakei 1945/48 bis 1989. Studien zur kommunistischen Herrschaft und Repression. Leipzig 2008 (= Žáček, Akce).

Pavel Žáček, Odluky osob v padesátých letech (únosy v režii československé Státní bezpečnosti), in: Lukáš Babka – Václav Veber (Hg.), Za svobodu a demokracii III., Třetí (protikomunistický) odboj. Hradec Králové 2002, S. 117–141 (= Žáček, Odluky).

Pavel Žáček, Pomsta Prahy – pokus ó unos Ctirada a Josefa Mašínových, in: Pamäť národa, 2005, č. 4, S. 26–32 (= Žáček, Prahy).

Pavel Žáček, Případ „Albert Széplaki“ Maďarské plány agresivního únosu Jozefa Vicena, in: Pamäť národa, 2006, č. 1, S. 19–29 (= Žáček, Případ).

Adam Zwass, Der Rat für gegenseitige Wirtschaftshilfe 1949 bis 1987. Wien 1988 (= Zwass, Rat).

Ortsregister

Personenregister

PHILOSOPHIE UND LEIDENSCHAFT

Ecowin wurde 2003 als unabhängiger Verlag gegründet.

Wir konzentrieren uns auf Autoren, die zu spannenden Themen und Entwicklungen unserer Welt einen Beitrag leisten.

Die Vielfalt der Meinungen sowie der Diskurs unter den Autoren und innerhalb des Verlags sind uns viel wichtiger als das Vertreten nur einer Denkweise.

Wir investieren in langfristige Beziehungen mit unseren Autoren, Herstellern und Buchhändlern.

Bis heute haben wir weder Verlagsförderung beantragt noch erhalten.

Als österreichischer Verlag produzieren wir von Beginn an ausschließlich umweltfreundlich* in Österreich.

Nichts ist für uns spannender als das nächste neue Buch.

HANNES STEINER
VERLEGER

H. Steiner

ClimatePartner°
klimaneutral
Druck | ID: 10944-1310-1001

*Wir freuen uns, dass die Druckerei Theiss unsere Bücher nach den Richtlinien des österreichischen Umweltzeichens herstellt (UW-Nr. 869). Sowohl die Materialien als auch die Produktion entsprechen dem hohen österreichischen Umweltstandard. Mit dem Buch, das Sie in Händen halten, leisten wir einen aktiven Beitrag zum CO_2-Ausgleich. Durch Eingabe der ID-Nummer auf www.climatepartner.com können Sie sich über das von uns unterstützte Projekt informieren.

Budweis
Gmünd
Kamp
N i
Krems
b e r
Linz
Grein
St.
Wels
Melk
Steyr
t e r r e i
Enns
Ischl
Mür
i
Eisenerz
e
Leoben
Bruck
S t e i e r m a
Knittelfeld